黄彦 主编

题词

孙文全集

第十八册

SPM
南方出版传媒
广东人民出版社
·广州·

孙文全集编辑委员会

本 册 目 录

题 词

题

词

为翠亨新居题联①

（约一八九二年）

一椽得所

五桂安居

据影印件，载李伯新、黄彦：《翠亨孙中山故居》，北京，文物出版社一九八一年八月出版

---

① 翠亨新居，即今中山市翠亨村孙中山故居，一八九二年由孙文自行设计、监造的新式两层砖瓦楼房。此联在新居落成时，悬于大门两旁。原件已于抗战期间散失，今之对联，并非原迹。而是一九五八年孙中山故居纪念馆重新仿制，从孙文墨迹中精选"一椽得所，五桂安居"八个字，拼合放大，刻于木板上。题书时间系据当地老人回忆酌定。五桂，指中山市翠亨村西北的五桂山区。

为兴利蚕子公司题联①

（约一八九三年）

兴创自我

利归于农

据云痴：《北水乡之松溪别墅》，载
香港《风岭侨声》一九四八年第一期

---

① 蚕子公司，系革命党人陆皓东、尤列等在广东顺德县北水乡开设的用以掩护革命活动的机关。孙文曾多次偕陈少白等来，此联即为孙文到蚕子公司时亲题。原件已佚。

为南方熊楠题词（一）①

（一八九七年六月二十七日）

海外逢知音

南方学长属书

香山孙文拜言

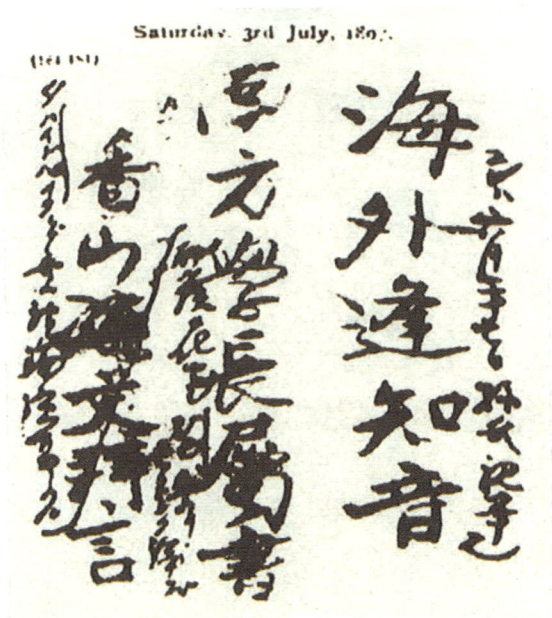

据原件，日本和歌山县白滨町南方熊楠显彰馆藏

———————————

① 南方熊楠，日本和歌山县人。一八六七年生。生物学家。一八九七年三月在英国伦敦图书馆与孙文结识。此件系孙文离开伦敦时应请题于南方熊楠的日记本上。原件未署时间，据南方熊楠所书题识"此六月二十七日孙氏亲笔也"标定。

为南方熊楠题词（二）①

（一八九七年六月二十七日）

南方学长鉴

海外逢知音

孙文赠言

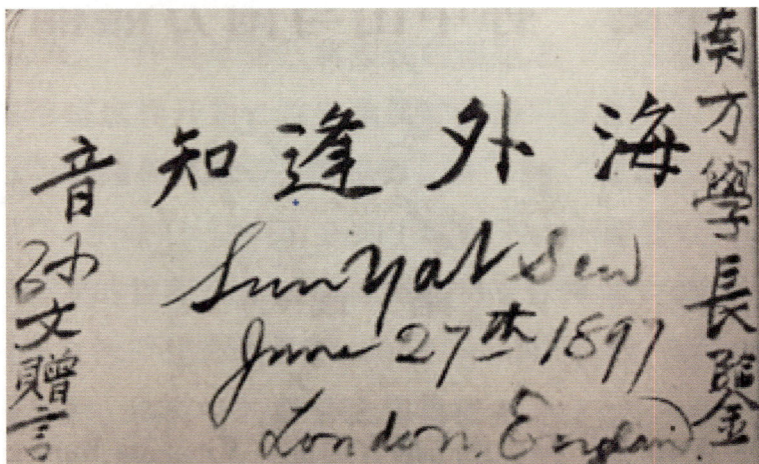

据原件，日本和歌山县白滨町南方熊楠显彰馆藏

---

① 孙文写了上幅题字后，可能感到不满意，便又重写一遍，英文部分之意是："孙逸仙 1897 年 6 月 27 日　英国伦敦。"

为宫崎寅藏题词①

（一八九九年十一月九日至十三日间）

东方之无赖兮惟此公奇

滔天先生

逸人

据原件，日本熊本县荒尾市宫崎兄弟资料馆藏

---

① 宫崎寅藏，原名宫崎虎藏，号白浪庵滔天，日本熊本县人。一八七一年生。一八九七年九月与孙文订交。一九○二年撰著《三十三年落花梦》，一九○五年加入同盟会，次年参与创办《革命评论》，声援中国和亚洲各国革命。武昌起义后，亲赴香港迎接孙文归国并出席孙文就任临时大总统典礼。一八九九年十一月，兴中会、三合会、哥老会三方代表在香港商讨建立联合组织兴汉会事宜。事毕，兴中会代表之一、日籍会员宫崎寅藏请其他与会代表在其外褂里布上题字绘画留念。随后宫崎寅藏返回日本横滨，向孙文报告建立兴汉会及推举他为会长等情况，并请孙文补写此一题词。此件曾在一九一三年二月十四日东京《朝日新闻》上揭载，内注："逸人即孙（逸仙）氏。"

为《革命潮》题签①

（一九〇四年九月二十六日）

革命潮

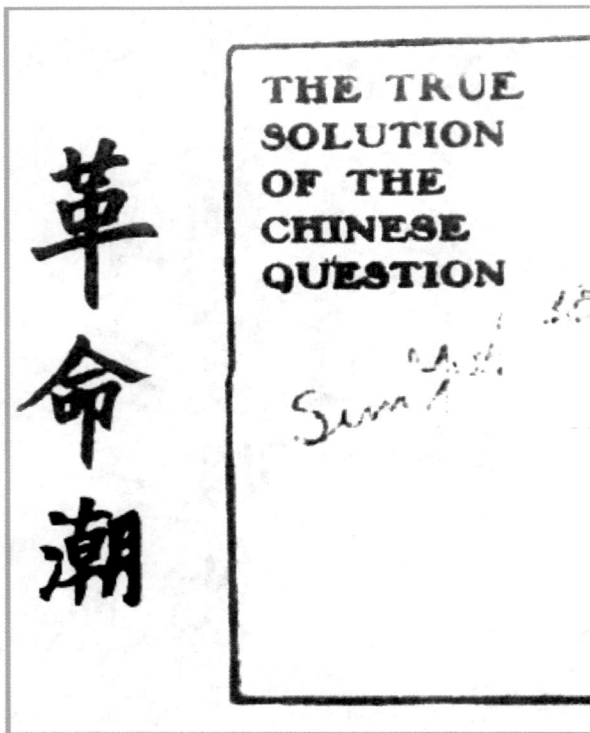

据影印件，台北、中国国民党
中央委员会党史委员会党史馆藏

---

① 《革命潮》（*The True Solution of the Chinese Question*），今译《中国问题的真解决》，是一本向美国民众介绍中国革命、呼吁援助的宣传读物。英文稿，王宠惠参与撰著，全书约四千字，一九〇四年九月底或十月初在美国纽约出版。此件系孙文应出版者麦克威廉斯（C. E. Mcwilliams）的要求，为《革命潮》单行本英文封面题书的中文书名，并亲署英文名"Sun Yat-sen"。

自励联①

（一九〇五年秋冬）

眼底两行专制泪
胸中一卷自由书

逸仙孙文

据陆澄溪：《我难忘的中山先生革命事迹》，载
尚明轩、王学庄、陈崧编：《孙中山生平事业追
忆录》，北京，人民出版社一九八六年六月出版

---

① 同盟会成立后，孙文奔走南洋各地，常住新加坡侨商陈连才、陈连宙兄弟寓所"小桃园"。此联系用红笺纸书写，张贴于卧室书桌前面的墙上。

为秋山定辅题词①

（一九〇六年十月六日）

得一知己

可以无憾

秋山定辅先生

孙逸仙

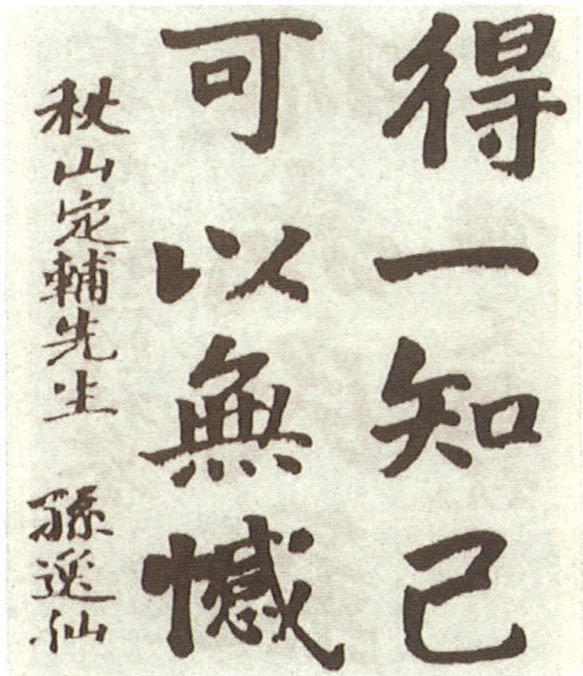

据影印件，载天恨生：《革命军之秘史》（又名《孙逸仙黎元洪革命秘史》），上海一九一二年九月再版

---

① 秋山定辅，日本冈山人。一八六八年生。日本众议院议员。一八九三年主办《二六新报》，声援东方各国革命运动。与孙文交往甚密，引荐孙文与多名日本政界人士结识。

为《云南杂志》题词①

（一九〇六年十月十五日刊载）

云南杂志社鉴

振我民气

孙文题祝（印）

据影印件，载东京《云南杂志》
一九〇六年十月十五日第一期

---

① 《云南杂志》，月刊，一九〇六年十月十五日在日本东京创刊，云南留日学生李根源、罗佩金等主办。后曾改为双月刊、季刊，共出二十三期，武昌起义后停刊。

为三上丰夷题词①

（一九〇七年二三月间）

丁未正月

三上先生属

革 命

孙逸仙

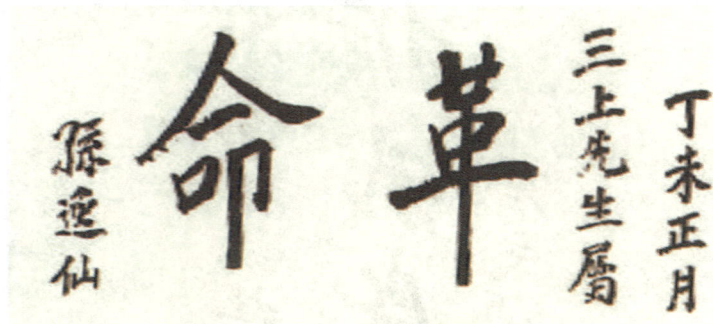

据原件，日本神户三上丰夷后人藏

---

① 三上丰夷，一八六三年生。日本神户海运实业家。经萱野长知介绍与孙文结识，支持中国的革命事业，曾多次帮助革命党秘密运输武器弹药。一九二九年亲赴南京参加孙文奉安大典。

为邓荫南题词①

（一九〇七年）

博 爱

荫南先生属

孙文（印）

博 爱

荫南先生属

孙文

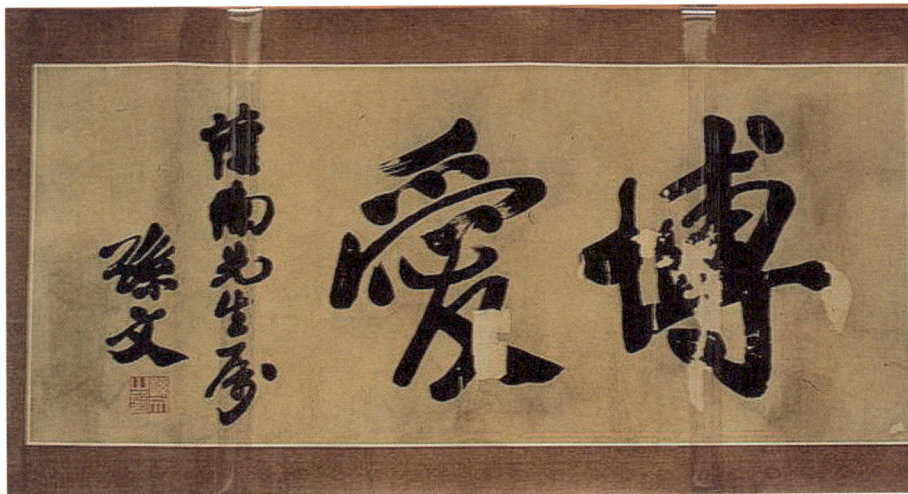

据原件，南京、中国第二历史档案馆藏

---

① 邓荫南，原名松盛，字有相，广东开平人，檀香山华侨。一八四六年生。一八九四年参加兴中会，倾尽家财支援革命，参与策划广州起义、惠州起义，一九一一年在新安组织民军，响应武昌起义。后历任广州海陆军大元帅府参议、内政部农务局长、东莞县长、开平县长等职。

挽徐锡麟联[①]

（一九○七年）

丹心一点祭余肉

白骨三年死后香

据萧嘉、余蕴洁：《传神文笔足千秋——浅谈孙中山诗词对联》，载广东省中山市政协文史编辑委员会编：《中山文史》总第十辑《纪念孙中山先生诞辰一百二十周年专辑》，一九八六年十一月出版

---

① 徐锡麟，字伯荪，浙江绍兴人。一八七三年生。光复会会员。一九○六年任安徽武备学堂副总办、巡警处会办及巡警学堂监督。一九○七年与秋瑾共同策动皖浙起义。七月六日在安庆暴动，枪杀安徽巡抚恩铭，旋即失败，当晚英勇就义。

为潘祥初题词①

（一九〇七年前后）

博　爱

据赖绍祥、房学嘉编著：《客籍志士与辛亥革命》，广州，广东人民出版社一九九二年四月出版

---

① 潘祥初，印度尼西亚华侨，祖籍广东梅县。一八五一年生。先后在南洋各埠及港、澳等地经商，支持家乡建设。晚年曾回乡居住，一九一一年病逝于香港。因捐款资助革命而获题赠。该题词长年挂于潘祥初出资建造的梅县"南华又庐"中厅厅堂，后来遭毁。

为巴达维亚华侨书报社题词（一）^①

（一九〇八年）

华侨书报社同志鉴

努力进前

孙文（印）

据原件照片，台北、中国国民党
中央委员会党史委员会党史馆藏

---

①　一九〇五年中国同盟会成立，荷属东印度（今印度尼西亚）华侨深受鼓舞，客家籍侨领梁密庵加入同盟会后于巴达维建立"寄南社"，一九〇九年改名"华侨书报社"，并在各地成立分社，传播共和思想，配合孙文在我国西南边境领导反清起义积极募集经费。为此，当时孙文、黄兴分别题赠"努力进前"、"是式南邦"予以嘉勉。孙文并题写社名横额。

为巴达维亚华侨书报社题词（二）

（一九〇八年）

华侨书报社

孙文（印）

据影印件，台北、中国国民党
中央委员会党史委员会党史馆藏

题赠下田歌子①

（一九一○年六月十一日至二十四日）

大风已作　壮士思归

孙文

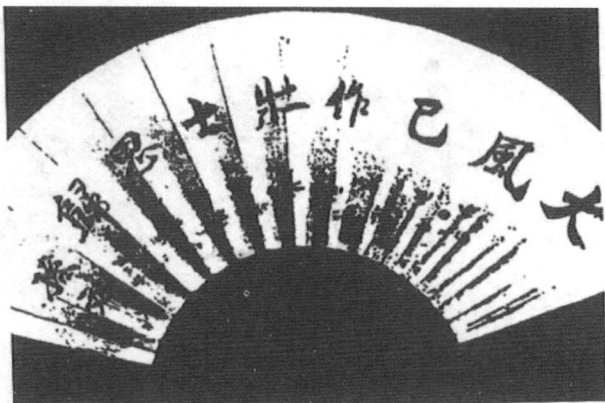

据原件，台北、"国史馆"藏

---

① 据载，一九一○年孙文在东京时，经清藤秋子（清藤幸七郎之姊）的介绍结识下田歌子，此二人皆是创办"东洋妇女会"以募款支援中国革命的日本女志士。应下田之请，孙文题此扇面相赠。按孙文于一九一○年到过日本仅一次，时在六月，而逗留东京乃为十一日至二十四日，如此孙文题赠扇面当在此期间。该扇面原件，连同孙文生前珍藏部分墨宝，已由孙科于一九七三年捐赠"国史馆"。

为石井晓云题词①

（一九○九年）

四海兄弟

万邦归一

据《孙文与横滨》座谈会上石井晓云的
发言，载《有邻》一九七七年五月十日
第一一四号，横滨，有邻堂，日文版

---

①　石井晓云，宫崎寅藏的秘书。此件题于纸扇上。

为梅培题词①

（一九一一年前）

梅培先生属

博 爱

孙文（印）

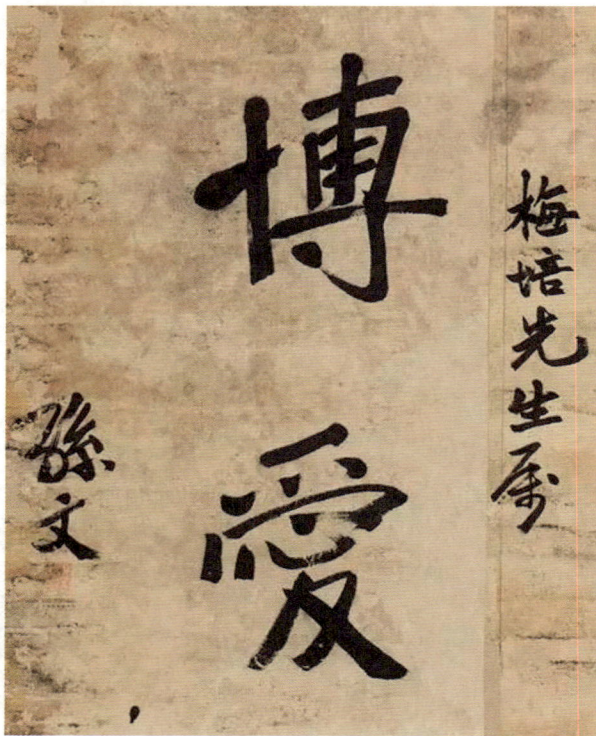

据原件，北京、中国国家博物馆藏

---

① 一九一一年前孙文在美国芝加哥题赠梅培。梅培旅美开餐馆曾资助孙文革命，一九一七年回国后担任大元帅府秘书、广东省财政厅厅长等职。

为谭葵开父子题词①

（一九一一年夏）

聪明才力大者　当尽其能力服千万人之务
聪明才力略小者　当尽其能力服十百人之务

孙文

据原件，开平市华侨博物馆藏

---

① 谭葵开、谭侠父子，美国旧金山华侨。此件系孙文为答谢谭氏捐款而题。原件由谭锦雄捐赠广东省开平县（今开平市）华侨博物馆。

为绪方南溟题词

（一九一一年十二月二十二日）

海不扬波

清之亡年十二月廿二日

南溟先生鉴

孙文书

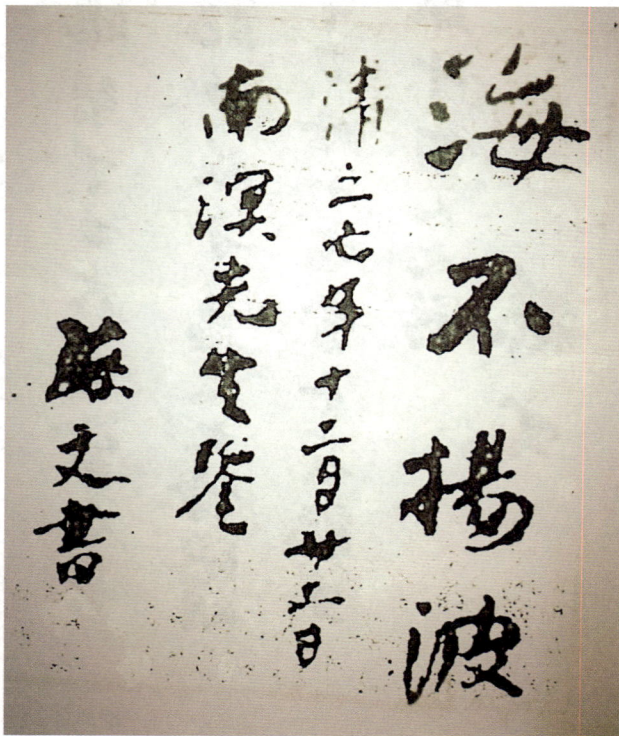

据影印件，载一九一二年一月四日熊本《九州日日新闻》（一）

为宫崎寅藏题字①

（一九一一年十二月二十四日）

记　念

清之亡年十二月二十日

重逢香港舟中

宫崎先生属　孙文书

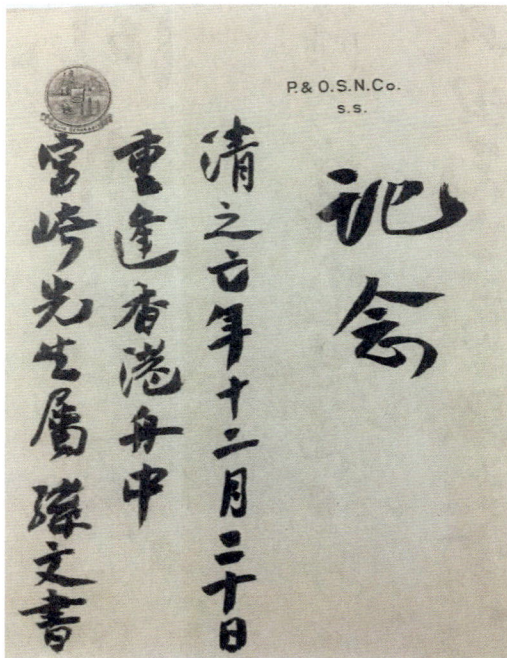

据原件，日本东京、宫崎寅藏之孙女宫崎蕗苳藏

---

① 武昌起义后，孙文由美经欧洲返国，宫崎寅藏、山田纯三郎等专程到香港迎接。这是孙文与宫崎寅藏在舟中相逢时题写。旋同赴沪，二十五日抵达。题词中的十二月二十日，系笔误。

为山田纯三郎题词①

（一九一一年十二月二十四日）

同舟共济

> 清之亡年十二月廿四日
>
> 山田先生属　孙文书

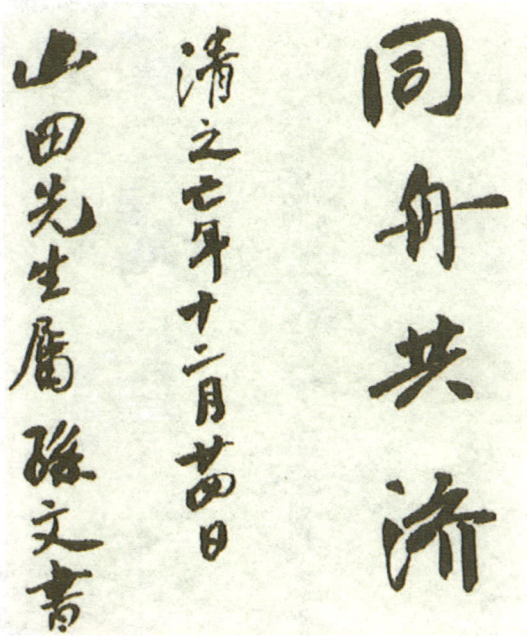

---

① 山田纯三郎，字子纯，日本青森县弘前市人，一八七六年生，山田良政胞弟。一九
〇〇年，山田良政在惠州起义中牺牲后，山田纯三郎继承其兄遗志，一直追随孙文从事中国革
命。孙文于一九一一年十二月二十一日返国途中过香港，宫崎寅藏、池亨吉与郡岛忠次郎等日
人提前到香港迎候，旋同赴沪，二十五日抵达。

为上海《民立报》题词①

（一九一一年十二月三十一日刊载）

戮力同心

民立报同志属书

孙文

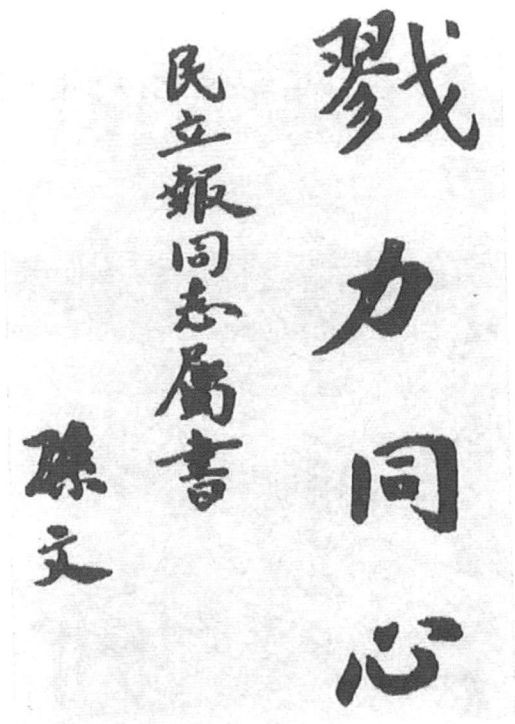

据《孙大总统汉文手翰》，载一九一一年
十二月三十一日上海《民立报》第一页

---

① 《民立报》，同盟会的言论机关，于右任主办，一九一〇年十月十一日在上海创刊，一
九一三年九月四日终刊，共出一〇三六号。

赠《民立报》英文手翰

（一九一一年十二月三十一日刊载）

To Minlipao

"Unity"

is our watch word

Sun Yat-sen

释文:①

"合"之一字最足为吾人警惕

赠民立报

孙逸仙

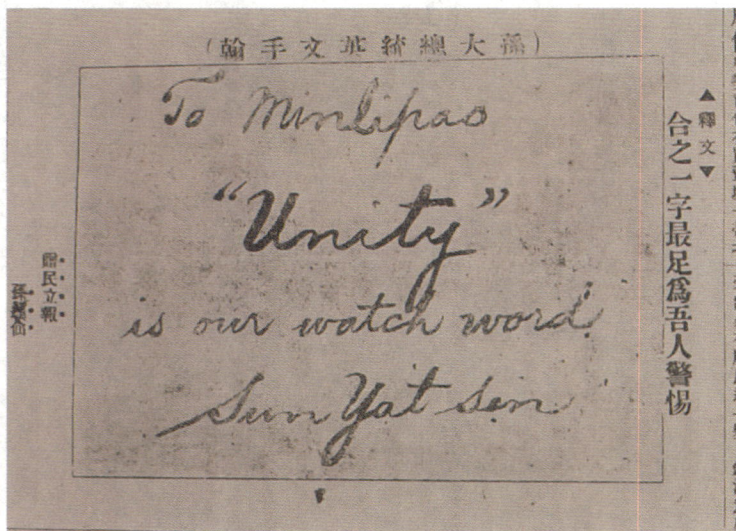

据《孙大总统英文手翰》，载一九一一年
十二月三十一日上海《民立报》第四页

---

① 释文与英文手翰同时刊发。

自勉题词①

（一九一二年一月）

奋　斗

民元孙文（印）

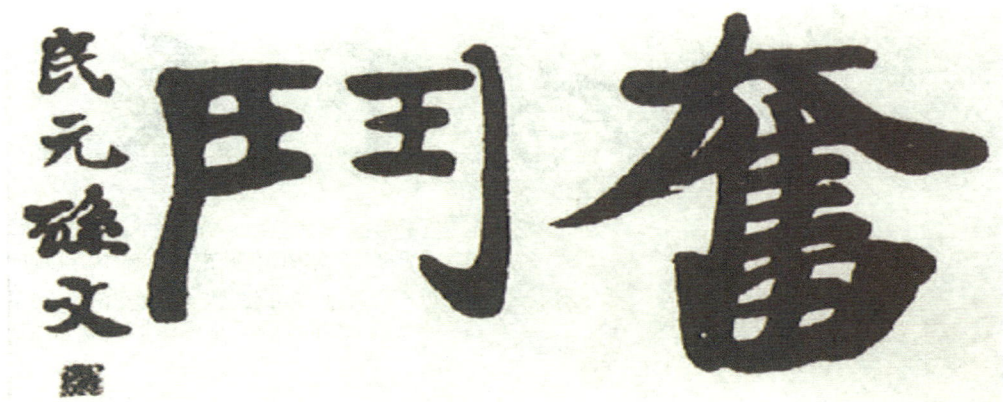

据原件，南京、孙中山临时大总统办公室旧址
纪念馆（又名南京中国近代史遗址博物馆）藏

---

① 一九一二年一月孙文在南京就任中华民国临时大总统，手书"奋斗"二字悬挂于大总统府办公室以自励。这幅题匾至今仍挂在办公室旧址内。

题　词①

（一九一二年一月）

天下为公

孙文（印）

据影印件，南京、孙中山临时大
总统办公室旧址纪念馆（又名南
京中国近代史遗址博物馆）藏

---

① 在一九一二年一月的南京大总统府办公室，还悬挂有一幅孙文亲书的"天下为公"横匾。

题赠南洋兄弟烟草公司[①]

（一九一二年二月）

国货之光

南洋兄弟烟草公司

民国元年二月

据《三大总统之嘉奖》，载一九一七年四月十日上海《中华新报》第三版

---

① 南洋兄弟烟草公司由简照南、简玉阶兄弟于一九〇五在香港集资创办。因遭英美烟草公司排挤，不久歇业。一九〇九年再度开业，产品行销华南及南洋各地。

为中央演说团题词①

（一九一二年二月）

中央演说团鉴

苦口婆心

孙文题

据《孙大总统之手翰》，载一九一二年
二月二十三日上海《民立报》第十页

---

① 中央演说团系胡颐伯、余根海等在南京组织的宣传团体，每周日定期在升平园集会演说，宣传革命，指陈时要。未及一月，发展团友多达六百人，孙文"闻而壮之"，亲书匾额表彰。一九一二年二月二十三日上海《民立报》第十页载有该题词影印件，但模糊不清，故本书从略。

书赠总统府近卫军全体官兵^①

（一九一二年三月底）

汉族存亡

在此一举

大总统孙文书赠

据李葆璋：《孙大总统的近卫军始末记》，载
中国科学院近代史研究所史料编译组：《近代
史资料》一九六一年第一号《辛亥革命资料》

---

① 这是孙文辞临时大总统职时的题词，以之赠别卫队全体官兵。

为南京粤军殉难烈士墓碑题词①

（一九一二年三月）

民国元年三月

建国成仁

临时大总统孙文题

据南京莫愁湖公园内建国粤军阵亡将士墓题词碑刻

---

① 中华民国成立后，孙文命广东北伐军开赴江苏固镇、南宿州、徐州抗击来犯清军，三战三捷。三月，孙文指示，在南京莫愁湖南岸建立"粤军殉难烈士墓"并手书"建国成仁"墓碑，是年秋建成。一九四八年重修而建成"建国粤军阵亡将士墓"，先后收殓遗骸 60 余具。后经多次修葺，现墓地为一九七九年重建。

为居正题词①

（一九一二年三月）

光　明

觉生兄鉴

孙文（印）

据原件照片，台北、中国国民党
中央委员会党史委员会党史馆藏

---

①　居正，原名之骏，字觉生，号梅川居士，湖北广济人，一八七六年生。一九〇五年加入同盟会，一九〇七年参与发起组织共进会，先后主编新加坡《中兴日报》、缅甸《光华日报》。一九一〇年参与筹组同盟会中部总会。武昌起义后任湖北军政府顾问，旋任南京临时政府内务部次长，一九一三年当选参议院议员，"二次革命"时任吴淞要塞司令。原件未署时间，据在同一条幅上的黄兴题词所署日期酌定。

为李晓生题词（一）①

（一九一二年三月）

晓生先生鉴

努力前途

孙文题赠（印）

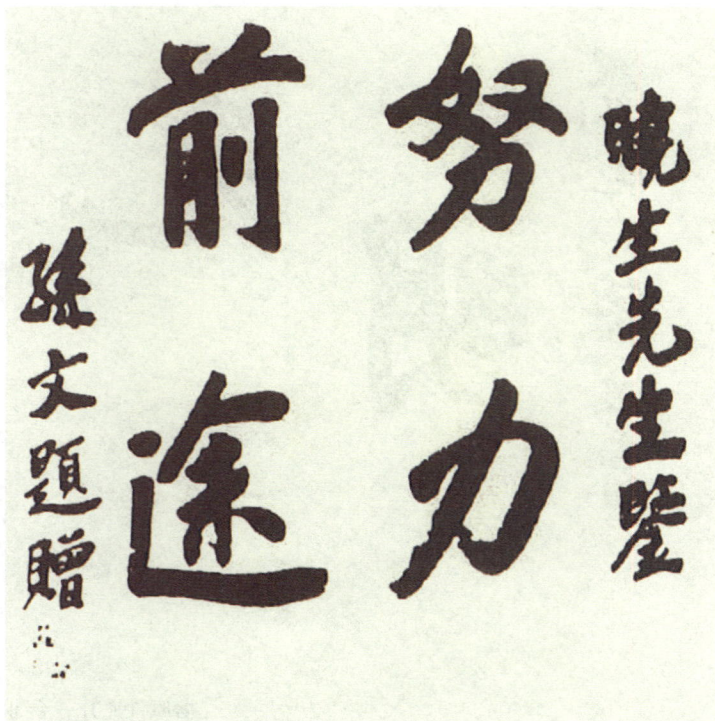

据影印件，载《中山墨宝》编委会编：《中山墨宝》第十卷《题词》，北京，北京出版社一九九六年一月出版

---

① 李晓生，新加坡华侨，同盟会会员。武昌起义后，与朱卓文等随孙文返国，后任临时大总统府秘书。

为李晓生题词（二）

（一九一二年三月）

晓生兄正

同舟共济

孙文（印）

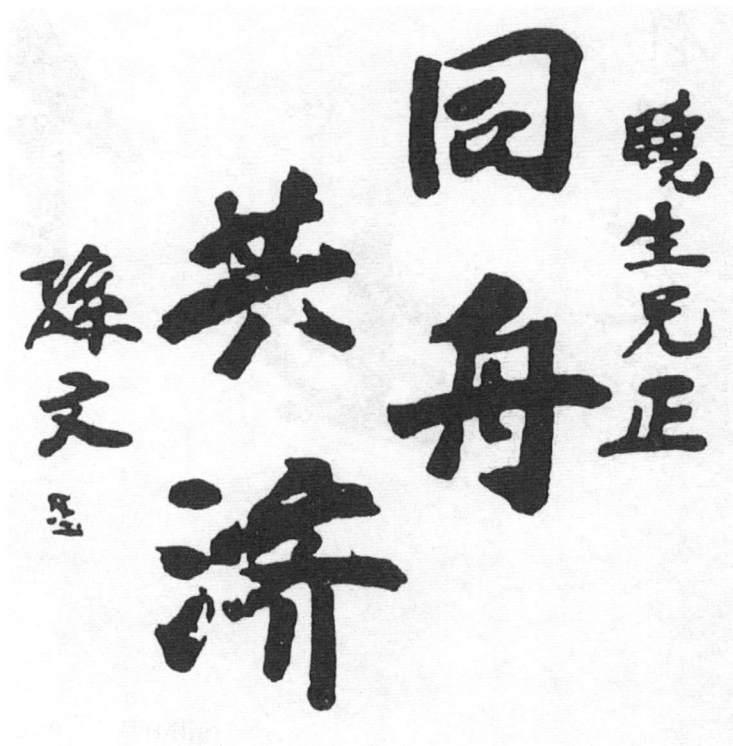

据影印件，载《中山墨宝》编委会
编：《中山墨宝》第十卷《题词》，
北京，北京出版社一九九六年一月出版

为冯自由题词①

（一九一二年春）

自　由

自由兄鉴
孙文

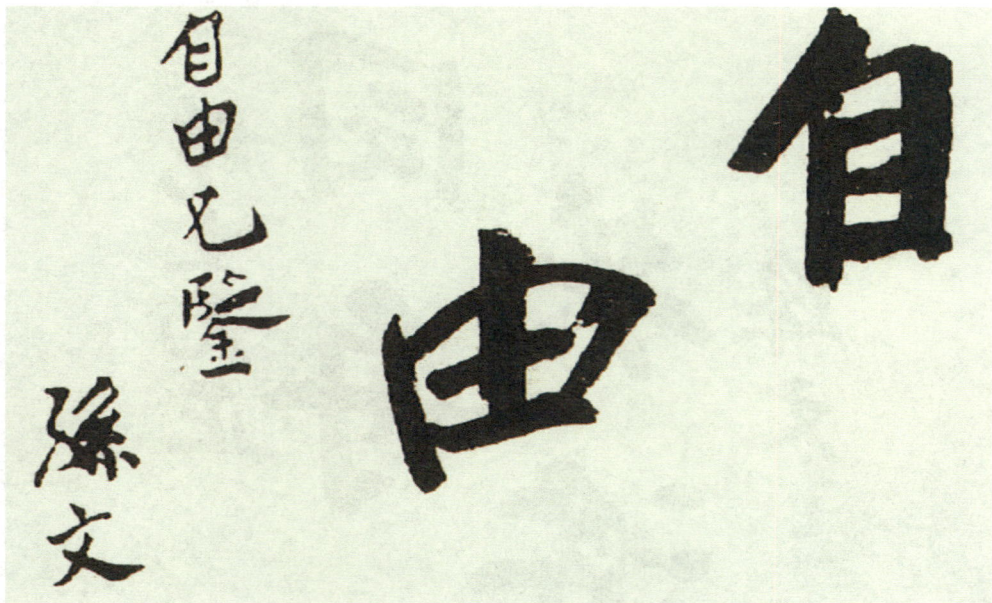

据原件照片，台北、中国国民党
中央委员会党史委员会党史馆藏

---

① 冯自由，原名懋隆，字建华，旅日华侨，祖籍广东南海。一八八二年生。先后参加兴中会、同盟会、中华革命党，并参与创办或主编《开智录》、《国民报》、《中国日报》、《大汉日报》等。曾任香港同盟会分会书记，一九一二年任南京总统府机要秘书，兼稽勋局局长。一九二三年任国民党临时执行委员会候补委员。著有《中华民国开国前革命史》、《革命逸史》、《华侨革命开国史》、《中国革命运动二十六年组织史》等。

为黄喃喃题词[①]

（一九一二年四月二日刊载）

改良新剧

本四字赠喃喃君

孙文

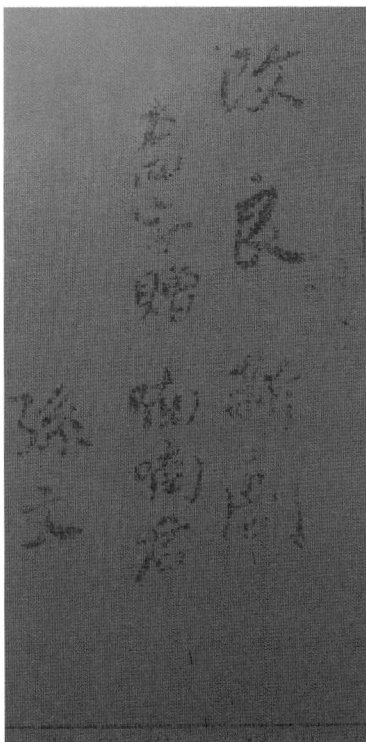

据《孙大总统最近之墨宝》，载一九一二年四月二日上海《太平洋报》第九页

---

① 黄喃喃，南社社员，新剧作家。

为沈缦云题词①

（一九一二年四月五日）

曼云同志惠鉴

光复沪江之主动

孙文

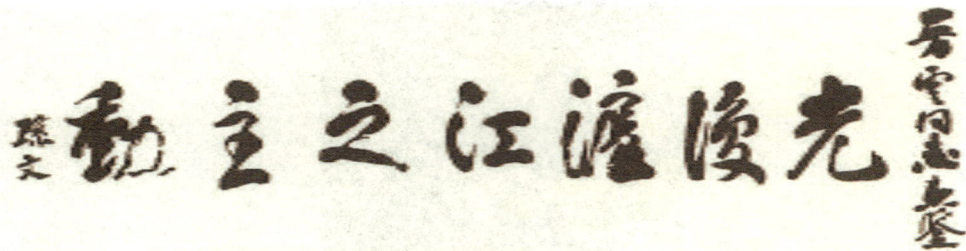

据《孙中山先生旅沪记》，载一九
一二年四月七日《申报》第七版

---

①　沈缦云，名懋昭，字缦云，江苏无锡人。一八六九年生。一九〇六年，合资创办中国首家商业兼储蓄银行上海信成银行。一九〇九年被推为上海商务总会议董。同年，加入同盟会，资助《民吁日报》、《民立报》的创办和购买武器。曾受孙文委托赴南洋宣传革命主张，又曾代表上海总商会赴北京参与速开国会请愿活动。还曾创办商团，组织全国商团联合会，并当选为副会长。一九一五年七月二十三日病逝。题词内容，《申报》作"光复沪江之举动"，现据题词墨迹（代笔）订正。

为潘月樵题词[①]

（一九一二年四月五日）

急公好义

　　　　　　　　　　月樵先生鉴

　　　　　　　　　　孙文

据《孙中山先生旅沪记》，载一九
一二年四月七日《申报》第七版

---

　　① 潘月樵，江苏甘泉（今扬州）人。一八七〇年生。京剧艺术家，艺名小连生。一九〇
八年在上海参与发起组织进步文艺团体"新舞台"，编演革命新剧，提倡戏剧改良。一九一一
年参与攻打江南制造局，光复上海。此后追随孙文参加讨袁护国，历任军职。

为夏月珊题词①

（一九一二年四月五日）

热心劝导

---

① 夏月珊，原名昌树，艺名小庚弟，安徽怀宁人。一八六八年生。京剧演员。一九○八年与潘月樵等发起组织进步文艺团体"新舞台"，编演革命新剧，提倡戏曲改良。一九一一年上海光复时，参与攻打江南制造局。

为曾尚武题词①

（一九一二年四月十一日前后）

天下为公

尚武先生属

孙文（印）

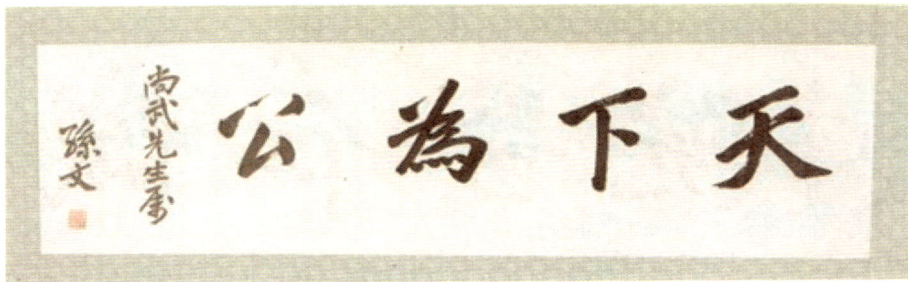

据原件，武汉、辛亥革命武昌起义纪念馆藏

---

① 曾尚武，号紫暾，湖北江陵（今荆州市）人。一八八四年生。共进会会员。参加武昌起义，旋任湖北军政府稽查部副部长、部长。一九一四年参加中华革命党，翌年回鄂讨袁，先后组织血光团、讨贼团、铁血团和湖北讨袁中路军。一九一七年任广州护法军政府少将参军。此件系孙文访问武汉时应请题书。

为梁琴堂题词①

（一九一二年四月中旬）

诚仁医院

琴堂先生

孙文

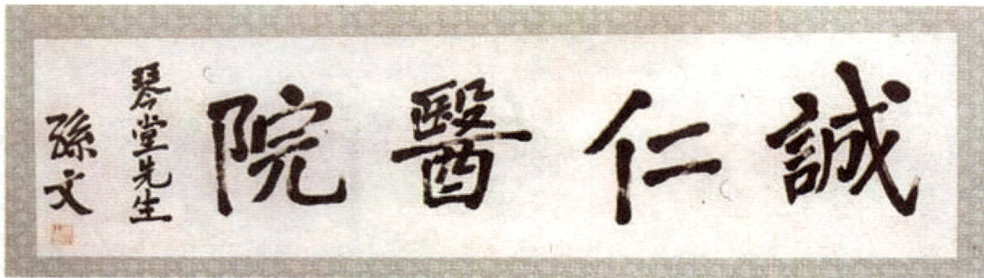

据影印件，武汉、湖北省博物馆藏

① 梁琴堂，字浩汉，湖北汉川人。一八七七年生于中医世家，湖北革命党人梁钟汉（字瑞堂）的胞兄。武昌起义时参与战场救护。孙文访问武汉时，特为他所开办的诚仁医院题书匾额。

为福州公益社题字^①

（一九一二年四月二十一日）

独立厅

孙文（印）

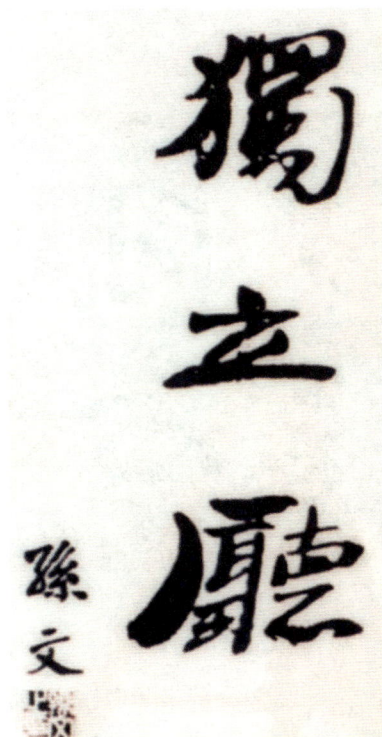

据影印件，陈熙藏

---

① 福州公益社，原同盟会秘密机关。一九一二年四月二十一日孙文回粤途经福州，与福建老同盟会会员相聚于此，并题书"独立厅"三字相赠，以资纪念。原件悬挂于公益社内，一九一四年被毁。

为旅闽广东同乡会题词①

（一九一二年四月二十一日）

戮力同心

同志诸君鉴

孙文

民国元年四月二十一日

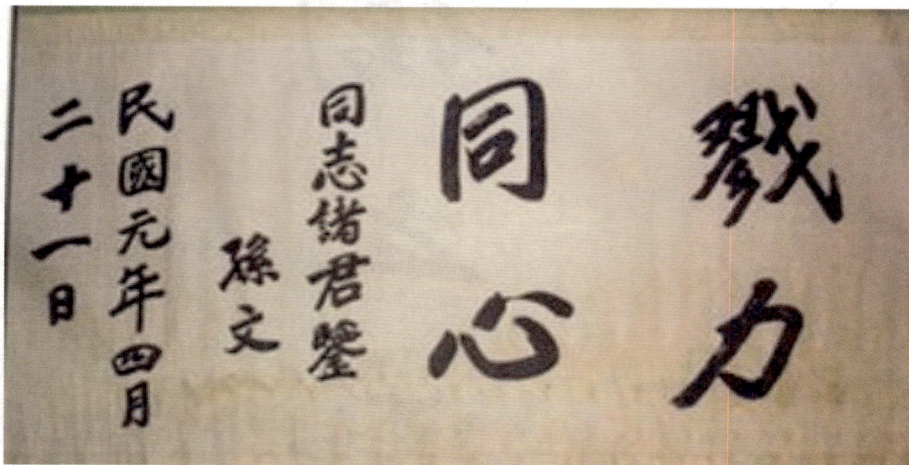

据影印件，广州、广东省社会科学院图书馆藏

---

① 此件系孙文在福州出席旅闽广东同乡会欢迎会时的题词。

为邓素存题词①

（一九一二年四月）

天下为公

素存先生属

孙文（印）

据原件，安徽省安庆市邓素存外孙女陈雪松藏

---

① 邓素存，名质义，安徽桐城人。一八八三年生。清末留学日本士官学校，结识孙文，后加入同盟会。孙文就任中华民国大总统，聘邓为总统府顾问，之后邓追随孙文从事民主革命，颇得器重。题词日期据张爱斌《邓素存先生简介》一文内容而定，载政协安庆市文史资料研究委员会安庆文史资料编辑部编《安庆文史资料》一九八五年七月第十一辑。

为双沟大曲题词①

（一九一二年四月）

双沟醴泉

孙文（印）

据原件，南京、江苏洋河股份有限公司藏

---

① 一九一二年四月七日，孙文为践行实业救国计划，自南京出发，巡视各省鼓励民族工业发展，力倡实业救国，大力发展民族品牌。在南京，孙文为嘉许在南洋劝业会中荣获金质奖章、甲等佳酒第一名的双沟大曲，欣然挥笔题"双沟醴泉"，有"甘雨时降，万物以嘉，谓之醴泉"之意。

为广州六榕寺题词①

（一九一二年五月中旬）

阐扬佛教

据欧安年：《书赠六榕寺》，载广州市政协文史资料委员会、广州市文史研究馆、广东革命历史博物馆合编：《广州文史》第五十辑《孙中山在广州》，广州，广东人民出版社一九九六年十月出版

---

① 六榕寺，在今广州市六榕路。是时，广东佛教总会假该寺举行欢迎大会，孙文到会并题词。编者曾到该寺实地考察，但原件已散佚。

为铁禅和尚题词①

（一九一二年五月中旬）

平等　自由　博爱

据欧安年：《书赠六榕寺》，载广州市政协文史资料委员会、广州市文史研究馆、广东革命历史博物馆合编：《广州文史》第五十辑《孙中山在广州》，广州，广东人民出版社一九九六年十月出版

———————

① 铁禅和尚，法名心镜，俗家姓名为刘秀梅，广东番禺（今广州）人。一八六五年生。曾任六榕寺住持、广东佛教总会会长。此件系孙文出席佛教总会欢迎大会时，应铁禅之请而题书，原件已散佚。

为广东公立女子教育院题词①

（一九一二年五月）

民国元年

幼吾幼

广东公立女子教育院义举也

书此为人道主义倡

孙文

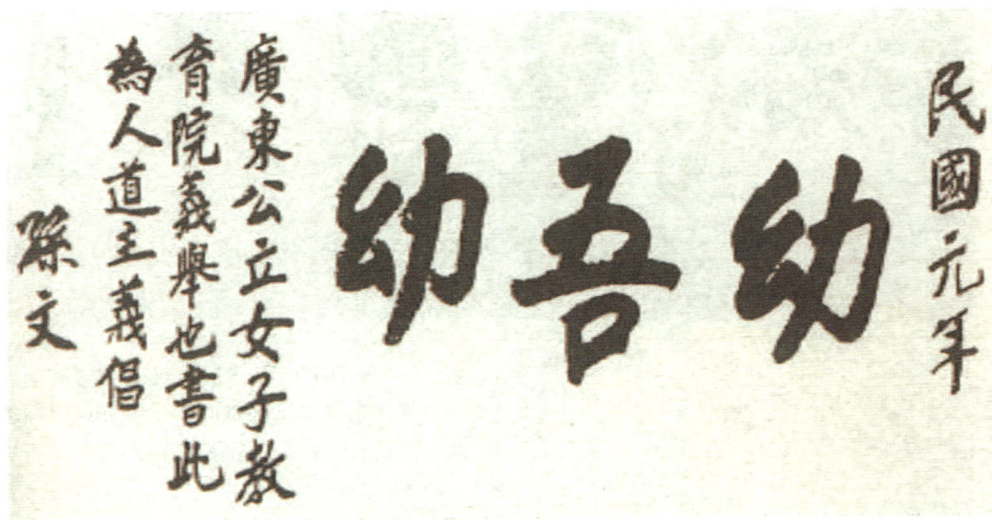

据影印件，广州黄花岗公园藏

---

① 广东公立女子教育院，一九一二年三月设于广州花地善庆学堂内，广东军政府警察厅厅长陈景华主办，广州真光书院教员梁女士为第一任院长。此件曾刊于一九一二年广州《时事画报》第二期，但只刊出"民国元年'幼吾'"六字，后半文字缺失。今次收录，系据最新从香港发现的完整影印件。

为香港《大光报》发刊题词①

（一九一二年五月）

大光报发刊

与国同春

孙文

据影印件，载中国人民政治协商会议
广东省广州市委员会文史资料研究委
员会编：《纪念辛亥革命七十周年史
料专辑》（下），一九八一年八月出版

---

① 《大光报》，一九一二年五月在香港发刊（具体日期不详），冯自由等主办。是日，穗、港报界在广州东园举行欢迎孙文大会，孙应请题祝。

为《天铎报》题词①

（一九一二年七月十日刊载）

天铎报鉴

天下为公

孙文

据影印件，载一九一二年七月十日上海《天铎报》第二版

---

① 《天铎报》，一九一○年三月十一日在上海创刊，初由浙江谘议局局长汤寿潜主办，次年转让给粤籍资本家陈芷澜顶办，聘革命党人戴季陶主办。该报初刊宗旨为"促进宪政、推究外情、提倡实业、宣达民隐"，栏目有"《社论》、《时评》、《专件》、《译电》、《专电》、《小说》、《文苑》、《来稿》"等。后言论倾向革命。一九一三年停刊。

为上海新舞台题词①

（一九一二年七月）

警世钟

据晓冰：《孙中山先生为新剧界题词》，
载一九八三年二月五日《团结报》

---

①　新舞台，清末从事戏曲改良的进步文艺团体，假剧院名以冠，名伶潘月樵、夏月润、夏月珊等发起组织，一九〇八年在上海成立。先后编演《潘烈士报海》、《黑奴吁天录》、《波兰亡国惨》、《血泪碑》、《新茶花》等反帝反封建的时装新戏。辛亥上海光复时，组织伶界义勇军，参与攻打江南制造局，复义演募捐，支援革命，因而受到孙文的表彰。

题赠烟台张裕酿酒公司①

（一九一二年八月二十一日）

题赠张裕公司

品重醴泉

孙文（印）

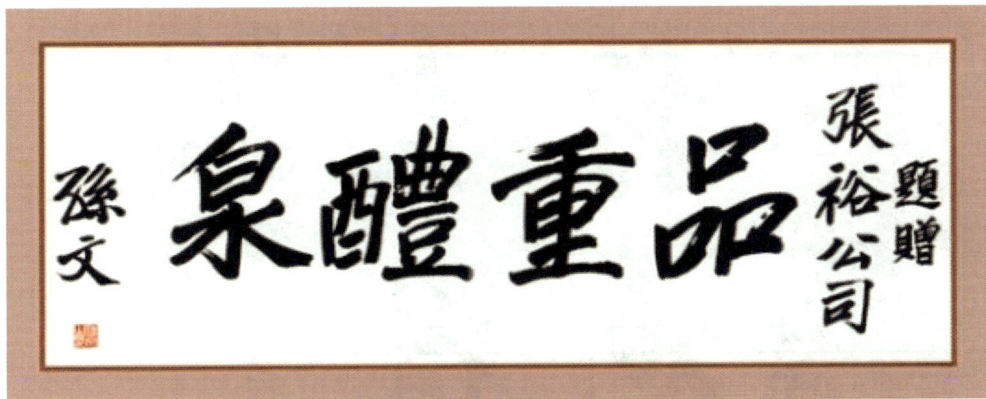

据原件，山东省烟台市博物馆藏

---

①　张裕公司，印度尼西亚华侨张振勋于一八九二年在山东烟台创办，以酿造葡萄酒著称。所产白兰地酒荣获首届"一九一五年巴拿马——太平洋国际博览会"金质奖章。此件系孙文视察该公司时所题。一九七八年，张裕公司将题词原件转赠给烟台市博物馆收藏。

为《铁路协会杂志》发刊题词①

（一九一二年八月二十九日）

祝铁路杂志发行

大道之行也

孙文

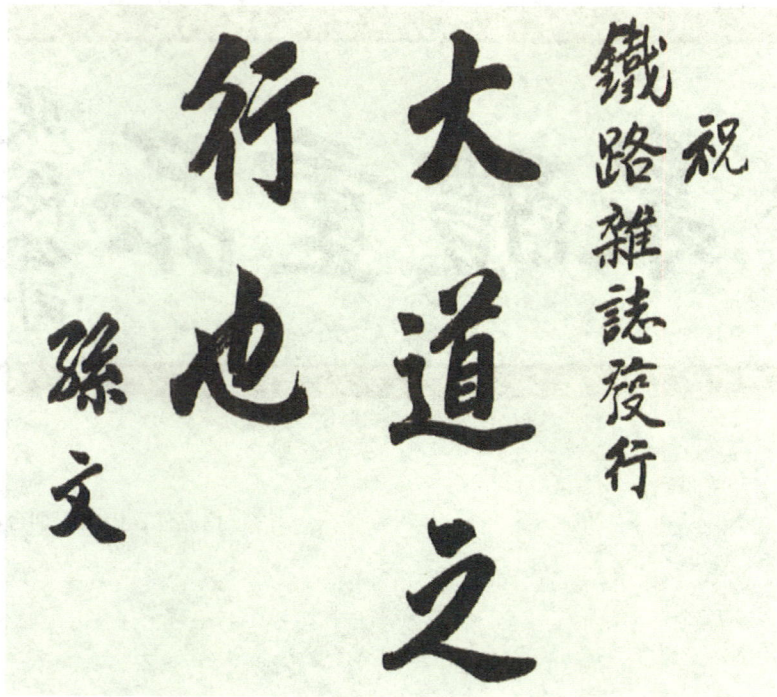

据影印件，载北京《铁路协会杂志》
一九一二年十月二十日第一卷第一册

---

① 《铁路协会杂志》，中华全国铁路协会会刊，北洋政府交通部主办，一九一二年八月在北京创刊。孙文被推举为该会名誉总理。此件系当日孙文出席铁路协会欢迎会时所题。

为阎锡山题词①

（一九一二年九月）

博　爱

百兄属

孙文（印）

据山西省定襄县阎锡山故居壁刻题词

---

① 阎锡山，字百川、伯川，号龙池，山西五台人。一八八三年生。一九〇二年入山西武备学堂。一九〇四年留学日本，次年加入同盟会。一九〇九年回国，旋任山西新军八十六标标统。辛亥率部起义，光复山西，被推为山西都督。一九一二年八月国民党成立，当选该党参议。十月宣布脱离国民党，转而拥戴袁世凯，出任山西省省长。一九一二年九月十八日至二十日孙文访问太原，题词日期据此酌定。后阎在家乡定襄县兴建府邸，在大门照壁背面刻上孙文的题词。

为《沪上评论》创刊号题词①

（一九一二年九月刊载）

评论社鉴

公理为衡

孙文

据影印件，载《沪上评论》一九一二年九月创刊号

---

① 《沪上评论》由宫崎寅藏、何天炯等创刊于上海，日文，仅出版一期。

为广东药房题词①

（一九一二年秋）

广东药房鉴

仁 术

孙文（印）

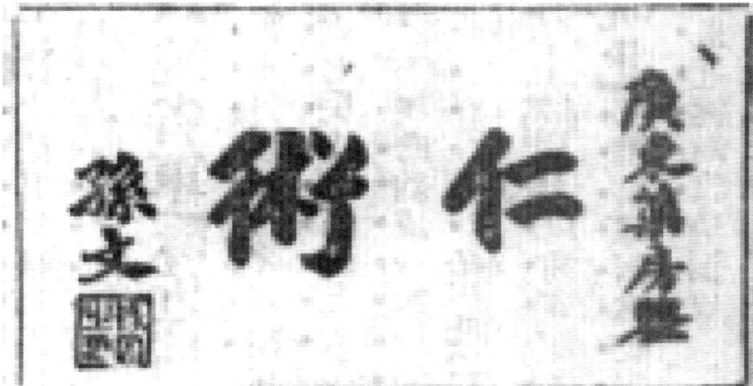

据原件，载一九一三年五月十
八日北京《新中国报》第五版

---

① 该题词附有"本药房主人启"曰："中山先生精医学，于中西药品能自制炼，盖以医国
巨手而能医人者也。今秋莅京师，本药房以新制腊丸药就正于先生，蒙先生宏奖，书额相赠，
顾名思义，愧非敢承。然推先生爱人寿世之心，不敢不勉。古人求仁必自诚始，诚者，真实无
妄之谓也，本药房期克副此言而已。"

为《铁道》杂志题签①

（一九一二年十月十日）

铁　道

孙文

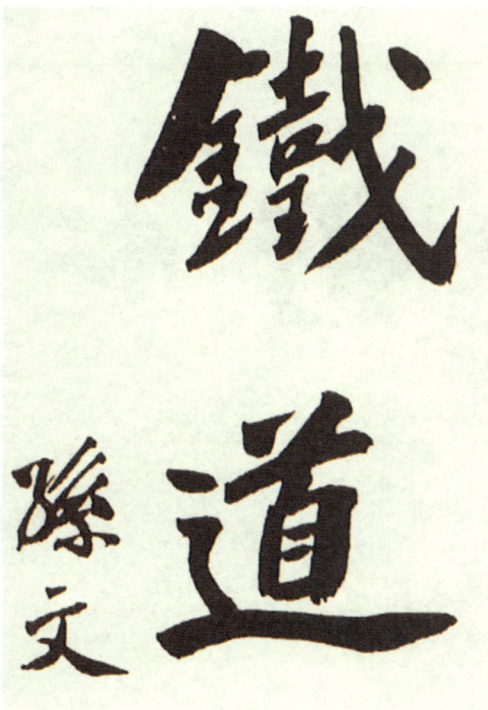

据影印件，载上海《铁道杂志》
一九一二年十月十日第一卷第一号

---

① 《铁道杂志》，中华民国铁道协会会刊，一九一二年十月十日在上海创刊，于右任主办。南京临时政府期间，交通部批准徐应庚等在上海组织中华民国铁道协会。一九一二年七月二十二日举行会员大会，宣布孙文、黄兴当选为正、副会长，并请孙文在会上演说。此系孙文为创刊号题签，时间据杂志出版日期。

为方南山题词①

（一九一二年十月三十日）

饮杯猴茶　如得知己　可以无憾

南山先生鉴

民元　孙文（印）

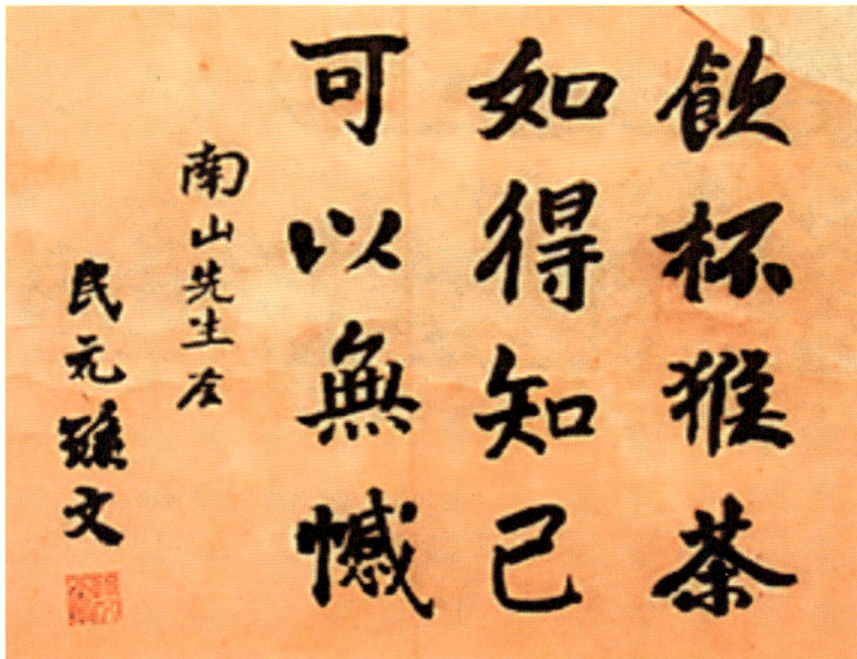

据原件，安徽省黄山市方南山后人方继凡藏

---

① 一九一二年十月中旬孙文自上海至长江下游考察，三十日在安徽芜湖登岸之际，开设"南山茶号"的太平县（今改名黄山市黄山区）茶商方南山，携来其精制的名茶"太平猴魁"相赠。此茶形貌似绿茶魁首，产于太平县猴坑、猴岗一带，为茶农王魁成于一九〇〇年首创，因而得名。孙文品尝后赞不绝口，遂挥笔题词。该茶荣获首届"一九一五年巴拿马——太平洋国际博览会"金质奖章，后又在国际茶博会上获得"绿茶茶王"称号。

为江西女子公学校题签①

（一九一二年十月底）

女子公学校

孙文

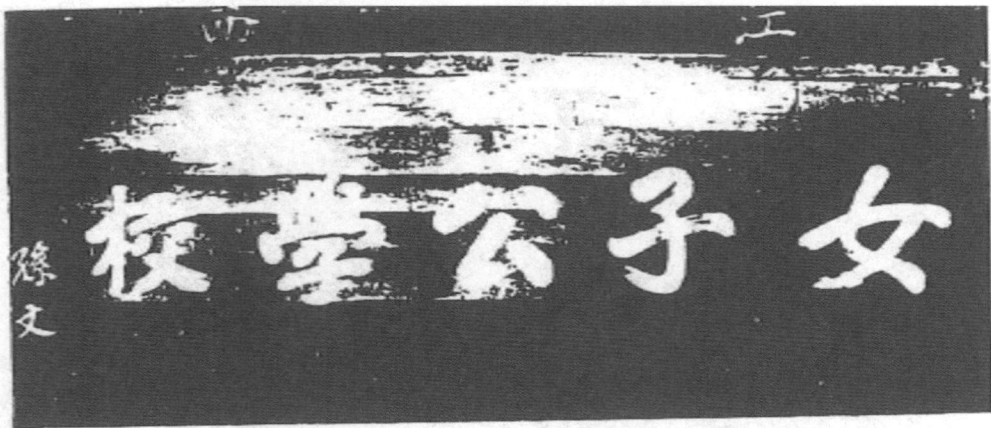

据影印件，载佚名编：《总理遗墨》，十开线装本，出版时间不详②，广州、广东省社会科学院图书馆藏

---

① 这是孙文一九一二年十月二十五日至二十八日访问南昌期间，应该校之请而题的校名匾额。

② 估计于二十世纪三十年代出版。

为《图画剧报》创刊号题词①

（一九一二年十一月九日刊载）

图画剧报鉴

大　观

孙文

据影印件，载一九一二年十一月九日《图画剧报》

---

① 《图画剧报》于一九一二年十一月九日创刊于上海，郑正秋主编，分剧评、图画两部。
一九一七年冬终刊。

为上海《神州女报》题词（一）①

（一九一二年十一月）

发达女权

孙文

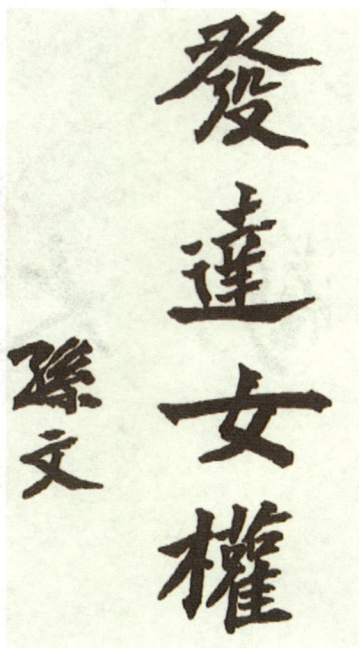

据影印件，载上海《神州女报》一九一二年十一月第一期

---

① 《神州女报》，一九一二年十一月在上海创刊，上海神州女界协济社主办，唐群英、汤国梨主编，初为旬刊，次年改为月刊。宗旨为"普及教育，提倡实业，研究政法，鼓吹女子政治思想，养成完全高尚纯洁之女国民，以促进共和之进行"。孙文为创刊号题字两幅，以表祝贺。

为上海《神州女报》题词（二）

（一九一二年十一月）

同进文明

孙文

同進文明

孫文

据影印件，载上海《神州女报》一九一二年十一月第一期

为《社会世界》杂志题签①

（一九一二年十一月）

社会世界

孙文题签

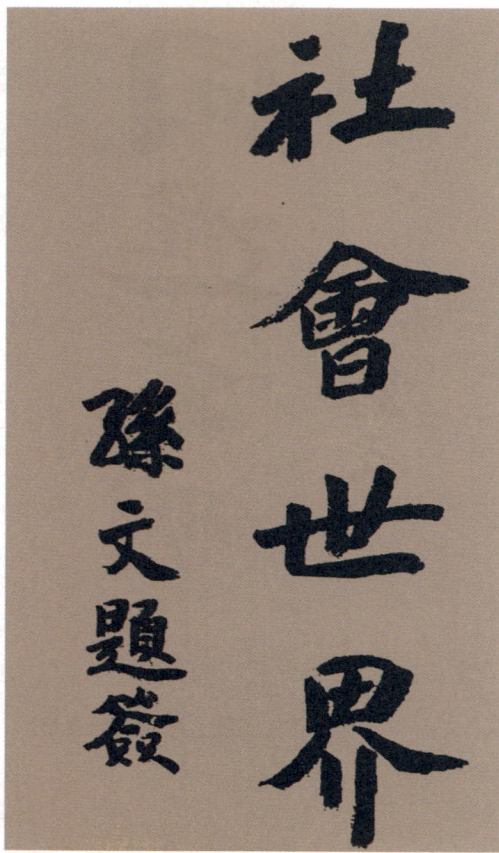

据题签，载上海《社会世界》一九一二年十一月第五期

---

① 《社会世界》系中国社会党刊物，一九一二年四月创刊于上海，出版五期后停刊。

挽秋瑾联①

（一九一二年十二月九日）

江户矢丹忱　感君首赞同盟会
轩亭洒碧血　愧我今招侠女魂

据秋宗章：《六六私乘》，一九三四年油印本

---

① 秋瑾，原名闺瑾，字璿卿，号竞雄，别号鉴湖女侠，浙江山阴（今绍兴）人，一八七五年生。一九〇五年先后加入光复会、同盟会，任同盟会评议部评议员、浙江分会主盟人。一九〇七年创办《中国女报》，策动皖浙起义，组建光复军。七月起义失败，在绍兴轩亭口英勇就义。是日，孙文到杭州西湖凭吊秋瑾墓，在秋心楼举行公祭并题书挽联。原件已散佚，挽联文字记载不一，如"感君"有的记为"重君"、"多君"，"洒碧血"有的记为"流碧血"，"愧我"有的记为"恨我"。江户，日本东京古名；轩亭，即绍兴轩亭口。

题秋瑾匾额①

（一九一二年十二月九日）

鉴湖女侠千古

巾帼英雄

孙文

据杭州西泠桥南秋瑾墓题词碑刻

---

① 此件系一九一二年十二月九日孙文在杭州秋社公祭时所书。

为杭州白云庵题词①

（一九一二年十二月十一日）

明禅达义

据王维友：《中山先生浙江行》，载一九八一年十月八日杭州《浙江日报》第四版

----

① 白云庵，在今杭州南屏山，清末革命党秘密联络机关。光复会首领多次假此聚会，密商光复大计，同盟会亦派人到此联络。是时，孙文访问杭州，专程拜访白云庵智亮高僧，并亲题此匾额以赠。

挽黄钟瑛联①

（一九一二年十二月二十八日）

尽力民国最多　缔造艰难　回首思南都旧侣

屈指将才有几　老成凋谢　伤心问东亚海权

据《海军上将黄钟瑛传略》抄本，台北、
中国国民党中央委员会党史委员会党史馆藏

---

① 黄钟瑛，字赞侯，福建闽县（今闽侯）人。一八六九年生。早年入福州船政学堂、刘公岛枪炮学堂学习。历任清"飞鹰"、"镜清"、"海筹"等舰管带，旋升清海军临时舰队司令。武昌起义时，在九江率舰队反正。一九一二年任南京临时政府海军总长兼海军总司令，十二月四日在上海病逝。是日，上海各界在湖南会馆举行追悼大会，孙文与伍廷芳、陈其美等出席并题联致悼。

为邓慕韩题词①

（一九一二年）

慕韩兄鉴

提倡人道

孙文（印）

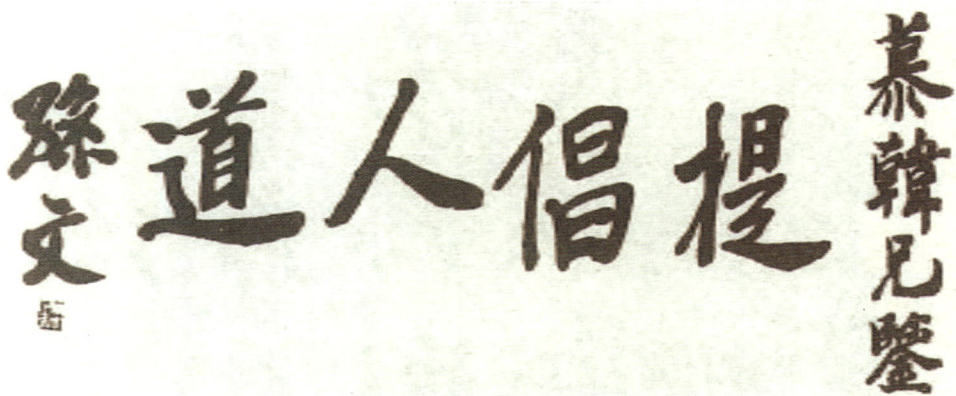

据原件照片，台北、中国国民党
中央委员会党史委员会党史馆藏

---

① 邓慕韩，广东三水人。一八八一年生。一九〇四年留学日本，次年参加同盟会，任同盟会本部调查兼两广分会书记。后参与组织同盟会南洋支部，任《中兴日报》社长。一九一〇年主编广州《平民日报》，次年参加黄花岗起义。一九一二年参与创办广州《时事画报》，一九一四年加入中华革命党。一九一七年任广州护法军政府参议。一九二三年任大本营广东宣传委员。

为居正题词

（一九一二年）

美语曰　民国者　民之国也　为民而设　由民而治者也

觉生先生正

孙文（印）

据影印件，台北、中国国民党
中央委员会党史委员会党史馆藏

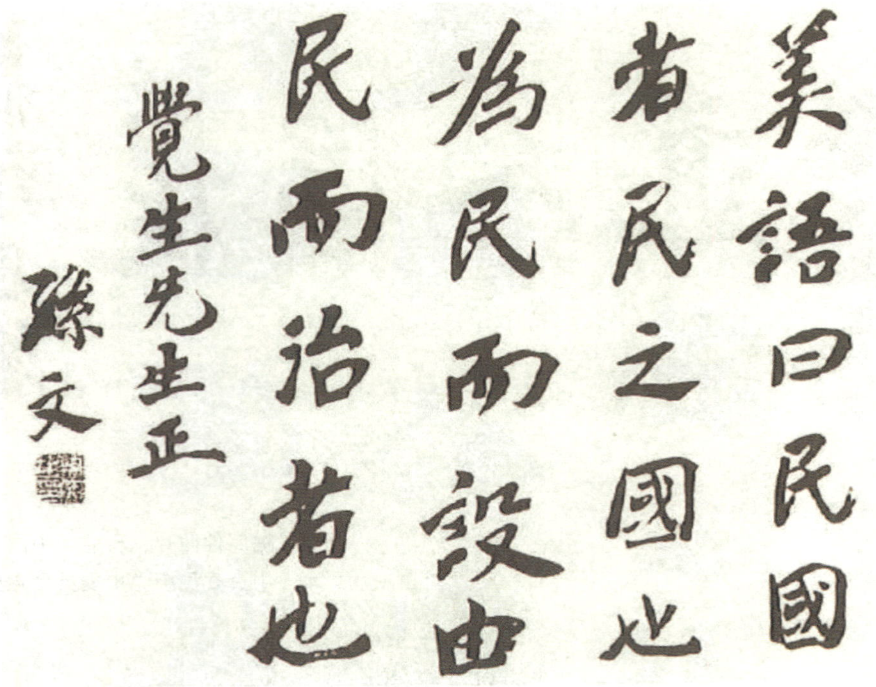

为秦毓鎏题词^①

（一九一二年）

效鲁兄正

乐　天

孙文（印）

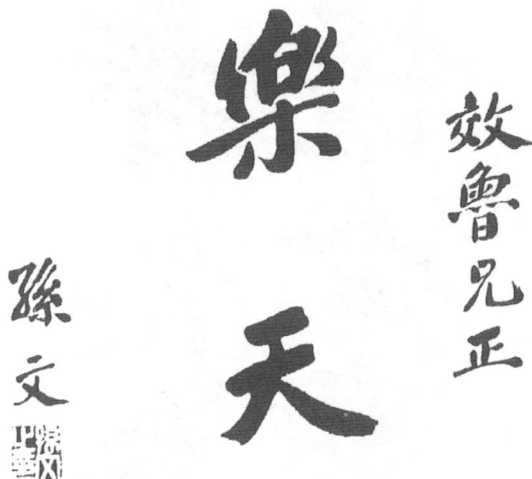

据原件，南京、南京博物院藏

---

① 秦毓鎏，字效鲁，江苏无锡人。一八八〇年生。一九〇二年留学日本，参与组织青年会、拒俄义勇队，主编《江苏》杂志，回国后在上海创办国学社、译学社。一九〇四年任湖南高等实业学堂监督，参与组建华兴会，任副会长。一九〇七年参加镇南关起义，一九一一年起兵光复无锡，被拥为锡金军政分府总理。一九一二年任南京总统府秘书、同盟会无锡分部负责人。次年参加讨袁运动，旋被捕，羁狱多年。

为《华侨参政权全案》题签

（一九一二年）

华侨参政权全案

孙文署（印）

华僑参政權全案署孫文

据影印件，载刘士木编辑：《华侨参政权全案》，
上海，上海华侨联合会一九一三年二月一日

为松筠堂题名①

（一九一二年）

松筠堂

孙文题

据影印件，载厦门市文化局、厦门市非物质文化遗产保护中心编：《厦门市非物质文化遗产图典》，厦门大学出版社二〇〇八年六月出版

---

①　松筠堂，是厦门市的著名药堂，由翁朝言创办。该题词系民元翁氏与孙文见面时，请孙所赠。

为施从滨题词①

（一九一二年）

天下为公

汉亭先生属

孙文（印）

据影印件，载《中山墨宝》编委会编：
《中山墨宝》第十卷《题词》，图版三六，
北京，北京出版社一九九六年一月出版

---

① 施从滨，字汉亭，安徽桐城人。一八六七年生。北洋武备学堂毕业。曾任新军第五师第十旅旅长。一九一二年任第一混成旅旅长，驻守镇江。一九二二年后归皖系。一九二五年，被孙传芳部所杀。该题词题于扇面上。

为吴樾墓题词①

（一九一二年）

浩气长存

据李宗邺：《吴樾》，载黄季陆主编：《革命人物志》第二集，台北，"中央"文物供应社一九六九年六月出版

---

① 吴樾，字梦霞、孟侠，安徽桐城人。一八七八年生。一九〇二年就读保定高等师范学堂，一九〇五年主编《直隶白话报》，组织北方暗杀团。旋潜入京师，谋刺出洋考察宪政五大臣载泽等，因炸弹自爆，当场牺牲，葬于安庆大观亭右冈，孙文为之题书墓额。

题何天瀚墓碑①

（一九一二年）

何公天瀚之墓

据赖绍祥、房学嘉编著：《客籍志士与辛亥革命》，广州，广东人民出版社一九九二年四月出版

---

① 何天瀚，字公博，广东兴宁人。一八七四年生。一九〇五年留学日本，加入同盟会，任同盟会广东旅日支部长。一九〇七年执教广东法政学堂，一九一一年九月病逝。

为云南宾川县祝圣寺题词①

（一九一二年）

饮光俨然

孙文（印）

据《祝圣寺举行重挂孙中山题匾仪
式》，载《法音》一九八五年第一期

---

① 本题词系民元该寺高僧虚云法师赴南京同孙文面谈修改佛教会章程时请孙所赐。后被
制成横匾悬于寺中。

为进化团题词①

（一九一二年）

是亦学校也

据李贤哲：《任天知和他创办的进化团》，载
二〇一三年十二月十三日贵阳《贵州政协报》A3 版

---

① 进化团是中国早期话剧（新剧）首个职业剧团，一九一〇年冬成立于上海，一九一二年秋解散。领导人为任天知，成员有汪优游、陈镜花、王勾身等。进化团的戏剧活动具有浓厚的革命色彩。

为萱野长知题词①

（一九一二年）

萱野先生

博　爱

孙文

据影印件，载萱野长知：《中华民国革命秘笈》，日本东京，帝国地方行政学会一九四〇年七月发行

---

① 萱野长知，号凤梨，日本高知县人。一八七三年生。一八九五年底开始与孙文交往。一九〇五年参加同盟会。次年与宫崎寅藏等创办《革命评论》，声援中国革命。一九〇七年任潮惠钦廉起义军事顾问，帮助采购军火。武昌起义时赴武汉，协助黄兴筹画战守。一九一五年任中华革命军东北军顾问。一九二三年任调查戒烟事宜专员。一九二五年孙文病危时赴北京探视，后参加追悼活动。一九二九年到南京参加孙文奉安大典。著有《中华民国革命秘笈》。

为曹亚伯题词①

（一九一二年）

博　爱

亚伯兄属

孙文（印）

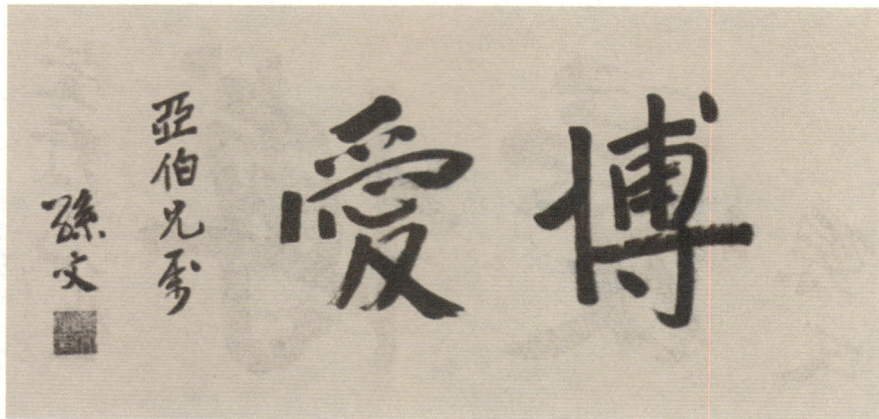

据原件，武汉、辛亥革命武昌起义纪念馆藏

---

① 曹亚伯，字庆云，湖北兴国（今阳新县）人。一八七五年生。一九〇四年在武昌加入科学补习所。旋赴长沙，帮助黄兴等准备武装起义，事泄护送黄兴脱险。不久，假武昌圣公会阅览室及日知会为革命机关，联络党人。次年在日本加入同盟会。一九〇六年留学英国，任中国留学生会馆馆长。一九一二年回国，入黎元洪幕府，赞商机要。次年在武昌密谋起兵讨袁。一九一四年在日本加入中华革命党，旋由孙文派往南洋各埠宣传改组宗旨。一九一七年筹款支援护法运动。一九二一年避居昆山，后专心学佛不问政治。著有《武昌革命真史》。该题词由曹家后人于一九八二年捐出。

为张耀轩题词①

（一九一二年）

博　爱

据李松庵：《潮汕铁路创办人华侨张榕
轩兄弟》，载中国人民政治协商会议广
东省委员会文史资料研究委员会编：
《广东文史资料》第二十八辑，广州，
广东人民出版社一九八〇年九月出版

---

① 张耀轩，字鸿南，印度尼西亚华侨，祖籍广东梅县。一八六一年生。与兄榕轩从事垦
殖、橡胶业致富。一九〇四年承办修筑潮汕铁路，开创侨办铁路先河。一九一〇年任全国商会
联合会和南洋劝业会名誉理事，参与组织南洋中华总商会。此件系孙文答谢张氏向南京临时政
府捐款而题赠。

为钱化佛题词①

（一九一二年）

化佛剧家属

作如是观

孙文（印）

据影印件，台北、中国国民党
中央委员会党史委员会党史馆藏

---

① 钱化佛早年留学日本时加入同盟会，辛亥年参与光复南京的战斗，民国成立后解甲不仕，始名"钱化佛"，绘出大量优秀的佛像作品，并从事演剧和拍电影活动。当时钱化佛提倡新剧，通音律，善歌曲，是戏曲舞台上的活跃分子。孙文勉励钱化佛演新剧，在其演剧时，曾挥毫题赠此四字横幅。题词日期据此酌定。

题吴樾等九烈士墓碑①

（一九一二年）

烈士周正峰之墓

烈士张星五之墓

烈士李朝栋之墓

烈士张劲夫之墓

烈士吴　樾之墓

烈士范传甲之墓

烈士薛　哲之墓

烈士胡文彬之墓

烈士刘志贤之墓

孙文题

据原件照片，台北，中国国民党
中央委员会党史委员会党史馆藏

---

① 一九一二年孙文为吴樾等九烈士墓碑题字，每行姓名之上为"烈士"，之下为"之墓"。

题　词

（一九一三年二月十五日刊载）

唇齿相依

孙文

据影印件，载一九一三年二月十
五日日本《大阪每日新闻》（九）

题祝日华协会成立^①

（一九一三年二月十七日）

邦交雅会

据上海《真相画报》一九一三年二月第十四期

---

①　日华协会，亦称“中日同盟会”，一九一三年二月十七日在东京成立，前日本首相兼外务大臣桂太郎发起组织，秋元子爵任会长。此件系孙文访日出席日华协会欢迎会时，挥笔题写的大字牌匾。

题赠山田浩藏①

（一九一三年二月二十七日）

山田老先生

　　　　　若吾父

　　　　　　　　　　　　　　孙文（印）

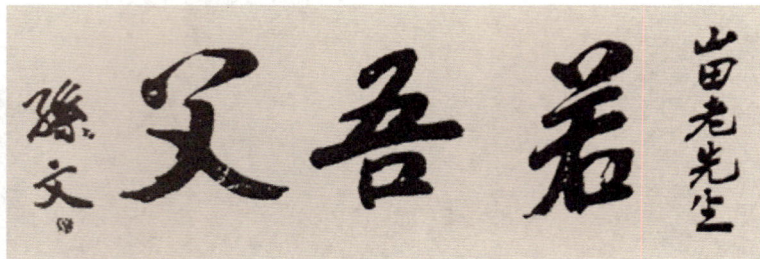

---

①　一九一三年二月孙文到日本访问，邀约为中国革命牺牲生命的日本志士山田良政之家属到东京相会。二十七日在帝国饭店设宴款待，并亲书"若吾父"三字奉赠良政之父山田浩藏。

为铃木久五郎题词①

（一九一三年二月）

铃木先生

博　爱

孙文

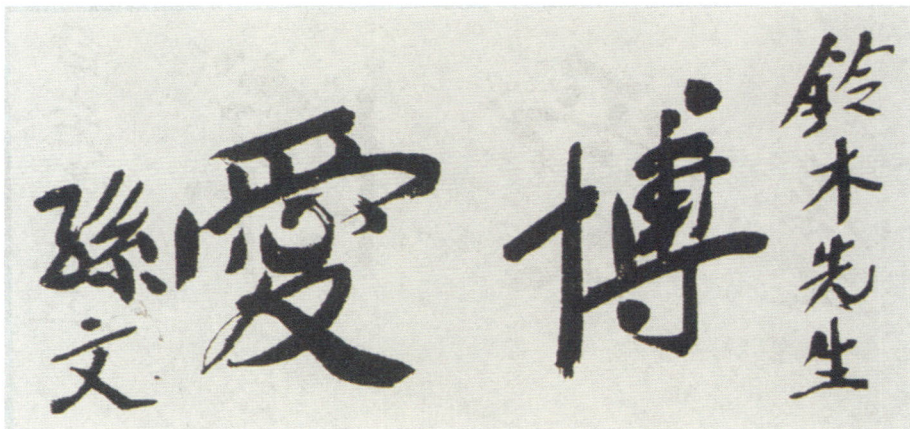

据原件，东京上野、日本国立博物馆藏

---

① 铃木久五郎，号南狩，日本崎玉县人。一八七七年生。因经营股票致富。一九〇七年与孙文结交，为中国革命事业慷慨捐款。此件系孙文一九一三年二月访问日本时，题写于铃木外褂上。铃木后人于一九七二年将题词原件捐赠给日本国立博物馆。

为白岩龙平题词①

（一九一三年二月）

白岩先生正

博　爱

孙文（印）

据原件，日本白岩龙平后人白岩信男藏

---

① 白岩龙平，日本冈山人。一八七〇年生。日清汽艇株式会社副社长，著名实业家。毕业于对华情报机关"日清贸易研究所"，参与组织东亚同文会，任干事。先后发起组织大东汽船会社、日清企业调查会、日清兴业公司。孙文一九一三年二月访日时，白岩龙平出席东亚同文会欢迎大会，并与孙文商谈组织中国兴业公司，孙文题本字幅以赠。

题赠横滨华侨学校①

（一九一三年三月六日）

为国育才

据陈灿章、李励文：《孙中山革命活动与
旅日华侨的关系》，载中国人民政治协商
会议广东省委员会文史资料研究委员会
编：《孙中山与辛亥革命史料专辑》，广
州，广东人民出版社一九八一年八月出版

---

① 横滨华侨学校，是一所由广东华侨于一九一一年初创办的完全小学，缪菊辰、鲍伟超
先后任总理。革命党机关如同盟会、国民党、中华革命党横滨支部先后在该校设立。此件系孙
文到该校视察时所题，原件已于一九二三年九月关东大地震时被毁。

为卢联业题词^①

（一九一三年三月六日）

逸堂仁兄雅属

进　步

孙文

据卢子岑：《日本横滨华侨学校史料鳞
爪》，载广州市政协文史资料研究委员会
编：《广州文史资料》第四十辑，广州，
广东人民出版社一九八九年十一月出版

---

① 卢联业，字逸堂，日本横滨华侨，祖籍广东南海。同盟会会员。辛亥革命后曾任横滨
国民党支部长、横滨华侨学校董事长。卢氏一度吸食鸦片，自参加同盟会后，一改恶习，孙文
特书"进步"字幅赞誉。

题　词①

（一九一三年三月九日刊载）

唇齿相依

孙文

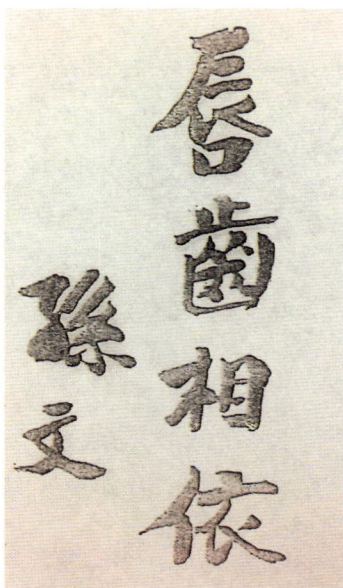

据原件，载一九一三年三月九
日日本《大阪朝日新闻》附录

---

① 此件字迹与一九一三年二月十五日日本《大阪每日新闻》（九）所载不同。

为森下题词

（一九一三年三月十日刊载）

博　爱

森下先生

孙文（印）

据影印件，载一九一三年三月
十日日本《大阪每日新闻》（十）

为杨寿彭题词①

（一九一三年三月十三日）

天下为公

据原件，北京、中国国家博物馆藏

---

① 杨寿彭，日本神户华侨，祖籍广东五华县。一八八二年生。一九〇五年加入同盟会，积极为革命党筹款和购置武器。一九一二年任国民党神户支部副支部长。一九一四年任神户华侨商业研究会会长。一九一六年任神户、大阪筹饷局长。一九三七年因反对日本发动侵华战争遭逮捕，次年一月被毒杀。

为高田题词①

（一九一三年三月十四日）

博　爱

高田先生

孙文

据原件，上海、荣宝斋（上海）拍卖
有限公司（二○一五春季拍卖会）藏

---

①　一九一三年二月孙文访问日本。三月十四日晚抵广岛县吴市，次日在广岛县厅观光课主任高田陪同下参观宫岛。应高田之请，孙当晚于宫岛一家旅馆题赠"博爱"二字。该题词为高田后人旧藏。

为桥本辰二郎题词①

（一九一三年三月十四日）

博　爱

桥本先生

孙文（印）

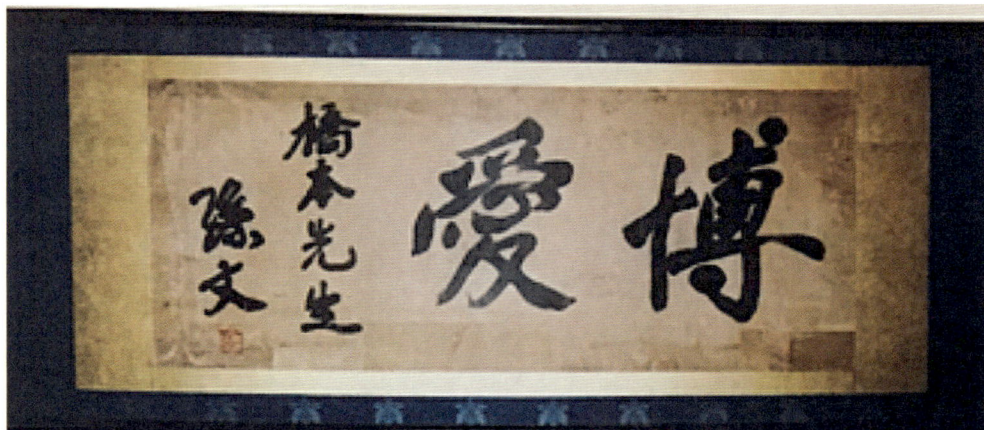

据原件，日本大阪堂岛ビルヂング（株
式会社）云仙观光ホテル（宾馆）藏

---

① 一九一三年三月十四日孙文在神户参观时，题写"博爱"二字赠予桥本汽船株式会社
董事长桥本辰二郎。桥本汽船为大阪的堂岛株式会社前身。桥本辰二郎是长崎人氏，此题词影
印件被收入横山宏章、陈东华编《写真志：孙文と长崎》（长崎文献社二〇〇三年发行）。

为杉原铁城题词①

（一九一三年三月十五日）

博　爱

杉原先生

孙文

据一九一三年三月十七日［日］《中国新闻》第一版

---

① 一九一三年三月十五日下午，孙文到日本宫岛（属广岛）参观，杉原铁城赠诗一首："祝君努力建新邦，满腹经纶气象龙。今日来游寻旧识，东洋风色共无双。"孙文回赠"博爱"题词。

为宫崎民藏题词①

（一九一三年三月十九日）

博爱行仁

民藏先生

孙文（印）

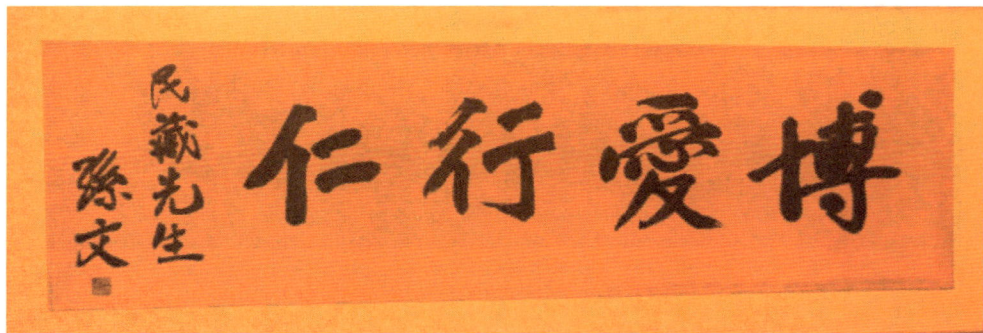

据原件，日本熊本县荒尾市宫崎兄弟资料馆藏

---

① 宫崎民藏，号巡耕，日本熊本县人。一八六五年生。宫崎寅藏胞兄。主张自由民权，土地复权。发起组织土地问题研究会、土地复权同志会。一九一二年来中国，冀在华推行土地复权主义，与孙文交往甚密。此件系孙文到熊本县荒尾村访问宫崎家族时题书。

为宫崎寅藏题词①

（一九一三年三月十九日）

宫崎先生

推心置腹

孙文

据原件，日本东京、宫崎寅藏孙女宫崎蕗苳藏

---

① 一九一三年三月十九日，孙文在宫崎寅藏陪同下，到玉名郡荒尾村（今熊本县荒尾市）宫崎家访问，得到其家人欢迎，孙文特书赠该题词。

为日本福冈三井工业学校题词①

（一九一三年三月十九日）

三井工业学校

开物成务

孙文（印）

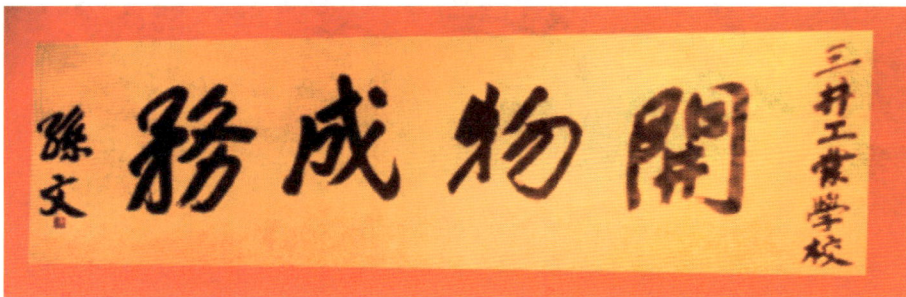

据原件，日本福冈县立三池工业高校藏

---

① 一九一三年三月十九日，孙文到福冈市的三井工业学校（今改名福冈县立三池工业高校）参观，并以此题词相赠。该件现悬挂于三池工业高校校长室。另，熊本县荒尾市宫崎兄弟资料馆藏有原件照片。

为日本福冈九州大学题词①

（一九一三年三月十九日）

学道爱人

孙文

据原件，日本福冈九州大学藏

---

①　一九一三年三月十九日，孙文到福冈市的九州帝国大学医科大学（今九州大学医学部）参观，对医科师生发表演讲并书赠题词。该件悬挂于九州大学总长室（即校长室），又曾在《九大广报》二〇〇〇年第一号上发表该题词影印件。

为大石正己题词①

（一九一三年三月中旬）

大石先生

自由平等

孙文

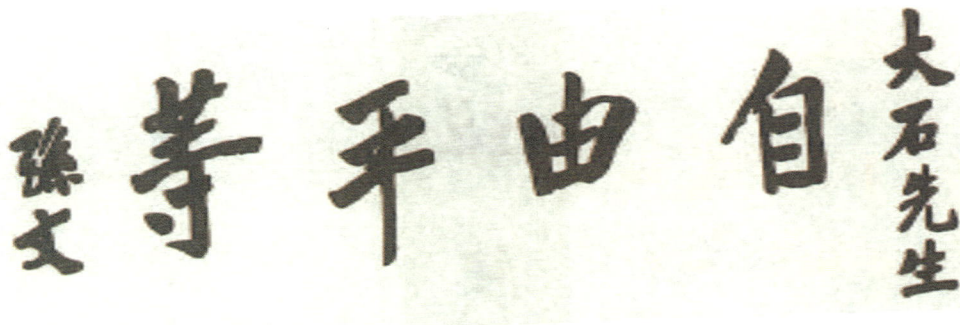

据影印件，载一九一三年三月
二十一日日本《福冈日日新闻》

---

① 大石正己，日本高知县人。一八五五年生。先后参加日本自由党、独立党、进步党、国民党和立宪同志会，提倡大亚细亚主义，六次当选众议院议员。一八八七年主编《政论》杂志，一八九二年任驻韩公使，一八九八年任日本政府农商务大臣，经犬养毅介绍而与孙文结识。一九一二年南京临时政府成立后，他领导下的日本国民党力主外交承认。

为桥本辰二郎题词①

（一九一三年三月二十二日）

博　爱

桥本先生

孙文（印）

据原件，日本长崎桥本辰二郎后人桥本宽藏

---

① 桥本辰二郎亦是长崎市议会议员、商工会议所会头（会长），曾资助孙文反清活动，一九一三年三月二十二日在长崎重晤时，孙文再次题写"博爱"相赠。题词影印件被收入横山宏章、陈东华编《写真志：孙文と长崎》（长崎文献社二〇〇三年发行）。

为丹羽翰山题词①

（一九一三年三月二十二日）

诗人雅兴

翰山先生正
孙文（印）

据原件，日本长崎丹羽翰山之子丹羽汉吉藏

---

① 一九一三年三月二十二日，孙文得悉长崎《东洋日の出新闻》创办人铃木天眼染病，特地往其寓所探视，其间对在场的该报主笔丹羽翰山（汉学家）赠题该条幅。题词影印件被收入横山宏章、陈东华编《写真志：孙文と长崎》（长崎出版社二〇〇三年发行）。

为铃木天眼题词①

（一九一三年三月二十二日）

精洋亭

孙文

据原件，日本长崎县立图书馆藏

---

① 孙文因到长崎的"精洋亭"（西餐馆）用餐而结识其店主铃木天眼。一九一三年三月二十二日在参加该市官民欢迎大会后，闻悉铃木患病而登门探望，应其所请题写"精洋亭"横额相赠。后来，铃木后人将这幅题额捐赠给长崎市立博物馆。受二战期间美国对长崎投掷原子弹的影响，部分题字易色。题词影印件被收入横山宏章、陈东华编《写真志：孙文と长崎》（长崎文献社二〇〇三年发行）。

为中泉半弥题词①

（一九一三年三月二十二日）

博　爱

中泉先生

孙文（印）

据原件，日本长崎中泉半弥之孙中泉康彦藏

---

① 　一九一三年三月二十二日，孙文应邀参观三菱株式会社长崎造船所各厂，考察巡洋舰制造过程，并题写"博爱"二字赠予该所副所长中泉半弥。题词影印件被收入横山宏章、陈东华编《写真志：孙文と长崎》（长崎文献社二〇〇三年发行）。

为占胜阁题匾[①]

（一九一三年三月二十三日）

占胜阁

孙文（印）

---

① 一九一三年三月二十三日，孙文到三菱长崎造船所（今名三菱重工业株式会社长崎造船所）参观，为该所迎宾馆"占胜阁"题写匾额。占胜阁建于一九〇四年，在该所第三船坞附近的山坡上，是一座木制西式建筑。

为福岛福松题词①

（一九一三年三月）

松风水月

孙文

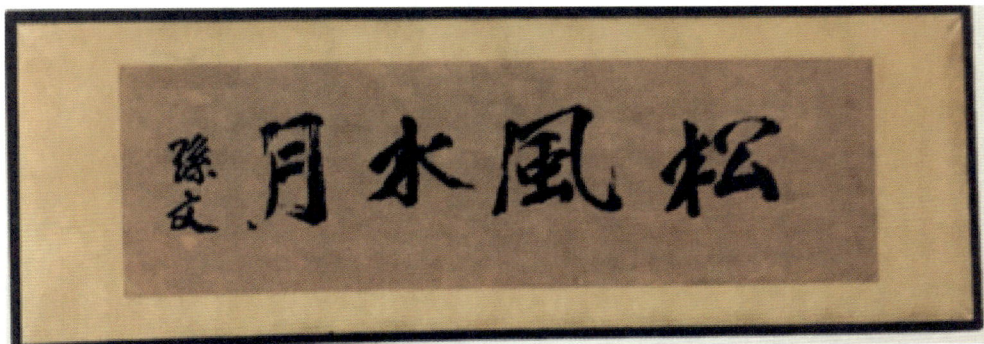

据原件，日本长崎县立图书馆藏

---

① 一九一三年三月下旬，孙文在长崎逗留期间，下榻于福岛福松开设的福岛屋（旅馆），此为书写"松风水月"赠予福岛福松的题词，后被其孙媳福岛文子捐赠给长崎县立图书馆。题词影印件被收入横山宏章、陈东华编《写真志：孙文と长崎》（长崎文献社二〇〇三年发行）。

题 词①

（一九一三年三月）

宽阔豪气

孙文

宽阔豪气

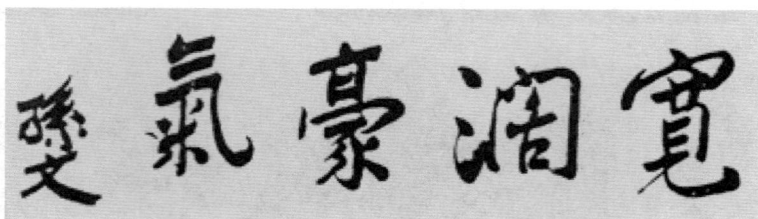

据原件照片，台北、中国国民党
中央委员会党史委员会党史馆藏

---

① 一九一三年三月孙文访日期间题赠日本友人。

挽刀安仁联①

（一九一三年三月）

边塞伟男　辛亥举义冠遇春
中华精英　癸丑同恸悲屈子

据谢本书：《孙中山营救傣族志士刀安仁》，
载南京《民国春秋》一九九一年第四期

---

①　刀安仁，又名郗安仁，字沛生（佩生），傣族，云南干崖（今盈江）人，一八七二年生。一八九一年承袭干崖宣抚使第二十四代土司，一九〇六年留学日本，加入同盟会，捐赠二万元。一九〇八年回国建立干崖同盟会支部和自治同志会。一九一一年十月与张文光领导腾越起义，被推为滇西军都督府第二都督。次年二月赴南京报告起义经过，遭诬陷入狱，造成冤案。出狱后任北京政府陆军部咨议，旋病逝。

为冈本治平题词①

（一九一三年三月）

乐　趣

孙文（印）

据影印件，载一九二九年六月一日日本《鸭江日报》

---

① 一九一三年三月，孙文旅至日本熊本市，下榻研屋旅馆，该旅馆的老板为孙文日本友人宫崎滔天的亲戚冈本治平，"乐趣"二字即孙当时所书。

挽宋教仁诔词①

（一九一三年四月十三日）

作民权保障 谁非后死者

为宪法流血 公真第一人

据宋教仁追悼大会会场照片，载一九一三年四月十四日上海《民立报》第十二页

---

① 宋教仁，字遯初（钝初），号渔父，湖南桃园人。一八八二年生。留日学生。自一九○三年起，先后参与发起组织华兴会、科学补习所、同盟会、同盟会中部总会等革命团体。主办《二十世纪之支那》杂志，任《民报》撰述。一九一二年初，任南京临时政府法制局局长，五月出任北京政府农林总长，八月改组同盟会，建立国民党，任代理事长。一九一三年春，领导国民党参加国会竞选，获多数议席，因坚主责任内阁制，危及当局统治，于三月二十日在上海遭暗杀，两天后身亡。震惊全国，史称"宋案"。一九一三年四月十三日，国民党上海交通部举行追悼大会，孙文亲自到会致悼词，所送挽联悬挂会场两侧。

为《国民杂志》创刊号题词①

（一九一三年四月十五日刊载）

三民主义

孙文（印）

三民主義

孙文

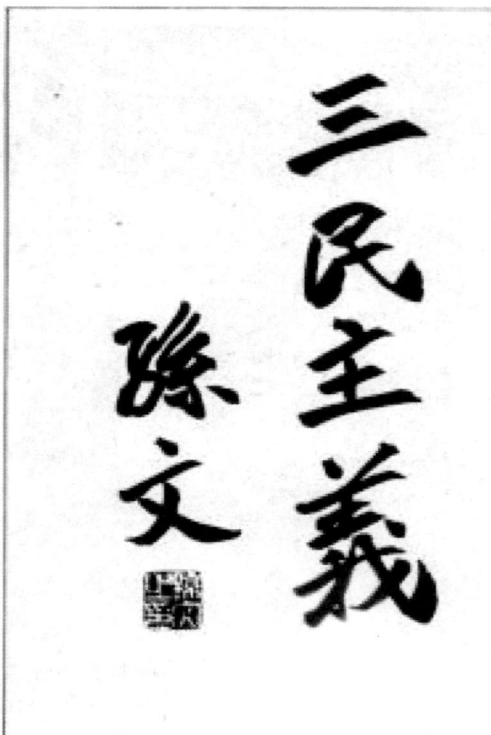

据影印件，载《国民杂志》
一九一三年四月十五日创刊号

---

① 《国民杂志》在日本东京出版。月刊。由国民杂志社编辑及发行。正社长夏之时，副社长吴作镇，总编纂邓泽。

挽宋教仁联

（一九一三年四月）

三尺剑 万言书 美雨欧风志不磨 天地有正气 豪杰自牢笼 数十年季子舌锋 效庄生索笔

五丈原 一抔土 卧龙跃马今何在 冠盖满京华 斯人独憔悴 洒几点苌弘血泪 向屈子招魂

据孙中山：《挽宋教仁联》，载谢春开主编，宋教仁常德研究会编：《宋教仁诗联鉴赏集》，长沙，湖南人民出版社二〇一三年二月出版

为《国民月刊》题签①

（一九一三年五月二十日）

国　民

孙文题签

国民

据影印件，载上海《国民月刊》杂志
一九一三年五月二十日第一卷第一号

---

① 《国民月刊》，国民党机关刊物，上海交通部主办，"二次革命"失败后停刊，仅出两期。孙文题刊头并撰《国民月刊出世辞》。题书时间据刊发日期标定。

为太原《宗圣汇志》发刊题词①

（一九一三年五月）

祝宗圣汇志发刊

文明导线

孙文拜题

据影印件，载太原《宗圣汇志》
一九一三年五月第一卷第一期

---

① 《宗圣汇志》，月刊，创刊于山西太原。第七号起改双月刊，宗圣社编辑及发行。自第
十五号起，改名《宗圣学报》，停刊时间不详。

为阳江《公论报》题词①

（一九一三年六月下旬）

主持公论

孙文祝（印）

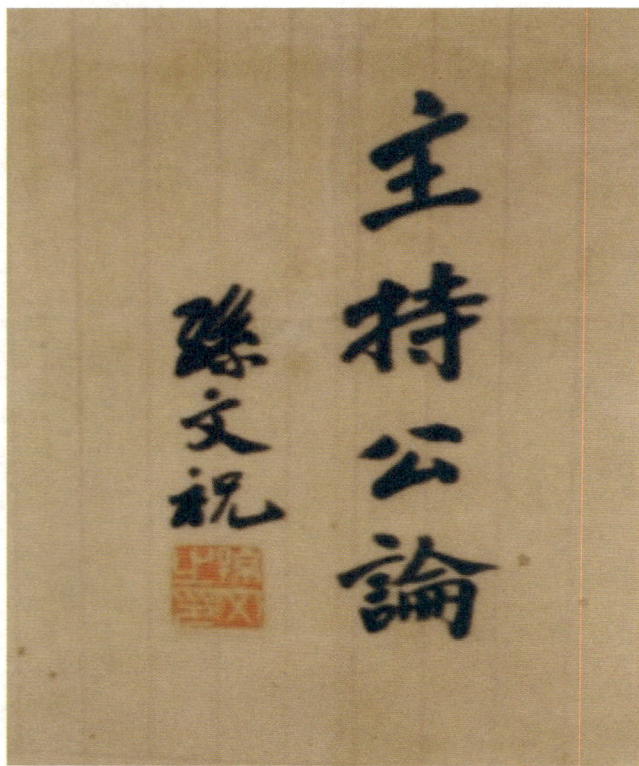

据原件照片，录自廖正刚：《孙中山
珍贵手迹现身阳江》，载二〇一〇年
十二月二十五日《阳江日报》A4 版

---

① 孙文于一九一三年六月二十四日至二十八日旅港期间，接待在阳江传教的美国长老会谭沾恩牧师，听其陈述在阳江办《公论报》之意义，并题赠该词以示嘉许。

为《中华民报》创刊周年题词①

（一九一三年七月二十日刊载）

祝中华民报

作我民气

孙文

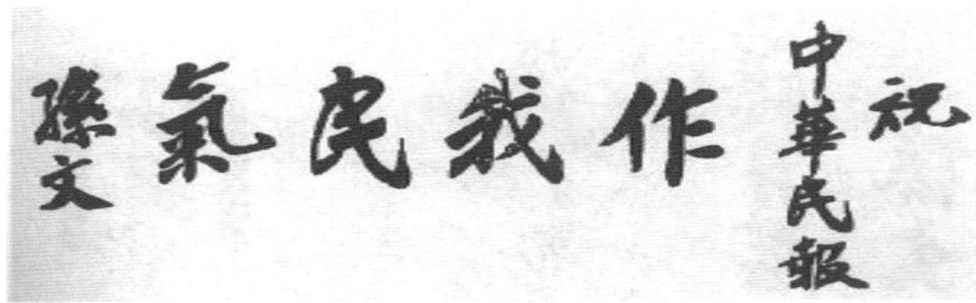

据影印件，载一九一三年七
月二十日上海《中华民报》

---

① 《中华民报》，日报，同盟会言论机关。一九一二年七月二十日在上海创刊，邓家彦主
办。与《民国新闻》、《民权》并称"横三民"，"二次革命"后被迫停刊。

为山根重武题词①

（一九一三年八月三、四日）

博　爱

山根先生

孙文

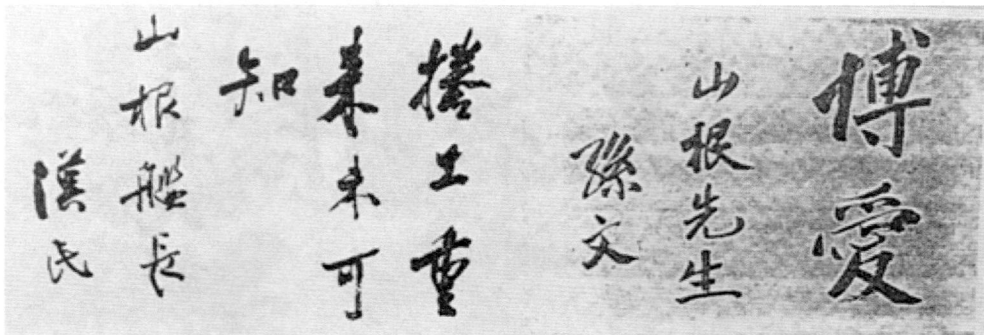

据原件，佳士得香港国际艺术品拍卖
有限公司（二〇一四年春季拍卖会）
藏，神户孙文记念馆另藏有原件照片

---

① 山根重武，日本大阪商船会社"抚顺丸"船长。一九一三年八月二日，孙文离沪，拟赴广东。船抵福州时，广东局势恶化，经日本驻福州武官多贺宗之劝告，临时改变行程，四日转乘"抚顺丸"经台湾去日本。为了感谢船长山根重武在危难之际伸出援手，孙文特予题词，同渡者胡汉民亦为之题书"卷土重来未可知"一幅。

为藤井悟一郎题词①

（一九一三年八月五日）

同　仁

藤井君

孙文

据影印件，台北，中国国民党中
央委员会党史委员会党史馆藏

---

①　一九一三年八月五日晨，孙文从福州马尾乘轮抵台湾基隆，旋由台湾总督府派员陪同至台北，由御成町"梅屋敷"料理店（今改设国父史迹纪念馆）店主大和宗吉负责接待，大和另请其友"吾妻料理店"店主藤井悟一郎协助。下午离台北赴神户前，孙文分别题赠二人，赠藤井者系"同仁"二字。

为大和宗吉题词①

（一九一三年八月五日）

博　爱

大和君

孙文

据原件，台北、国父史迹纪念馆藏

---

① 一九一三年八月五日下午，孙文离台北赴神户前，题赠"梅屋敷"料理店主大和宗吉"博爱"。

为村田省藏题词①

（一九一三年八月上旬）

博　爱

据［日］佐藤武英著，沈洁译：《村田省藏与孙文》，载华中师范大学历史研究所、中南地区辛亥革命史研究会、武昌辛亥革命研究中心编：《国外辛亥革命研究动态》第七辑，一九八八年出版

---

① 村田省藏，一八七八年生，时任日本大阪商船株式会社社长，后任近卫内阁递信大臣、铁道大臣。一九一三年八月四日孙文由福州乘该社"抚顺丸"去台湾时，受命随行侍应，进行监视。次日，又由基隆转乘"信浓丸"陪孙文去神户。题词当书于四日至九日航次途中。

为中家仲助题词①

（一九一三年八月中旬）

博　爱

据影印件，载一九八二年
六月十三日日本《朝日新闻》

---

①　原件未署日期。孙文于一九一三年八月九日抵达神户，稍事休息后，于十六日由中家仲助秘密护送去东京。题词当于九日至十六日之间，故酌定为是月中旬。

题祝《晦鸣旬刊》出版①

（一九一三年八月二十日刊载）

晦鸣旬刊出版之祝

发扬大义

孙文题

据影印件，台北、中国国民党中央委员会党史委员会党史馆藏

---

① 似系孙文为一九一三年八月二十日创办的《晦鸣录》旬刊题词，它是香山人刘思复在广州建立的在中国传播无政府主义的最早组织"晦鸣学社"的机关刊物。

题赠头山满联①

（一九一三年八月三十一日）

头山先生正

西彦曰血重于水

东古训唇齿相依

孙文

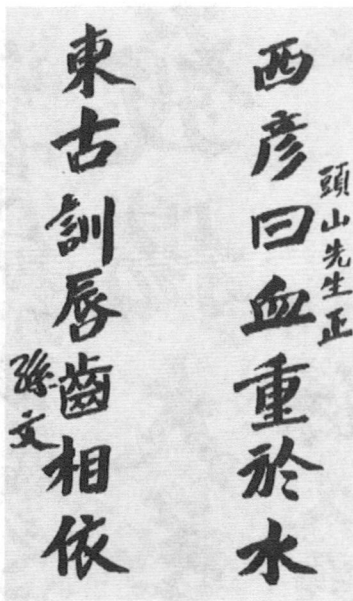

据原件，日本福冈，头山满后人藏；影印件又
曾发表于藤本尚则（头山满秘书）编：《头山满
写真传》，头山满写真传刊行会一九三五年发行

---

① 头山满，号立云，日本福冈人，一八五五年生。早年参加自由民权运动，旋崇奉国权
主义，先后组织玄洋社、天佑侠等政治团体，力主向亚洲大陆扩张。一八九七年与孙文结识，
对孙多所资助。武昌起义后组织善邻同志会，主张援助中国革命以攫取满蒙特殊利益。此件系
孙文流亡日本时书于头山满宅。《头山满写真集》题注称："头山家唯一之孙文氏笔迹。"

为坂井次郎题词

（一九一三年八月）

博　爱

坂井先生

孙文

据原件，日本坂井次郎之外甥坂井悠治藏

为柴田旭堂题词

（一九一三年十二月）

博　爱

柴田君

孙文

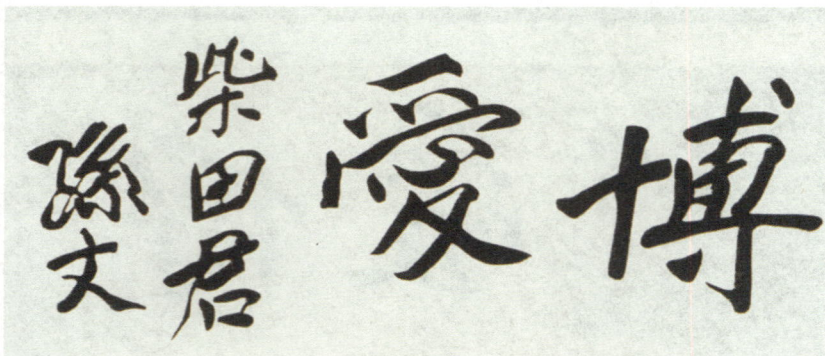

据影印件，日本神户孙文记念馆展出

题　词

（一九一三年十二月）

一心一德抵艰难

孙文

一心一德抵艰难　孙文

据影印件，载罗家伦、波多博等监修：
《孙文先生こ日本关系写真集》，日本东
京，大日本印刷株式会社一九六五年印行

为古岛一雄题词[①]

（一九一三年秋冬间）

博　爱

据陈固亭：《国父与古岛一雄》，载氏著：《国父与日本友人》，台北，幼狮文化事业公司一九七七年二月再版

---

① 古岛一雄，日本兵库县人。一八六五年生。一九〇六年主编《日本及日本人》杂志，鼓吹国粹，反对欧化。一九一一年当选众议院议员（此后五次继续当选）。一九一三年任政务次官，次年参与发起"对华有志会"。主张承认南京临时政府、日中亲善，反对提出"二十一条"。与孙文交往密切，一九二九年参加南京孙文奉安大典。此件一直悬挂于古岛寓所客厅。

题　词

（一九一三年）

爱民治国

民国二年

孙文（印）

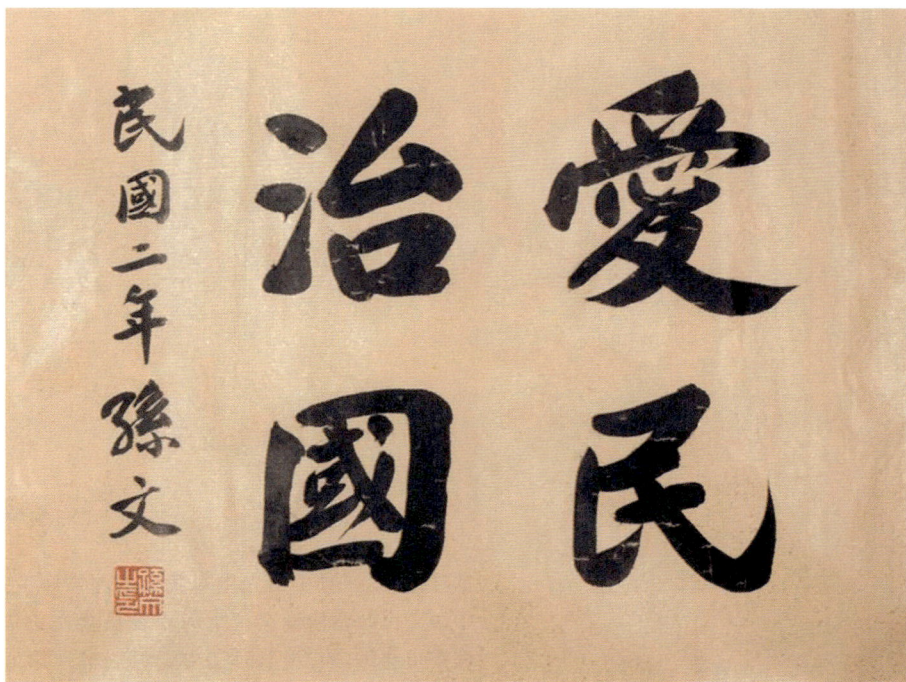

据影印件，广州、广东省社会科学院图书馆藏

为江少峰题词①

（一九一三年）

天下为公

少峰先生属

孙文

据江俊孙：《孙中山先生对我家的深情厚谊》，载中国人民政治协商会议上海市委员会文史资料工作委员会编辑：《上海文史资料选辑》第五十五辑，上海，上海人民出版社一九八六年十一月出版

---

① 江少峰，广东潮州人。金融家。一九一二年初，受临时大总统孙文委托筹办中国国家银行。南洋华侨纷纷认股，集得巨款。孙文辞职后，江变计改为私营，在上海创办中国商业银行。孙文亲书"天下为公"条幅，派人送至江家。

为西桠学校题词[①]

（一九一三年）

子善为师

据本书编写小组：《张家边区志》，广州,花城出版社一九九四年十月出版

---

① 西桠学校，香山县最早新式学校之一，由孙文的同乡朱卓文创办，孙文在该校开幕时题词，以示祝贺。

赠别黄兴联①

（一九一四年六月二十七日）

集古句赠别

克强同志

安危他日终须仗

甘苦来时要共尝

孙文（印）

据影印件，北京、中国国家博物馆藏

---

① 黄兴，原名轸，字廑午，号克强，湖南善化（今长沙）人。一八七四年生。一九〇三年年底在长沙创立华兴会，任会长。一九〇五年支持孙文创建同盟会，任执行部庶务长。此后致力于武装斗争，参与或指挥防城起义、镇南关起义、马笃山起义、河口起义、广州起义和黄花岗起义。武昌起义后赶赴武汉，任战时总司令。一九一二年任南京临时政府陆军总长。旋充南京留守、粤汉川铁路督办。次年发动"二次革命"，任江苏讨袁军总司令，一九一四年避居美国。一九一六年五月回国讨袁，十月三十一日在上海病逝。原件有收藏者何侠题识："此联乃国父孙中山民国元年在南京就临时大总统时所书赠别黄留守者……"所云题于一九一二年，似不确。现据毛注青《黄兴年谱长编》酌定，《年谱》内云：一九一四年，孙、黄在同盟会改组为中华革命党的问题上发生严重分歧。黄兴决定离开日本，赴美暂避，行前"在寓所宴请孙中山叙别，孙中山集古句书联相赠"。

题赠某君联①

（一九一四年秋）

依民意国建

逆民意国亡

一九一四年秋

孙文（印）

据秦孝仪编：《国父全集》第九册，台北，
近代中国出版社一九八九年十一月出版

---

① 此件系犬养毅收藏。犬养作跋云："孙文君之书，印昌硕之刻，可谓古今金言。木堂藏。"

为戴季陶题词①

（一九一四年冬）

澹薄明志

宁静致远

孙文

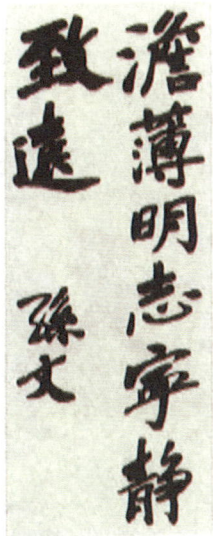

据影印件，南京、中国第二历史档案馆藏

---

①　戴季陶，原名传贤，字季陶，笔名天仇，浙江吴兴人。一八九一年生。一九〇五年留学日本，四年后回国，先后为《中外日报》、《天铎报》、《民立报》撰文，鼓吹革命。一九一一年遭清廷通缉，流亡南洋，旋加入同盟会。辛亥革命后主编上海《民权报》，复任孙文秘书。一九一四年参与组织中华革命党，任浙江支部部长。一九一七年任广州军政府法制委员会委员长。一九一九年在上海主办《星期评论》。一九二四年当选国民党中央执行委员兼宣传部长、大本营法制委员会委员长、大本营参议。孙文逝世后，参加"西山会议"，背弃"三大政策"，此后长期担任南京国民政府考试院院长。此件系一九一四年冬题于日本东京。戴对题书原委作题注云："癸丑之冬，奉总理命赴江户，随侍者展堂、苍（沧）白、觉生、静江、介石、仲元、汝为、执信。时常在灵南坂立云静室听总理讲说世界大势与中国革命建国方略。第二次制定之《革命方略》即此时期。……此轴乃以会议公余之暇，请总理暨在席同志书作纪念者。……"在同一字幅上还有胡汉民所题"天下之动贞夫一者也"，廖仲恺题"天时不如地利，地利不（如）人和"两幅。

为邵元冲题词①

（一九一四年）

宁静致远

元冲兄属

孙文

据照片，台北、中国国民党中
央委员会党史委员会党史馆藏

---

① 邵元冲，字翼如，浙江山阴（今绍兴）人。一八九○年生。一九一○年加入同盟会，一九一三年参与赣宁之役，翌年参加中华革命党，编辑《民国》杂志。一九一六年参与组织中华革命军东北军（山东）。次年任广州护法军政府秘书，协助孙文撰著《建国方略》。一九二四年当选国民党"一大"候补中央执行委员、常务委员。同年，随孙文北上，任北京《民国日报》社社长。一九二五年三月孙文逝世时，孙文遗嘱见证人之一。后参加"西山会议"，否定"三大政策"。

挽金少穆联①

（一九一四年）

天不许再到东京生还忠郡

君岂忍远离西蜀死于夔门

据金铎、钟达：《孙中山为金少穆题挽联补
遗》，载山西《文史月刊》二〇〇三年第八期

---

① 金少穆，本名金元和，一八八五年生于四川忠县（今属重庆），一九〇五年官费留学日
本。在日期间结识孙文，加入中国同盟会。一九一四年夏回乡省亲，孙文电召赴日共商救国大
计，船至奉节，突发急症逝世。

为张友苌题词①

（一九一四年）

博　爱

绍贤先生

孙文（印）

据影印件，台北、中国国民党
中央委员会党史委员会党史馆藏

---

①　张友苌，字绍贤，松江府娄县人（今属上海市）。一八七一年生，一九一五年去世。其家世代儒医，传至友苌已十三代。辛亥革命期间，应孙文之聘，任医务顾问，为诸多军政要员治病。

为《民号报》题签①

（一九一四年）

民号报

孙文（印）

据原件，台北、中国国民党中
央委员会党史委员会党史馆藏

---

① 　当时菲律宾是美国殖民地，首府马里剌（今译马尼拉），粤籍国民党员李祺礽等于一九一四年在当地创办《民号报》，孙文题词应在该报创刊之时。

为菊池九郎题词①

（约一九一四年）

博 爱

菊池老先生

孙文

据原件，日本菊池九郎后人菊池昭一藏

---

① 菊池九郎，原名喜代太郎，日本青森县弘前市人。一八四七年生。一八九〇年以后九次当选众议院议员。一八九七年任山形县知事。其子菊池良一支持中国革命，力主日中友好，复兴亚洲，孙文称其为"中国之友"。

为朱之洪题词（一）[①]

（一九一四年前后）

海阔天空

叔痴先生

孙文（印）

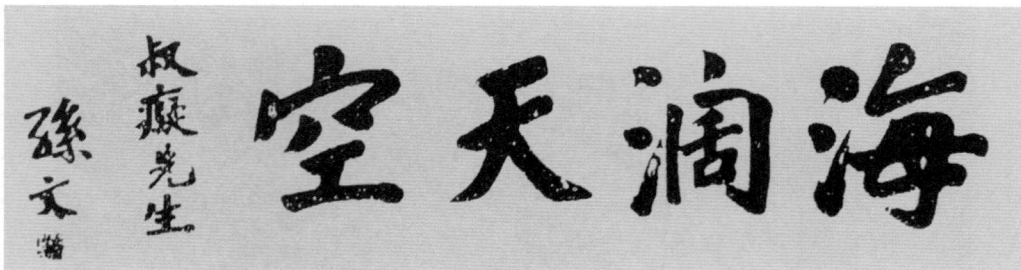

据原件照片，台北、中国国民党
中央委员会党史委员会党史馆藏

---

① 朱之洪，字叔痴，四川巴县（今重庆市）人。一八七一年生。一九〇五年在重庆加入
同盟会，一九一一年组织重庆保路同志协会，重庆光复后任蜀军政府高等顾问。"二次革命"
时任川东安抚使。一九一七年当选众议院议员。一九一九年充南北议和代表。原件未署时间。
据记载，朱之洪系"二次革命"失败流亡日本时才与孙文结识，题词当书于日本，故酌定为一
九一四年前后。

为朱之洪题词（二）

（一九一四年前后）

天下为公

据彭用仪：《忆朱之洪》，载中国人民政治协商会议重庆市委员会文史资料研究委员会编：《重庆文史资料选辑》第三十六辑《重庆辛亥革命 80 周年纪念专辑》，重庆，西南师范大学出版社一九九一年七月出版

题赠朱之洪联

（一九一四年前后）

叔痴先生鉴

天地本逆旅

道义凭仔肩

孙文（印）

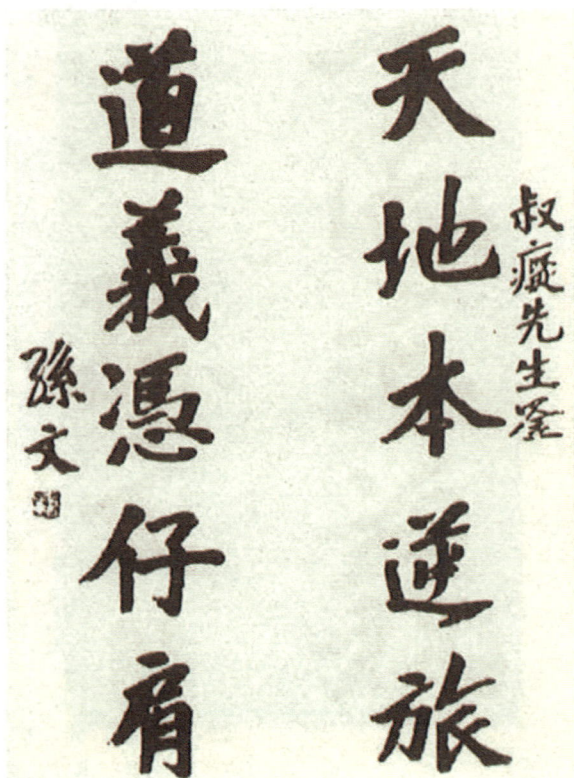

据影印件，台北、中国国民党
中央委员会党史委员会党史馆藏

题赠梅屋庄吉①

（一九一四至一九一六年间）

同　仁

梅屋先生

孙文（印）

据原件，日本东京、梅屋
庄吉之曾外孙女小坂文乃藏

---

①　梅屋庄吉，日本长崎人。一八六八年生。一八九五年与孙文订交，成为密友。辛亥革命时期，先后参与组织中国同盟会后援事务所、有邻会株式会社等，声援中国革命。此后为中华革命党采办军火，支持讨袁护法。孙文逝世后，筹巨资铸造四座孙文铜像，分别竖立于南京、广州（两座）、澳门等地。

题赠梅屋庄吉夫人^①

（一九一四至一九一六年间）

贤　母

孙文

据原件，日本东京、梅屋
庄吉之曾外孙女小坂文乃藏

---

①　梅屋庄吉夫人，原名香椎德子，长崎人。此件题于梅屋庄吉的和服外套上。

为纽约《民气》杂志题词[①]

（一九一五年一月二十三日刊载）

作我民气

孙文

据影印件，载纽约《民气》一九
一五年一月二十三日第一卷第一期

[①] 《民气》（*The Hey Weekly*），一九一五年一月二十三日创刊于美国纽约，其他出版事项
不详。该件与一九一三年七月二十日孙文题上海《中华民报》题词笔迹相同，两者关系待考。

为李鯀阳题词①

（一九一五年冬）

裴知先生属

高瞻远瞩

孙文

据影印件，载程仲澄：《李耀庭父子与辛亥革命》，中国人民政治协商会议四川省重庆市委员会文史资料研究委员会编：《重庆文史资料选辑》一九八二年三月第十二辑

---

① 李鯀阳，字裴知，云南恩安人。出身工商富家。早年留学日本，加入同盟会，一九一五年捐资三万元，支援革命党发动"肇和"兵舰起义，孙文为此题词奖励。原件未标署时间。据"肇和"兵舰起义时间酌定。

为小野正人题词

（一九一五年）

小野正人属

归真

民国四年
孙文（印）

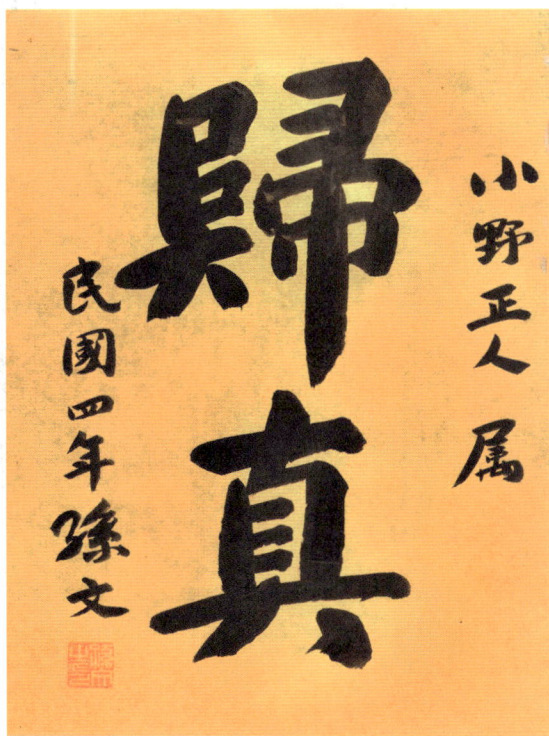

据原件，北京、万隆拍卖有
限公司（二〇〇八拍卖会）藏

为寸尊福题词①

（一九一五年）

华侨领袖

民族光辉

孙文题赠（印）

据原件，云南省腾冲市和顺镇寸尊福故居藏

———————————

① 缅甸爱国侨领寸尊福是经营玉石的富商，号称"翡翠大王"，早年加入同盟会，对黄花岗诸役多有资助。一九一五年寸尊福六十寿辰时，孙文亲书该题词及"中外名垂"横匾相赠。这两幅题词迄今仍保存在云南腾冲市（当年为腾冲县）和顺镇的寸尊福故居，皆刻写于故居大门口。

为日本《洪水以后》杂志创刊题词①

（一九一六年一月一日刊载）

独开生面

孙文（印）

据影印件，载［日］《洪水以后》
杂志一九一六年一月一日第一号

---

① 《洪水以后》，旬刊。该题词插登于创刊号茅原华山《悲壮精神》一文之中，该文论述人类与地球的关系。

为郡岛忠次郎题词①

（一九一六年五月一日）

辅车相依

郡岛先生

孙文

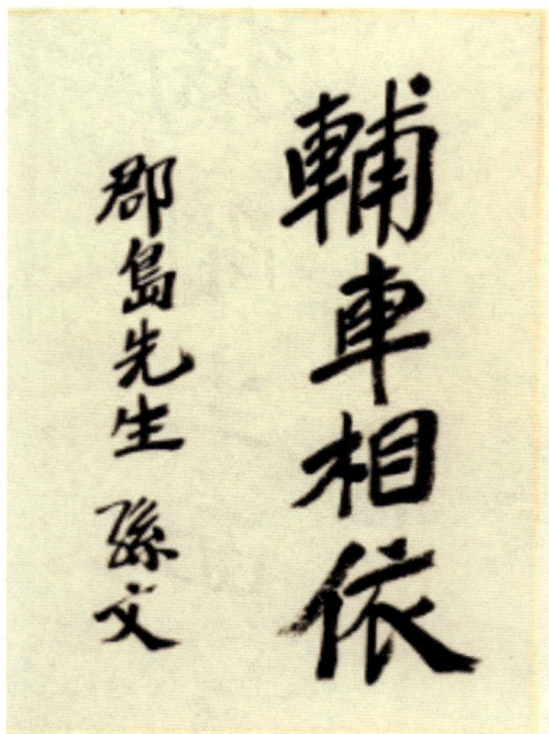

据原件，石家庄、盛世东方国际拍卖有限公司（二〇一四年河北省拍卖会）藏

---

① 郡岛忠次郎撰有日文跋语介绍该题词情由，大意如下："在中国反袁时期的大正五年（1916）五月一日，孙文偕宫崎寅藏、戴天仇诸君及我由长崎乘'近江丸'往上海途中，于该轮密室挥毫书赠此文字，以作他日之纪念。"

悼陈其美挽词①

（一九一六年五月十八日）

失我长城

据莫永明：《孙中山陈英士蒋介石关系述论》，载上海《史林》一九八八年第二期

---

① 陈其美，字英士，浙江吴兴（今湖州）人。一八七八年生。同盟会会员。一九一〇年任同盟会中部总会庶务部长。次年十一月起兵光复上海，任沪军都督府都督。一九一三年在上海发动"二次革命"，任上海讨袁军总司令。次年任中华革命党总务部长。一九一五年组织上海中华革命军，讨袁护国。次年五月十八日在寓所遭暗杀，孙文闻耗，即赴哭吊，并亲书挽词。

悼龚铁铮挽联[1]

（一九一六年七月二十八日）

可怜麟凤供炰脯

如此江山待袯除

据《旅沪湘人举行龚炼百追悼大会》，载一九
一六年七月二十九日上海《民国日报》第十版

---

[1]　龚铁铮，字炼百，湖南湘乡人。一八八八年生。清末留日学生，加入同盟会。一九一
一年参加汉阳保卫战。一九一二年任上海《中华民报》协理。一九一六年二月二十一日回湘讨
袁，进攻督军府时遇难。七月二十八日，旅沪湘人为其举行追悼大会，题书时间据此而定。

悼陈其美挽额①

（一九一六年八月十三日）

成仁取义

孙文

据浙江省湖州市岘山麓陈其美墓牌坊石刻

---

① 一九一六年八月十三日，革命党人在上海法租界举行陈其美追悼会，孙文这幅题词即此时题写。一九一七年五月在其故里浙江吴兴县（今湖州市）南郊的岘山东麓安葬，这幅题词被刻成牌坊石刻，置于墓地入口处。

为浙江省议会题词①

（一九一六年八月十八日）

国家之基础是建筑在人民身上

孙文

据影印件，载《中山墨宝》编委会编：《中山墨宝》第十卷《题词》，北京，北京出版社一九九六年一月出版

---

① 一九一六年八月十六日至十九日，孙文应浙督吕公望邀请，访问杭州。这是孙文出席浙江省议会欢迎会时的题词，同时发表《地方自治乃建设国家之基础》的演讲。

为岩田爱之助题词[①]

（一九一六年八月中旬）

岩田先生属

坐看云起时

孙文逸仙

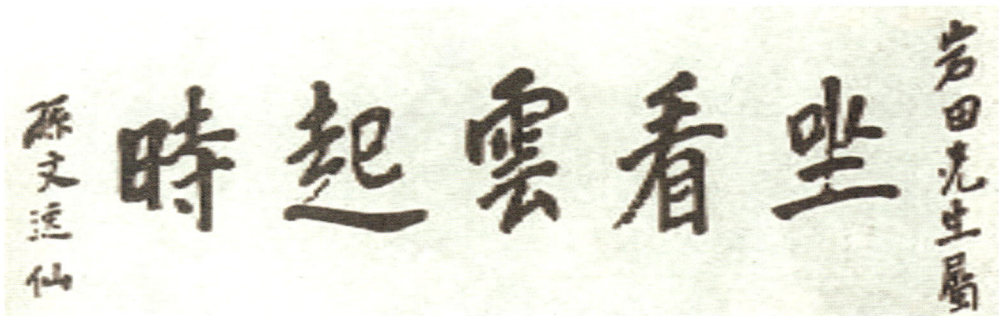

据影印件，载《中山墨宝》编委会：
《中山墨宝》第十卷《题词》，北
京，北京出版社一九九六年一月出版

---

① 岩田爱之助，日本兵库县人。一八九〇年生。大陆浪人。武昌起义时，驰赴武昌，协助黄兴等共谋战守。

为陶荫轩题词[①]

（一九一六年八月二十日）

经纬万端

陶荫轩先生属

孙文

据《孙中山先生越游记》，载一九一六年
八月二十三日上海《民国日报》第三版

---

①　陶荫轩，字恩沛，绍兴实业家。一八六九年生。孙文一行访问绍兴时，陶与绍兴县知事宋承家、绍兴中国银行行长孙寅初、越铎日报社社长孙德卿等举行欢迎酒会，孙文应请题词，赞扬陶氏业绩，同时为宋承家题书"博爱"，为孙寅初题书"有道"各一件。

为宋承家题词①

（一九一六年八月二十日）

博　爱

据《孙中山先生越游记》，载一九一六年
八月二十三日上海《民国日报》第三版

———————

① 宋承家时任浙江绍兴县知事。

为孙寅初题词①

（一九一六年八月二十日）

有　道

据《孙中山先生越游记》，载一九一六年
八月二十三日上海《民国日报》第三版

---

①　孙寅初，名家杰，时任绍兴中国银行行长。

题赠绍兴医药学校①

（一九一六年八月二十日）

救民疾苦

孙文题词

据影印件，载《绍兴医药学报》一九
一六年（具体日期不详）第六卷第四期

---

① 据《绍兴医药学报》第六卷第四期《纪孙中山题词》记载："此次孙中山先生莅本会，正会长裘君吉生诊治同来之胡汉民君病就愈，蒙先生亲题本会发行之医药学报'救民疾苦'四字，本报社已刊入本期报首，以志纪念。"裘吉生，初名庆元，号激声，浙江绍兴人，一八七三年生。先后参加光复会、同盟会，一九〇七年参与皖浙起义活动，失败后亡命日本。辛亥革命后在绍兴行医，开设裘氏医院，主办《绍兴医药学报》。

为孙德卿题词①

（一九一六年八月二十一日）

大 同

孙文（印）

据影印件，载罗家伦、波多博等监修：《孙文先生と日本关系写真集》，日本东京，大日本印刷株式会社一九六五年印行

为越铎日报社题词①

（一九一六年八月二十一日）

博　爱

据朱仲华：《我有幸多次得见孙中山先
生》，载中国人民政治协商会议浙江省
委员会文史资料研究委员会编：《浙江
文史资料》第三十二辑《浙江辛亥革命
回忆录第四辑：孙中山与浙江》，杭州，
浙江人民出版社一九八六年八月出版

----

① 《越铎日报》，一九一二年一月三日在绍兴创刊。鲁迅作《越铎出世辞》，以"抒自由
之言议，尽千人之天权，促共和之进行，尽政治之得失，发社会之蒙复，振勇敢之精神"为宗
旨，发行十五载，一九二七年三月停刊。此件亦系应孙德卿之请，题于上亭公园。

题陶成章挽额[①]

（一九一六年八月二十一日）

焕卿同志千古

气壮河山

孙文

据原件，绍兴市东湖畔陶社（即陶成章纪念馆）藏

---

① 陶成章，字焕卿，号陶耳山人，曾用名汉思、起东、志革、巽言，浙江绍兴人，一八七八年生。光复会创始人之一，少时以反清复汉为己任，先后两次赴京刺杀慈禧太后未果，一九○二年东渡日本学习陆军。次年回国，积极参与革命活动，奔走于浙、闽、皖各地联络革命志士。中华民国创立后，力辞接任浙督，积极准备北伐，设北伐筹饷局、光复军司令部，任总司令。一九一二年一月十四日凌晨，被人暗杀于上海广慈医院。指使者众说纷纭。其家乡浙江省绍兴县（今绍兴市）人士，在东湖西设立陶社以资纪念。一九一六年八月二十一日，孙文至陶社祭奠陶成章，并亲题此挽额，该题挽今仍悬于陶社中。同时，绍兴陶堰镇陶成章故居亦在门厅挂有此额复印件。

为普陀山僧题词①

（一九一六年八月二十五日）

与佛有缘

据《孙先生象山群岛之俊游》，载一九一六年八月二十七日上海《民国日报》第三版

---

① 是日，孙文一行游览象山群岛，应普陀山应前寺山僧之请而题。后三件同此。

题赠普陀山僧

（一九一六年八月二十五日）

常　乐

据《孙先生象山群岛之俊游》，载一九一六年八月二十七日上海《民国日报》第三版

为普陀山前寺法堂题签

（一九一六年八月二十五日）

我净法堂

据《孙先生象山群岛之俊游》，载一九一六
年八月二十七日上海《民国日报》第三版

为太虚和尚诗录题签[①]

（一九一六年八月二十五日）

昧盦诗录

据影印件，载《昧盦诗录》
初版本，一九一六年八月出版

---

① 太虚和尚，俗姓吕，名淦森，法名唯心，字太虚，别号昧盦，浙江崇德（今属桐乡）人。一八九〇生。十六岁出家，与革命党人多有交往。一九一二年创设中国佛教协会，主编《佛教月报》。一九一四至一九一六年间，太虚和尚在普陀山禅院闭门研修佛学，孙文来游，特请为《昧盦诗录》题签。题词日期据《孙先生象山群岛之俊游》而定，载一九一六年八月二十七日上海《民国日报》第三版。

为陈去病父叔题墓额①

（一九一六年八月）

民国五年

二陈先生之墓

孙文

据影印件，载《吴江文史资料》第十四辑《华夏兴亡在匹夫——纪念陈去病诞辰一百二十周年》，吴江市政协文史资料委员会一九九四年五月出版

---

① 陈去病，字巢南，一字佩忍，号垂虹亭长，江苏吴江人。一八七四年生。一九〇三年赴日，加入中国留学生组织的拒俄义勇队。次年任上海《警钟日报》主笔，同时创办《二十世纪大舞台》，提倡戏剧改良。一九〇六年加入同盟会。次年，到上海编辑《国粹学报》。一九〇八年，在杭州组织秋社。次年，在苏州与柳亚子、高旭一起创办南社。武昌起义后创办《大汉报》、主编《越铎日报》。一九一三年，参加"二次革命"。一九一七年，随孙文赴粤护法。一九二二年，孙文督师北伐，陈任大本营前敌宣传主任。后任南京东南大学教授、江苏革命博物馆馆长等职。

题竞雄女学校训①

（一九一六年九月二十七日）

竞雄女学校训

勤敏朴诚

孙文（印）

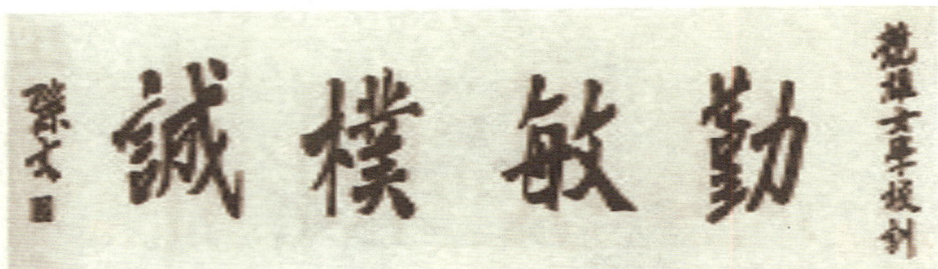

据影印件，载朱剑芒编：《美化文学名著丛刊》，上海，世界书局一九三五年十一月出版

---

① 竞雄女学，为纪念秋瑾烈士而设，秋社于一九一二年秋在上海设立，以秋瑾字命名，徐寄尘任校长。一九一六年八月，孙文访问杭州，曾赴秋社凭吊，九月二十七日返沪后书此校训，寄赠竞雄女学校。

为海宁观潮亭题词^①

（一九一六年九月）

猛进如潮

孙文（印）

据浙江省海宁市盐官镇中山亭题词匾额

---

① 一九一六年九月十五日，孙文偕宋庆龄、蒋介石等到浙江海宁盐官镇观看钱塘江潮，答允为"观潮新亭"题词，回到上海后题书，因新亭迟迟未建，经地方公议，悬挂于海宁乙种商科职业学校大礼堂。原件在抗日战争时期散佚。该件系后人于一九八五年集孙文手迹而成。

题　词①

（一九一六年九月）

世界潮流　浩浩荡荡
顺之则昌　逆之则亡

孙文题（印）

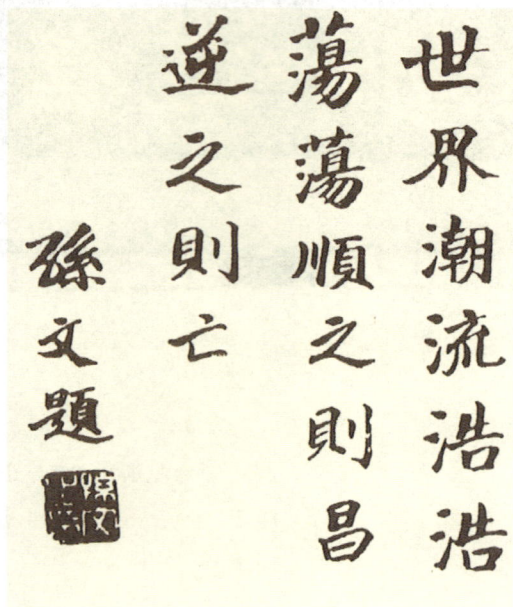

据影印件，载佚名编：《总理遗墨》，十开线装本，出版时间不详，广州、广东省社会科学院图书馆藏

---

① 此件亦说与"猛进如潮"一幅同时题写，但有争议。有说，此件系孙文民初题给同盟会会员黄文中的，其时，黄翻译了日本植原悦二郎撰写的《日本民权发达史》，倡言民权，鼓吹三民主义，书稿译完后，呈请孙文审阅，孙极为赞赏，便在书的扉页题写了该词。

为黄申芗母寿庆题联①

（一九一六年九月）

黄老夫人七十大庆

福　寿

孙文拜题（印）

据原件，武汉、辛亥革命武昌起义纪念馆藏

① 　黄申芗，名少骧（绍香），字圣养，湖北大冶人。一八八四年生。先后参加日知会、军队同盟会、群治学社和共进会。一九一二年二月发动"群英会暴动"，一九一四年参加中华革命党，任湖北靖国军参谋长，讨袁护国，勋绩卓著。黄母深明大义，一贯支持儿子投身革命斗争，颇得孙文赞赏，故书联祝贺。原件于一九八二年由黄申芗之孙黄铉捐赠给辛亥革命武昌起义纪念馆。

挽萧其章①

（一九一六年秋）

杀身成仁

据《萧其章》，载黄季陆主编：《革命人物志》第七集，台北，中国国民党中央委员会党史史料编纂委员会一九七一年六月出版

---

① 萧其章，字焕东，号闇然，福建武平人。一八八五年生。一九一三年留学日本，入明治大学。次年加入中华革命党，冬，奉孙文命回闽运动军队讨袁，事泄被捕，一九一五年四月就义。次年福州各界举行追悼大会，孙文特电此四字相挽。

挽黄兴联①

（一九一六年十二月二十一日）

常恨随陆无武　绛灌无文　纵九等论交到古人　此才不易
试问夷惠谁贤　彭殇谁寿　只十载同盟有今日　后死何堪

据《黄先生开吊第一日记》，载一九一六年
十二月二十二日上海《民国日报》第十版

————————————

①　黄兴于一九一六年十月三十一日在上海病逝，孙文亲自主持丧务，通告全党和国际友
人，并三次致祭。

题沈缦云像赞

（一九一六年十二月）

如见故人

孙文题（印）

如见故人
孙文题（印）

据影印件，沈氏后人沈云苏藏

为山田纯三郎题词①

（一九一六年）

至诚如神

山田先生属

孙文（印）

据原件照片，台北、中国国民党
中央委员会党史委员会党史馆藏

---

① 题于上海。

题赠山田纯三郎①

（一九一六年）

山田兄鉴

辅车相依

孙文

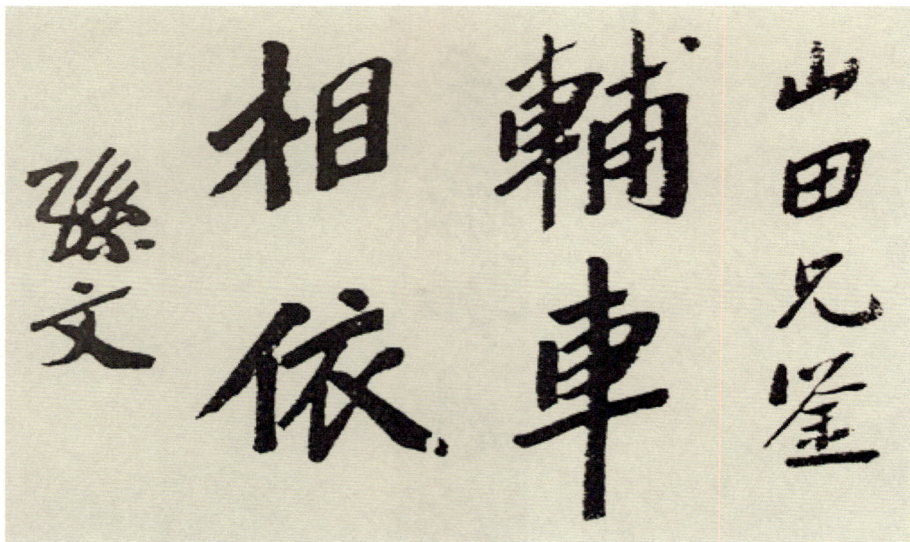

据原件照片，台北、中国国民党
中央委员会党史委员会党史馆藏

----

① 题于上海。

为蒋介石题词

（一九一六年）

介石我兄属

静敬澹一

孙文（印）

据影印件，载谭延闿编：《总理遗墨》第二辑，一九三〇年一月出版①

---

① 本辑系发行于一九二六年上海的《孙中山先生手札墨迹》增补而成。出版时间据谭延闿跋。

题李祺礽墓碑①

（一九一六年）

民国五年

李祺礽君之墓

孙文题（印）

据原件照片，台北、中国国民党
中央委员会党史委员会党史馆藏

---

①　李祺礽，又名其，字不生，美洲华侨，祖籍广东阳江。一九一〇年在美国旧金山加入
同盟会。一九一一年赴小吕宋组设同盟会分会，创办《公理报》。武昌起义后，率众光复阳江。
次年，在南京创设江南福群实业公司，从事农垦。"二次革命"时在阳江参与讨袁，一九一五
年在征战途中病逝。一九一六年孙文为其题墓碑，一九一七年在其家乡阳江县（今阳江市）建
立"李萁墓"，后几经变迁，"文化大革命"期间被毁，现在阳江市鸳鸯湖公园内建立"李萁纪
念碑亭"。

为胡毅生题联①

（一九一六年底至一九一七年春）

毅生同志

驱除鞑虏　恢复中华

创立民国　平均地权

孙文（印）

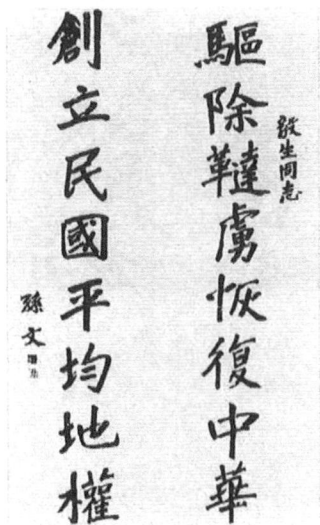

据原件，台北谢鸿轩藏

---

① 胡毅生，名毅，字毅生，号隋斋，广东番禺（今广州）人。一八八三年生。胡汉民堂弟。一九〇二年留学日本，先后参加兴中会、同盟会、中华革命党，参与钦廉起义、镇南关起义、黄花岗起义。一九一一年广东光复后，任广东都督府军务处长。"二次革命"后流亡日本，参加中华革命党。一九一七年孙文南下广州组建护法军政府，胡被任命为士敏土厂总办。原件未署时间，据题词所盖印章系陈融于一九一六年十二月篆刻，可判定当书于一九一六年年底或翌年春。

为今井嘉幸题词①

（一九一六至一九一七年）

天下为公

孙文（印）

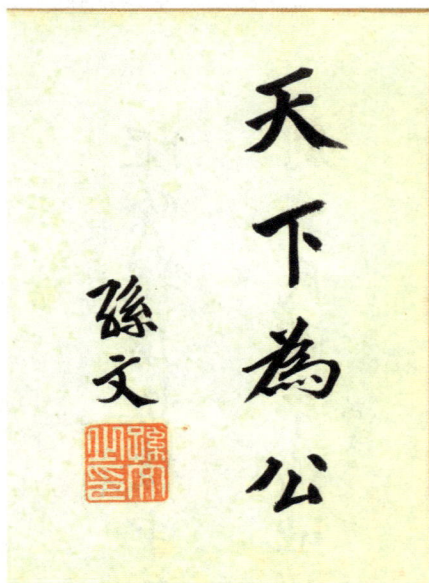

据原件，载日本神户孙文记念馆藏

---

① 这幅字题在一本签名册上，受赠者是今井嘉幸。签名册上还有唐继尧、任可澄、章士钊、李根源、陆荣廷、冯国璋、范廉源、张耀曾、王宠惠、戴传贤、胡汉民、黎元洪、土尔巴特、孙洪伊、谭人凤、唐绍仪、殷汝耕、张继、岑春煊等人的题签。今井嘉幸，日本爱媛人，一八七八年生。一九〇四年毕业于东京帝国大学，获法学学士学位，旋升入研究院，专攻国际法。毕业后任东京地方法院推事。一九〇八年来华，任天津北洋法政学堂法科教习。曾与孙文等人交往密切。一九一三年回日执律师业，同年获法学博士学位。一九一五年再次来华，任教于天津北洋法政学堂。次年当选众议院议员，任广东军务院法律顾问。一九一七年回国。著有《中华国际法论》《支那国际法论》《建国后策》《治外法权问题》等。

为陈去病母倪太君题词①

（一九一七年一月一日）

陈母节孝倪太君千古

女之师表

孙文题（印）

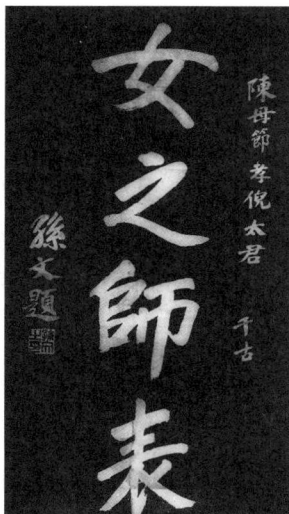

据影印件，载南京《江苏革命博物
馆月刊》一九三〇年第二卷第一期

———————

① 应陈去病之请，一九一七年一月一日孙文为陈母倪夫人撰写"陈母倪节孝君墓碑铭"，并题"女之师表"额。

题　词①

（一九一七年一月一日刊载）

博　爱

孙文（印）

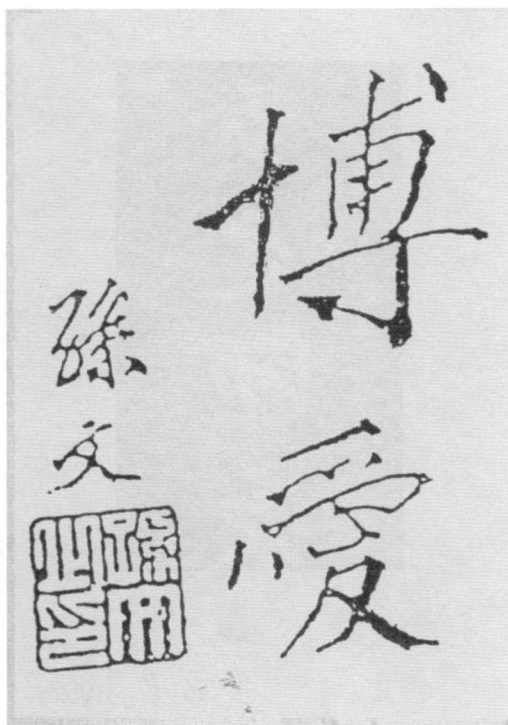

据影印件，载一九一七年一月一
日日本《大阪每日新闻》（十一）

---

①　一九一七年一月一日《大阪每日新闻》（十一）发表孙文《日支亲善は实行の时机》一文，并在该文正中位置刊登这幅题词。

题赠《广东中华新报》黄花号

（一九一七年三月二十九日）

书赠中华新报黄花号

碧血黄花

孙文（印）

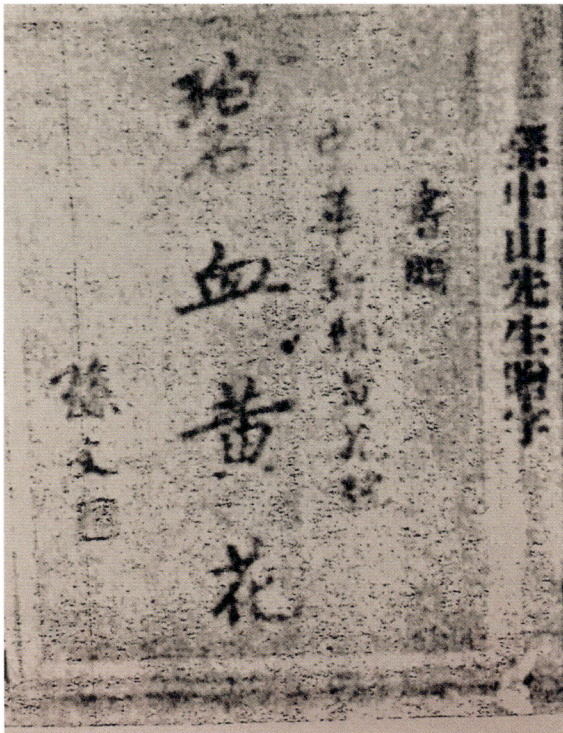

据影印件，载一九一七年三月二十九日广
州《广东中华新报》临时大增刊"黄花号"

题熊持危范伯林墓碑①

（一九一七年三月）

熊　持危
　君　　暨熊君夫人张氏合葬墓碑
范　伯林

捐躯为国

孙文题（印）

据原件，湖北省黄冈市博物馆藏

---

① 一九一六年春，孙文委派湖北黄冈人熊持危任湖南军事联络员，与范伯林一同在湖南策动袁世凯军队反正，后因事泄被军阀汤芗铭逮捕杀害，熊妻张氏亦自缢殉夫。一九一七年三月，熊式危之兄、革命党人熊持中（字海春）将此事报告孙文，孙文遂题上题词。熊持中回黄冈县（今黄冈市）后制成墓碑刻石，原件现藏黄冈市博物馆。

挽蔡锷联^①

（一九一七年四月十二日）

平生慷慨班都护

万里间关马伏波

据刘达武、李剑农、石陶钧编：
《蔡松坡先生遗集》（十二），上海，
亚东印书局一九四三年七月出版

---

① 蔡锷，原名艮寅，字松坡，湖南宝庆（今邵阳）人。一八八二年生。一八九八年入长沙时务学堂。一九〇〇年参与汉口自立军起事，失败后走日本，习军事。一九〇四年回国，历任江西、湖南、广西各省军事教官。一九一〇年任职广西兵务处。次年年初，任云南新军协统，十月发动"重九起义"，光复云南，被推为云南都督。此后持拥袁主张，反对再起革命，旋调入北京，委以全国经界局督办、政治会议议员、参政院参政等虚衔。一九一五年，反对袁世凯称帝，发动护国战争。一九一六年任四川督军兼民政长，旋赴日本求医，不久病逝。一九一七年四月十二日在长沙举行国葬。此件系孙文为蔡锷国葬典礼送的挽联。

题陈其美墓碣①

（一九一七年五月）

民国六年

陈公英士之墓

孙文敬题

据浙江省湖州市岘山麓陈其美墓碑刻

---

①　陈其美墓建于一九一七年五月十八日陈氏遇害周年纪念日时，安葬于浙江湖州岘山脚下，据此酌定题于是年五月。陈墓始建于一九一六年冬，一九一七年建成。冢前立有墓碑，当时由孙文题写墓碣。一九三四年又经国民党中央拨款扩建。"文化大革命"期间被破坏，一九八四年当地政府按原样修复。

为东亚同文书院《风餐雨宿》题词①

（一九一七年六月刊载）

壮　游

孙文（印）

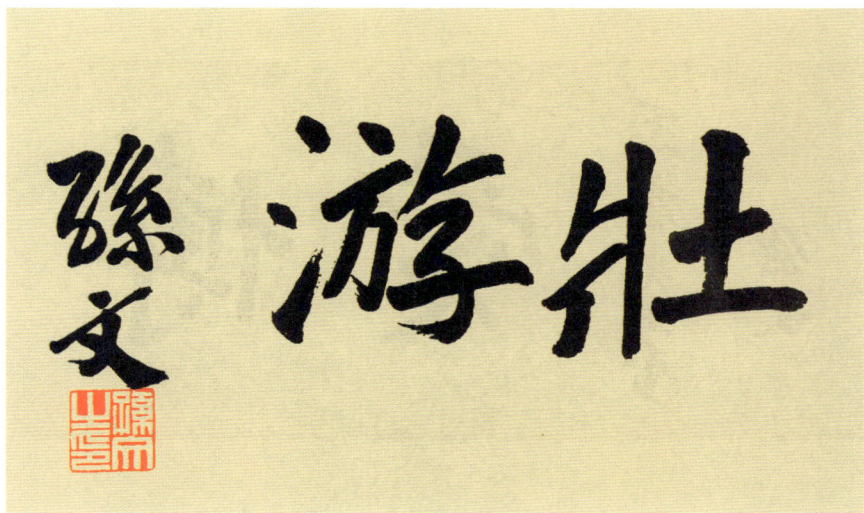

据影印件，载东亚同文书院编：《风
餐雨宿》卷首，上海，一九一七年
六月出版，日本神户孙文记念馆藏

---

①　东亚同文书院由日本在一九〇一年创立于上海，以进行"中国学"研究为名从事间谍
活动。书院在一九二〇年前只招收日本学生，组织学生对中国进行实地调查，遍及除西藏以外
的中国所有省区，内容涉及地理、工业、商业、社会、经济、政治等。

为胡祖舜题词①

（一九一七年九月）

博　爱

玉斋先生属

孙文（印）

据原件，北京、中国国家博物馆藏

---

① 胡祖舜，字玉斋，湖北嘉鱼人。一八八五年生。早年投湖北新军，加入共进会。一九一一年湖北军政府成立后，被推为辎重兵第二营管带。后任军政府参议、汉口警察总局帮办兼分局局长。次年当选为国会众议院议员，并为新民社等组织主要成员。后创办《新湖北》杂志。著有《六十谈往》、《武昌开国实录》等。此件系一九一七年九月胡南下参加非常国会会议时，孙文题赠。

题祝《工业星期报》出版①

（一九一七年九月至一九一八年五月）

品汇万殊　惟工乃成

崇论宏议　壅本培根

恢扬物力　导引国民

槑厥槩蘐　树此风声

祝工业星期报出版

孙文（印）

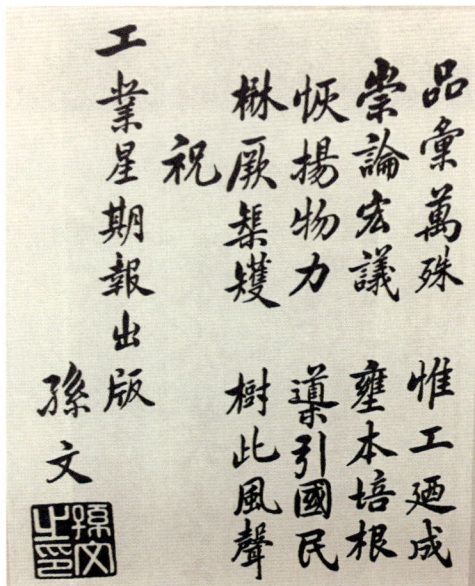

据影印件，台北、中国国民党
中央委员会党史委员会党史馆藏

---

① 《工业星期报》创刊于一九一七年或一九一八年，其时在广州主持护法政府的孙文特予题词祝贺（请他人代笔，亲自署名盖章）。党史馆所藏者系剪裁该刊物原件，惟未注明期次及出版时间。按刊于次页者尚有张开儒题词，张在一九一七年九月至一九一八年五月任护法政府陆军总长，则当于此期间所题。孙文题词日期据此而定。

悼孙昌挽词①

（一九一七年十一月）

为国捐躯

孙文题

据石匾碑刻，见中山市犁头尖南山孙昌墓

---

① 孙昌，字建谋，号振兴，广东香山（今中山市）人。一八八一年生于檀香山。孙眉之子，孙文之侄。一九一〇年加入同盟会，一九一四年参加中华革命党，一九一七年任广州海陆军大元帅府别动队司令，十一月二十日由广州押运军饷赴黄埔，误入警戒线，水兵开枪射击，不幸溺水殉职。孙文挽词曾刻石立于黄埔公园孙昌墓前。一九三三年该墓迁葬其故里翠亨村犁头山。

题贺山田浩藏八秩荣庆联

（一九一七年）

山田先生八秩荣庆

美意延年宜登上寿

高怀旷代合应昌期

孙文敬祝

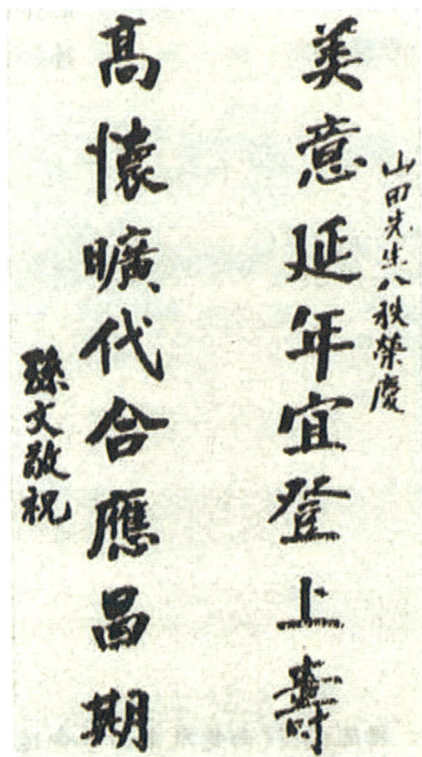

据影印件，载罗家伦、波多博等监修：《孙文先生と日本关系写真集》，日本东京，大日本印刷株式会社一九六五年印行

为向楚题词[①]

（一九一七年）

蔚为儒宗

仙乔先生雅鉴

孙文

据陈宛茵：《向楚所走的革命道路》，载中国人民政治协商会议重庆市委员会文史资料研究委员会编：《重庆文史资料选辑》第三十六辑《重庆辛亥革命 80 周年纪念专辑》，重庆，西南师范大学出版社一九九一年七月出版

---

① 向楚，字仙乔，四川巴县（今重庆市）人。一八七七年生。同盟会会员，参与组建同盟会重庆支部。一九一三年任重庆讨袁军总司令部参议。一九一七年任广州大元帅府秘书长。

为秦竹裴题词（一）①

（一九一七年）

博　爱

竹裴先生

孙文（印）

据原件，中山、孙中山故居纪念馆藏

----

① 秦竹裴，字玉林，号崇一，加拿大华侨，祖籍广东香山（今中山人）。一八九〇年生。同盟会会员。一九一一年参加华侨"爱国义勇团"，归国声援辛亥革命。一九二一年任广州护法政府参议。原件于一九五六年由秦竹裴本人捐赠中山市孙中山故居纪念馆。

为秦竹裴题词（二）①

（一九一七年）

博　爱

崇一先生属

孙文

据原件，中山、孙中山故居纪念馆藏

---

① 此件以秦竹裴字题款。原件于一九七〇年由秦氏后人捐赠中山市孙中山故居纪念馆。

为漳州八宝印泥厂题词①

（一九一七年）

品重珍珠

据《漳州八宝印泥》，载中国人民政治协
商会议福建省漳州市委员会学习文史资料
委员会编：《漳州文史资料》二○○三年
十二月第二十八辑《漳州名优特产专辑》

---

①　八宝印泥是福建漳州传统的工艺品，已有三百余年的历史，清康熙时，漳州府"丽华斋"业主魏长安精选麝香、珍珠、猴枣、玛瑙、珊瑚、金箔、梅片、琥珀等八种名贵原料，经过研磨成粉，再加陈油、洋红、艾绒，采取特殊工艺，通过精心配料、科学加工制成，至今仍在生产。一九一七年，孙文在上海应人之请，题写该词，以示赞誉。

为杉田定一题词①

（一九一七年）

慷　慨

悲　歌

孙文题

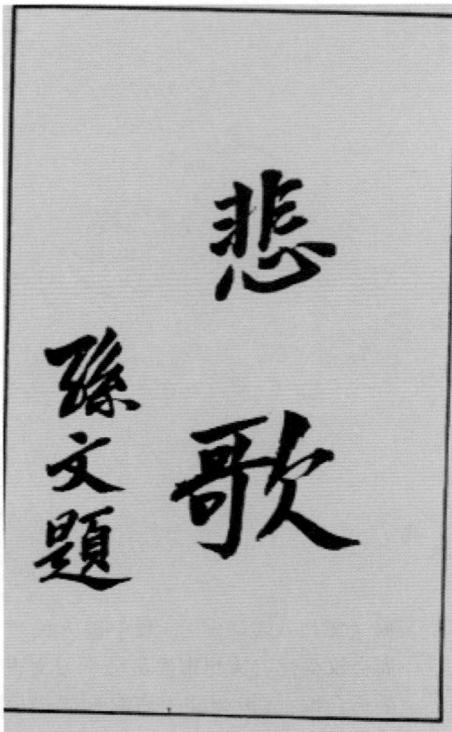

据原件，载杉田定一：《鹣山诗钞集》，
日本忠诚堂印刷所一九一七年出版

---

① 杉田定一，一八五一年生。号鹣山，日本福井县人。自由党人，自由民权运动的核心人物，曾任日本贵族院议长。著有《经世新论》《兴亚策》《鹣山诗钞集》等。

题赠陆荫培①

（一九一七年）

教子有方

孙文敬题（印）

据江苏睢宁县双沟镇双沟小学院内纪念碑刻

---

① 一九一七年，广州大元帅府军官陆福廷（后参与筹建黄埔军校并任一期教官）之父陆荫培（江苏睢宁县文士）病逝，孙文亲笔题赠"教子有方"挽词，后在其乡梓睢宁县双沟镇建立纪念碑并将此挽词刻上。纪念碑在"文化大革命"期间被毁，复于二〇一一年重建。

为陈祝龄题词①

（一九一七年前后）

乐善好施

据陈纪鸿：《记乐善好施的陈祝龄》，载
中国人民政治协商会议高要县委员会文
史资料研究委员会编：《高要文史》第
二辑，中国人民政治协商会议高要县文
史资料研究委员会一九八六年九月出版

---

① 陈祝龄，广东高要人。一八七〇年生。天津英商怡和洋行买办。一九一七年慷慨捐资
五万元赈济广东水灾灾民，孙文为此题颁匾额，予以褒奖。

悼程璧光挽额①

（一九一八年四月二十八日）

耿烈长昭

耿烈长昭

据影印件，载程璧光追悼会筹备处编印：《程
玉堂先生荣哀录》，广州，一九一八年出版

---

①　程璧光，字恒启，号玉堂，广东香山（今中山市）人。一八六一年生。毕业于福建水师学堂，历任管带、船政司司长等职，一九一三年任北京政府陆海军统帅办事处参议。一九一六年任海军总长，一九一七年随孙文南下护法，任护法军政府海军总长。次年二月在广州遭暗杀。题词日期据《追悼程故总长之情形》而定，报道称孙文的题词为"忠烈长昭"，载一九一八年五月八日上海《民国日报》第七版。

为阮复题挽额①

（一九一八年五月一日）

舍生取义

据《粤垣追悼阮烈士之盛况》，载一九一
八年五月十五日上海《中华新报》第三版

———————————

① 阮复，字希顿，又名楚才。一八八三年生于湖北红安。早年留学日本，加入中国同盟会。一九一七年任广州军政府内务部秘书。次年，回乡招集旧部，组织武装，但事泄被捕，随即遇难，孙文拨千元治丧费。五月一日，军政府在广州为其召开追悼会，孙文题写该挽额。

为精益眼镜公司题词①

（一九一八年春夏间）

精益求精

孙文

据原件，上海、孙中山故居纪念馆藏

---

① 精益眼镜公司，一九一一年在上海开设，旋在武汉、北京、广州等地设立分店。此件系一九一八年孙文到广州分店配眼镜时应该店经理唐墨林之请题赠，经上海总店精工装裱和复制，悬挂于总店和各分店店堂。一九八二年，精准眼镜公司将题词原件捐赠给纪念馆。

为梅州松口镇绅商会题词①

（一九一八年五月底）

见义勇为

据赖绍祥、房学嘉编著：《客籍志士与辛亥革命》，
广州，广东人民出版社一九九二年四月出版

---

① 松口镇，在今广东梅州，著名侨乡。此件系孙文视察松口镇绅商会时，应请题书的横额。

题赠谢逸桥联（一）①

（一九一八年五月底）

逸桥兄属

博爱从吾好

宜春有此家

孙文

---

① 谢逸桥，谱名元骥，又名锡元，南洋华侨，祖籍广东嘉应（今梅州）。一八七三年生。谢良牧之兄。同盟会会员，一九一二年任同盟会汕头支部长。一九一八年五月，孙文由广州经汕头去上海，途中到梅州看望谢逸桥。孙文为谢氏府第"爱春楼"题此联。

题赠谢逸桥联（二）①

（一九一八年五月底）

爱国爱民　玉树芝兰佳子弟
春风春雨　朱楼画栋好家居

据宇皓、文瞻：《孙中山与侨乡松口》，
载一九八一年十月十日广州《羊城晚报》

---

① 孙文访问松口时，下榻谢氏别墅"爱春楼"，所题二联，都以楼名为题，天衣无缝地将"爱春"二字嵌入联句之中。

为《谢逸桥诗钞》题词

（一九一八年五月底）

吉光片羽珍同璧　潇洒追秦七　好诗读到谢先生　别有一番天籁任纵横
五陵结客赊豪兴　挥金为革命　凭君纽带作桥梁　输送侨胞热血慨而慷

据李全基：《孙中山为〈谢逸桥诗钞〉题词》，载一九八四年三月十日北京《团结报》

为织田英雄题词[①]

（一九一八年六月八、九日间）

大道之行也天下为公

孙文

据原件，日本织田英雄后人织田英辅藏

---

① 孙文于一九一八年六月五日自汕头取道台湾前往日本作短期访问，九日在台北乘"信浓丸"启程，十日抵达门司。此系孙文、胡汉民、戴季陶三人在航行中，应"信浓丸"事务长织田英雄之请，在白绢布上写下的题词。胡汉民、戴季陶题词："澹薄明志，宁静致远""有朋自远方来，不亦乐乎"。

为郡宽四郎题词①

（一九一八年六月八、九日间）

博　爱

据〔日〕赤城源三郎、牧野登监修：《山岚西乡四郎》，历史春秋一九八七年出版

---

①　郡宽四郎，日本“信浓丸”号船长。一九一八年六月八日，孙文在台湾基隆乘该轮赴神户，应请题于航次途中。

为田中隆题词①

（一九一八年六月十日）

至诚感神

孙文（印）

至诚感神

据原件，日本东京都日野市、田中隆后人藏

---

① 田中隆，日本山口县人，生于长崎。三井物产会社职员。崇仰孙文，支持中国革命。一九一四年自组海运公司，抽调专轮为中华革命党输运武器弹药。是日，田中到下关拜访孙文，盛赞孙文顽强不息的革命精神，坚信中国革命必可成功。孙深为感动，即在白绢上题词相谢，同时赠送白莲种子四粒，希望开花结实，中日和平昌盛。

题赠宫崎寅藏联①

（一九一八年六月十一日）

环翠楼中虬髯客

涌金门外岳飞魂②

据胡汉民：《不匮室诗抄》卷八，广州，
登云阁现代仿宋印刷所一九三六年出版

① 系孙文访问日本箱根时，应宫崎寅藏之请而题。
② 环翠楼，在日本箱根，宫崎在此设宴为孙文洗尘接风。涌金门在浙江杭州。

为井上足彦题词①

（一九一八年六月）

井上先生属

海不扬波

孙文

据原件，日本井上足彦后人井上顺平藏

———————————

① 孙文于一九一八年六月十日至二十三日到日本关西地区进行访问，此件系在访问期间
题写。神户孙文记念馆藏有原件照片。

悼山田良政挽词①

（一九一八年七月二十八日）

丹心千古

据《日本义士山田良政氏追悼会记》，载一九
一八年七月二十九日上海《民国日报》第十版

---

① 一九一八年七月二十八日，革命党人在上海集会，追悼一九〇〇年在惠州起义中牺牲
的日本志士山田良政，孙文亲书此四字相挽。

为蒋介石母王太夫人修谱纪念题词①

（一九一八年九月）

蒋母王太夫人修谱纪念

广慈博爱

民国七年九月

孙文敬题（印）

据影印件，载谭延闿编：《总理遗墨》第二辑，一九三〇年一月出版

---

① 此件悬挂于浙江奉化蒋氏祠堂内。

挽陈家鼎母邓太夫人联①

（一九一八年十月二十四日）

生于九月　　殁于九月

男善汉书　　女善汉书②

据许华：《陈家鼎传》，载南京
《民国档案》一九八七年第一期

---

① 陈母于是年十月二十三日在上海逝世，孙文与章太炎、刘人熙、谭人凤等联名发布讣告，并致送挽联。陈家鼎，字汉元，湖南宁乡人，一八七五年生。一九〇五年首批加入同盟会。一九〇六年至一九〇七年先后创办《洞庭波》、《汉帜》杂志。民初当选临时参议院议员，复当选众议院议员。一九一七年南下护法，参加国会非常会议。

② 陈氏一家，兄妹五人，都是南社社员，皆善文词，孙文故以班固兄妹相誉。

贺蒋介石母五五寿庆联

（一九一八年十二月）

蒋母王太夫人五十晋五荣庆

素行乎丰约夷险

斯锡之福寿康强

孙文敬祝（印）

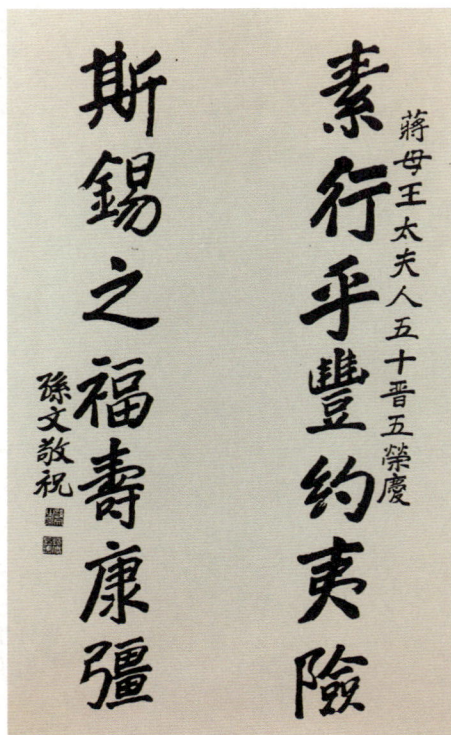

据影印件，载谭延闿编：《总理遗墨》第二辑，一九三〇年一月出版

为徐朗西题词①

（一九一八年）

天下为公

据中国人民政治协商会议陕西省三原
县委员会文史资料委员会编:《三原
文史资料》一九九三年二月第十辑

---

① 徐朗西，陕西三原人。一八八五年生。早年留学日本，一九〇五年加入同盟会，曾任
孙文秘书。一九一八年被孙文委为陕、甘、宁、青、川、滇、黔七省靖国联军援陕前锋总指挥，
参加讨伐段祺瑞，孙文特书此条幅为其出征壮行。后解甲归沪。一九六一年去世。

为庾恩旸题词①

（一九一八年）

应为雄鬼

孙文题

据原件，南京、中国第二历史档案馆藏

---

① 庾恩旸，字泽普，一字孰右，别号墨江枫渔，云南墨江人。一八八四年生。早年留日习武，一九一一年参加云南重九起义，次年代理云南军都督。护国运动时参与讨袁，晋授陆军中将。一九一七年任靖国联军第三军总司令官，次年二月十八日在毕节遇刺身亡，次年被追赠陆军上将。

题贺邓泽如寿诞①

（一九一八年）

仁者多寿

据陈民：《民国华侨名人传略》，北京，
中国华侨出版公司一九九一年八月出版

---

① 邓泽如，名文恩，字远秋，号愚翁，南洋华侨，祖籍广东新会。一八六九年生。一九
〇七年年底加入同盟会，任芙蓉分会会长。一九〇九年代理同盟会南洋支部事务，为镇南关、
钦廉、河口、黄花岗起义积极筹饷。一九一二年任广东军政府盐运使。一九一四年任中华革命
党财政部长，旋任南洋各埠筹款委员长。一九二三年任广州大元帅府建设部长、大本营参议。
次年当选中央监察委员。此件系为邓氏五十寿辰题祝。

为岭南中学一九一八年毕业生题词①

（一九一八年）

成德达材

孙文（印）

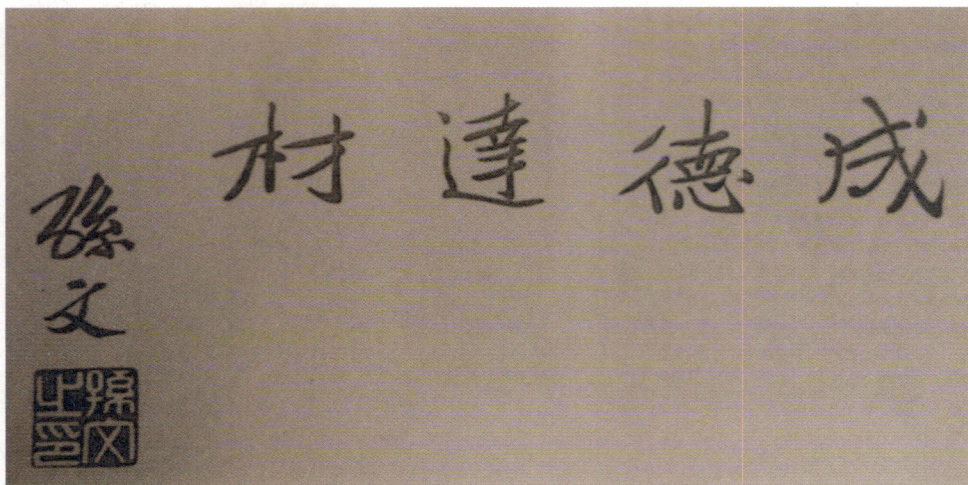

据影印件，载《岭南中学一九一八年级毕业录》

---

① 岭南中学，即（广州）岭南大学附属中学，创办于一八八七年，一九三七年迁至澳门。

为章太炎《告癸丑以来死义诸君文》题词（一）①

（一九一八年）

日星河岳

民国七年

孙文题

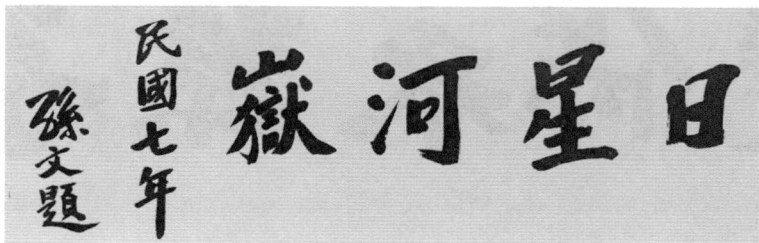

据照片，台北、中国国民党中
央委员会党史委员会党史馆藏

---

① 《告癸丑以来死义诸君文》系章太炎于一九一六年八月十三日为举行"陈英士及癸丑以来诸烈士追悼大会"而撰。文章论述了袁世凯称帝的历史根由，力主铲除帝制基础，反对弭兵，深得孙文赞赏，因书"日星河岳""子孙永保"两题词相赠。

为章太炎《告癸丑以来死义诸君文》题词（二）①

（一九一八年）

子孙永保

孙文（印）

据照片，台北、中国国民党中
央委员会党史委员会党史馆藏

---

① 一说为李薇庄后裔所题。

为梁琴堂题词①

（一九一八年）

和缓复生

据高里鹏：《梁琴堂事略》，载中国人民政
治协商会议汉川县委员会文史资料委员会
编：《汉川文史资料》第五辑《纪念辛亥革
命八十周年专辑》，一九九一年十月出版

---

① 一九一八年梁琴堂在上海为孙文治病，获赠此题词。

为臧伯庸题词①

（一九一八年）

博　爱

伯庸医院属

孙文

据原件，上海、臧伯庸之孙臧增嘉藏

---

①　臧伯庸，名霆，别署守愚，以字行，浙江吴兴人。一八八九年生于四川成都。一九〇五年留学日本，习医，加入同盟会。武昌起义后在上海组织红十字会救护团赴鄂。一九一二年参与南京总统府礼宾工作，旋赴川任蜀军军需处处长。不久辞去公职，再赴日本深造。一九一六年从日本爱知县医科学校（后改名古屋医科大学）学成归国，在上海行医。此件系孙文一九一八年辞去广州海陆军大元帅职后在上海所题。

题　词①

（一九一八年）

费长房有缩地之术于今见之

民国七年题
孙文

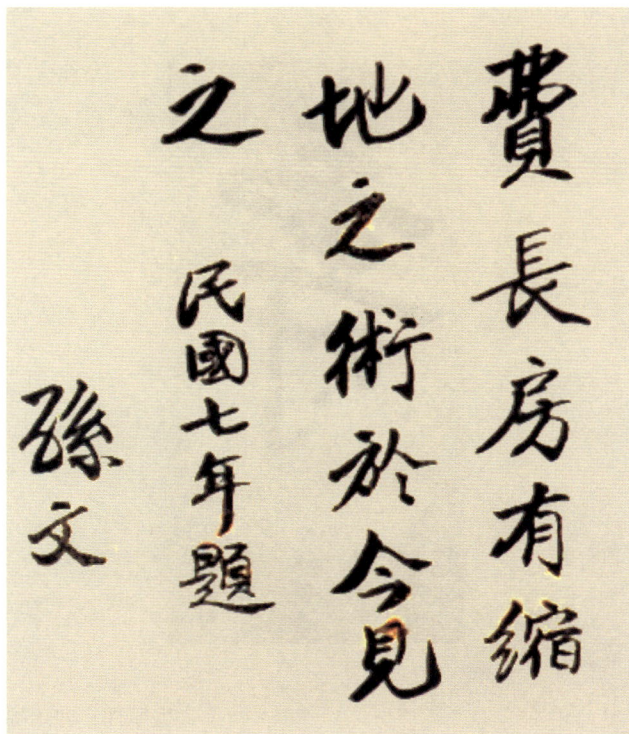

据原件，北京、匡时国际拍卖有
限公司（二〇〇七春季拍卖会）藏

---

①　一九一八年六月，孙文辞大元帅职后偕胡汉民、戴季陶等短期访日。乘坐火车时，应
外务省陪同官员中村的请求挥毫，赞许火车带来的出行便利。

为卢仲琳父母题词①

（一九一八年）

寿

子仁先生暨淑配孙太夫人七秩双寿

孙文（印）

民国七年　月

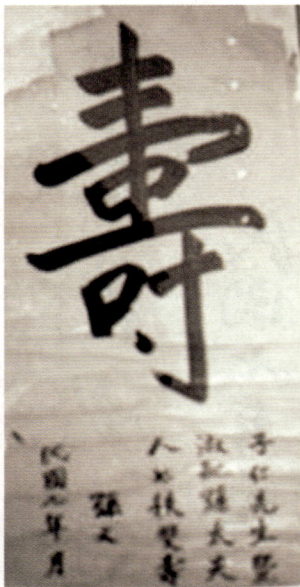

据原件，四川绵阳市收藏家陈某藏

---

① 卢仲琳，四川三台人。一八八〇年生。早年自云南高等学堂毕业后，考入法属东京巴维师范大学学习，后毕业回国。一九〇六年加入同盟会。参加过镇南关起义、河口起义、黄花岗起义。一九〇九年赴暹罗（今泰国）成立中国同盟会组织。一九一三年，任中华民国第一届国会众议院议员。次年，因反对袁世凯而入狱，两年后出狱。一九一七年，随孙文南下护法，出任大元帅府参议。次年，卢父母（卢子仁及妻孙氏）"七秩双寿"，孙文出席在广州举行的寿筵，现场书写了这一寿幅。该寿幅被卢氏后裔带回老家，后来转让给绵阳市收藏家陈某。

为吴宗慈母七秩荣庆题祝①

（一九一八年）

吴母刘太夫人七秩荣庆

寿

孙文敬祝

据原件，广州、中山大学孙中山纪念馆藏

---

① 吴宗慈，字蔼林，号哀灵子，江西南丰人。一八七九年生于北京。早年中举人，从事教育。武昌起义爆发时，任《江西民报》（原名《自治日报》）主笔，率先登载起义消息。一九一二年，作为江西代表之一赴南京拜谒孙文。次年，当选为国会众议院议员，兼宪法起草委员会委员，主编《醒华报》。一九一七年，赴广州参加非常国会，受孙文之命任川滇劳军使。一九一九年至一九二四年，出任国会宪法起草委员会理事兼书记长，主持起草宪法。后专注实业、文化、教育等事业。据吴宗慈于寿幅背面题注称：此件系一九一七年在广东汕头题书。

悼蔡济民挽额①

（一九一九年三月二十三日）

浩气长存

据《蔡公济民追悼会纪》，载一九一九年
三月二十四日上海《民国日报》第十版

---

① 蔡济民，原名国桢，字幼襄、香圃，湖北黄陂人。一八八六年生。一九○一年投湖北新军，先后参加共进会、文学社，任同盟会湖北分会参议部长。一九一一年参加武昌起义，次年袁世凯授陆军中将衔，电辞不受。一九一四年参加中华革命党，旋受孙文委任为湖北讨袁司令长官（一九一五）、鄂西靖国军总司令（一九一七）。一九一九年一月在湖北利川遇害。是日，革命党人在上海举行追悼大会，孙文致送挽额并派代表宣读祭文。

为波多博题词①

（一九一九年夏）

波多先生属

行之非艰　知之惟艰

孙文

据影印件，载波多博（Hata Hiroshi）著：
《中国と六十年》(《与中国的六十年》)

---

①　波多博，日本大分县人。一八八五年生。东亚同文书院第六期学生。一九〇九年，任《顺天时报》记者，一九一一年年底赴上海，参与东方通讯社的创办，后接办《上海日报》。经常采访孙文等人。这幅题字的时间是民国八年夏天。

为中华欧美同学会题词①

（一九一九年八月三十日）

指导国民

孙文题

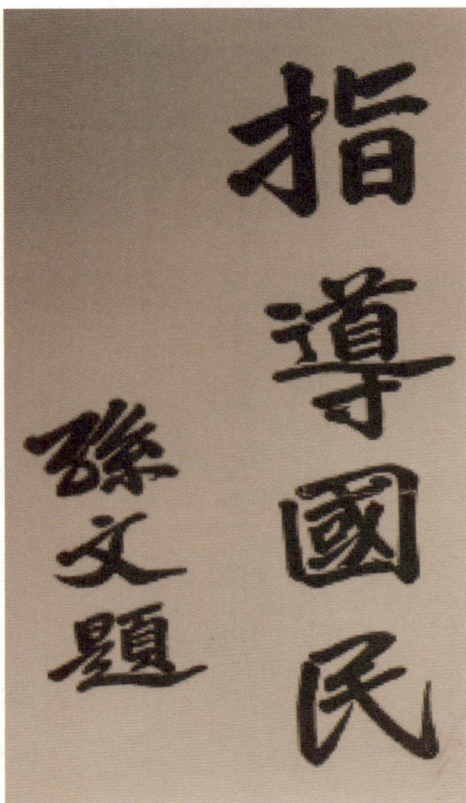

据影印件，载上海《欧美同学会丛刊》一九二〇年三月第一卷第一期

———————————

① 一九一九年八月二十九日至三十日，从欧洲及美洲各国留学后回国工作的各地留学生代表百余人，在上海召开大会，宣告成立"中华欧美同学会"，选举蔡元培为会长。孙文于八月三十日应邀出席演讲，并题写该词以示鼓励。

为朱仲华题词①

（一九一九年十月二十二日）

仲华先生属

天下为公

孙文（印）

据原件，绍兴市文物管理局藏

---

① 朱仲华，学名承洵，时任上海复旦大学学生自治会主席。五四运动时，参与组织上海学生联合会，任总干事。此件系当日孙文在上海寓所接见朱仲华时应请所题。一九五九年，朱仲华将这幅墨宝捐献给政府。

为广东光复纪念庆祝会题词

（一九一九年十一月十八日）

同心协力

据《广东光复纪念之盛举》，载一九一九年十一月十九日上海《申报》第七版

为上海南洋路矿学校题词

（一九一九年十二月二十日）①

南洋路矿学校

造路救国

孙文（印）

据原件，北京、中国国家博物馆藏

---

① 原件未署时间。据报载，孙文于十二月二十日应上海民治学会之请，在南洋路矿学校演讲地方自治问题，题词当在此时应请而书。

为上海精武体育会题词①

（一九一九年冬）

精武体育会

尚武精神

孙文（印）

据影印件，载陈铁生编：《精武本纪》，
上海，精武体育会一九一九年冬出版

---

① 清末武术大师霍元甲于一九○九年在上海创办精武体操学校，旋改称精武体操会，一九一六年又更名精武体育会。一九一九年该会成立十周年之际，聘孙文任名誉会长，请为其特刊《精武本纪》作序，并亲书这幅题匾。

为林百克题词①

（一九一九年）

林百克先生属

天下为公

孙文（印）

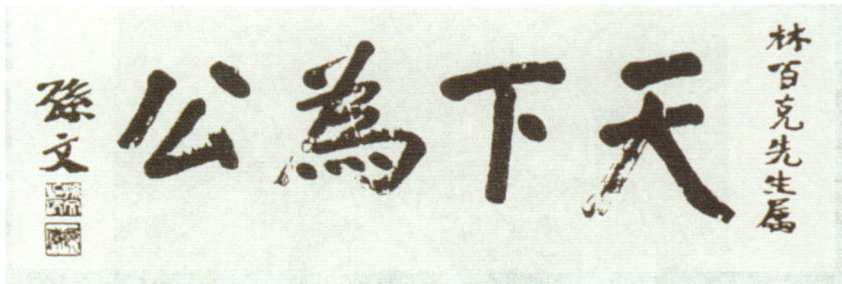

据影印件，载林百克英文著述：《孙逸仙与中华民国》（*Sun Yat-sen and the Chinese Republic*，New York，1925）

---

①　林百克，美国人，英文名 Paul Myron Wentworth linebarger。一八七一年生。一九〇一年至一九〇七年在菲律宾任美国法官，后执律师业，因崇敬孙文，呼吁欧美各国援助中国革命。一九一二至一九二五年一直担任孙文的法律顾问。

为周太夫人百岁荣庆题词①

（一九一九年）

孙母周太夫人百龄晋一荣庆

淑德高龄

孙文敬祝（印）

据影印件，广州、广东省社会科学院图书馆藏

---

　　①　孙母周太夫人，原广东香山县井岸镇泥湾人（今属珠海斗门），其子孙智兴、孙智维均系孙文部属，爱国华侨。一九一九年，周太夫人一百〇一岁大寿，孙文题联祝贺。一九二一年周太夫人去世，其后人将此祝词刻于墓碑上（原件藏斗门博物馆）。照片今藏于孙国强（孙绍兴侄子）家中。

周太夫人期颐祝词①

（一九一九年）

附渤孙周氏太夫人期颐祝词

　　　　三从四德兮巾帼之英

　　　　贫而无怨兮德性廉明

　　　　克勤克俭兮乡党有声

　　　　笃信基督兮不慕虚荣

　　　　获福无量兮子孙昌盛

　　　　耶和华锡嘏兮寿百龄

　　　　　　中华民国首任大总统孙文敬题

据碑刻，珠海、斗门区博物馆藏

---

① 此件与"淑德高龄"题词同时题写。一九二一年孙母去世，将此祝词镌刻于墓碑上。

为赵家艺题词

（一九一九年）

行之非艰　知之惟艰

林士八兄①属

孙文（印）

据原件照片，宁波市档案馆藏

---

① 赵家艺，字林士。赵家艺在兄弟中排行第八，孙文故以"八兄"相称。同盟会会员，宁波商人，上海证券物品交易所常务理事、上海《商报》创办者，还赞助过孙文护法活动。二〇〇二年，赵家艺的儿媳妇将家藏的这幅题词照片捐赠给宁波市档案馆。

题林文英墓碑①

（一九一九年）

民国八年

林文英之墓

孙文敬题

据海南省文昌市清澜镇世坑村林文英墓碑石刻

---

①　林文英，字如春，号格兰，海南文昌人。一八七三年生。留日学生，参与镇南关、黄花岗诸役。一九一二年组织琼州国民党支部，创办《琼岛日报》，鼓吹共和。次年当选众议院议员，"二次革命"事起，国会解散，潜归琼州，创办《琼华日报》。一九一四年遭当道枪杀。一九一九年，迁葬故里，孙文为之题书墓碑。

为陶陶亭题词①

（一九一九年）

陶陶亭

孙文（印）

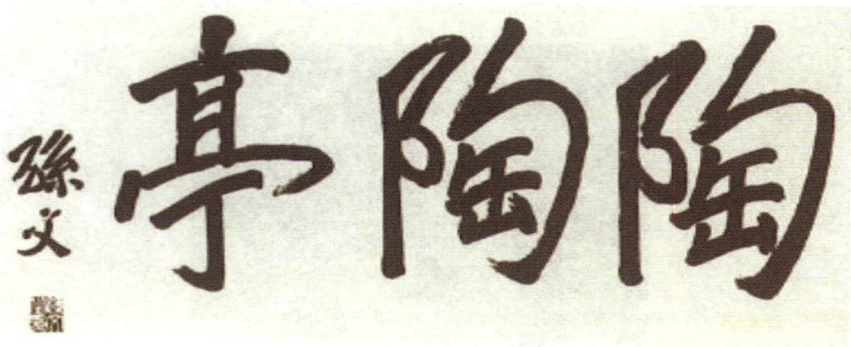

据原件照片，台北、中国国民党
中央委员会党史委员会党史馆藏

---

①　陶陶亭，中餐料理店，一九一九年创办于日本东京，注册资金十万日元，孙文为之题写店名。题词日期据陶陶亭创办时间酌定。

题　联

（一九一九年）

修身岂为名传世

作事惟思利及人

孙文（印）

据影印件，北京、中国国家博物馆藏

题　联

（一九一九年）

四方风动

孙文（印）

四方风动

孙文

据影印件，上海、上海博物馆藏

题　词

（一九一九年）

民国八年立

敦宗修族

孙文（印）

据原件，北京、翰海拍卖有限
公司（二〇一二春季拍卖会）藏

为漳州第一公园题词①

（一九一九年）

博　爱

据福建漳州中山公园内题词碑刻

① 一九一九年，"援闽"粤军总司令陈炯明将龙溪县署改建为漳州第一公园（一九二七年后改称漳州中山公园），在公园内竖一华表称"闽南护法区纪念碑"。该碑呈四方形，混凝土结构，孙文在东面书"博爱"，汪兆铭在南面书"平等"，陈炯明在西面书"互助"，章炳麟在北面书"自由"，后来人们便将碑名改为"博爱碑"，如今保存完好。

为苏州晏成中学题词①

（一九一九年前后）

晏成中学

其道大光

孙文（印）

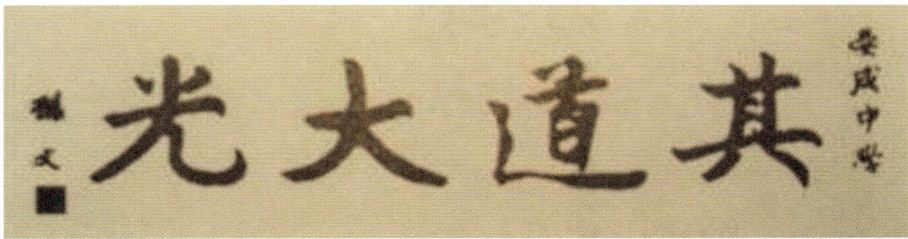

据影印件，广州、广东省社会科学院图书馆藏

---

① 清末，美国南浸信会在苏州创办晏成中学（苏州市第三中学前身）。一九一九年前后学校当局派人赴上海请孙文题词，回校后制成匾额悬挂于司麦堂内。经过近百年变迁，该题词已荡然无存。二〇一六年校方集字仿制，以"其道大光"四个大字竖行刻于弘道楼的外墙上，又在校园内建造孙文塑像供人瞻仰。

为邓慕周题匾①

（一九一九年前后）

邓慕周同志建祠纪念

见义勇为

孙文题

据邓炯熙：《孙中山与邓慕周》，载政协高要县委文
史资料委员会编：《高要文史》一九八六年九月第二辑

----

① 邓慕周，名廉熙，又名家彦（与桂籍邓家彦同名），广东高要人。一八九三年生。一九
〇八年加入同盟会。民国初年参与组建澳大利亚雪梨（今悉尼）国民党支部，任国民党驻澳洲
代表。一九一七年回上海任永安公司行长。一九一九年被推为澳洲各埠驻沪全权代表。一九二
一年一月在杭州病逝。孙文在上海为之举行追悼会并宣读祭文。

勉全党同志词[①]

（一九二〇年一月一日）

唤起民众　导之以奋斗
实现革命　继之以努力

吾党同志共勉之
中华民国九年元旦
孙文

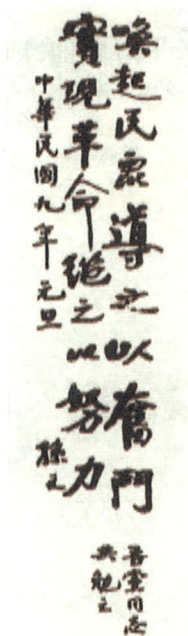

据影印件，载中国人民政治协商会议全国委员会文史和学习委员会、文史资料研究委员会、中国国家博物馆合编：《孙中山先生画册》，北京，中国文史出版社一九八六年九月出版

---

① 原件非孙文手迹。时孙文染疾，嘱胡汉民代笔。

悼张汇滔挽额①

（一九二〇年二月上旬）

孟介同志千古

国魂不死

孙文敬挽

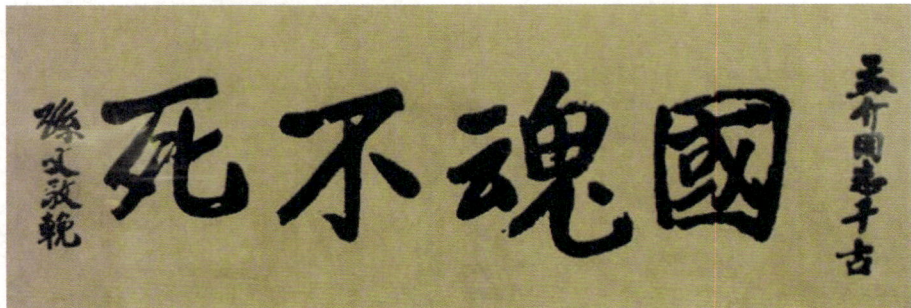

据影印件，台北、中国国民党
中央委员会党史委员会党史馆藏

---

① 张汇滔，字孟介，安徽寿县人。一八八二年生。早年留学日本加入同盟会，回国后相继参加安庆起义、黄花岗起义，旋率众光复安徽不少州县以响应武昌起义，民国成立后又参与"二次革命"讨袁之役，事败到日本加入中华革命党，被孙文委为该党安徽支部长、中华革命军江北皖北司令长官。一九一七年随孙文至广州建立护法政府，被委任为大元帅府参军。一九一九年中国国民党成立，孙文指示其负责沿江七省党务。一九二〇年一月二十九日，张被军阀倪嗣冲派人暗杀于上海，两天后不治身亡。孙文亲往吊唁，题写挽额"国魂不死"（但吊唁日期不详）。一九三四年建墓于安庆，"文化大革命"期间被毁，二〇一六年在安庆狮子山公园内建成张汇滔陵园，园中有孙文题词"国魂不死"纪念碑。

为朝鲜《东亚日报》创刊号题词①

（一九二〇年四月一日刊载）

祝东亚日报出版

天下为公

孙文

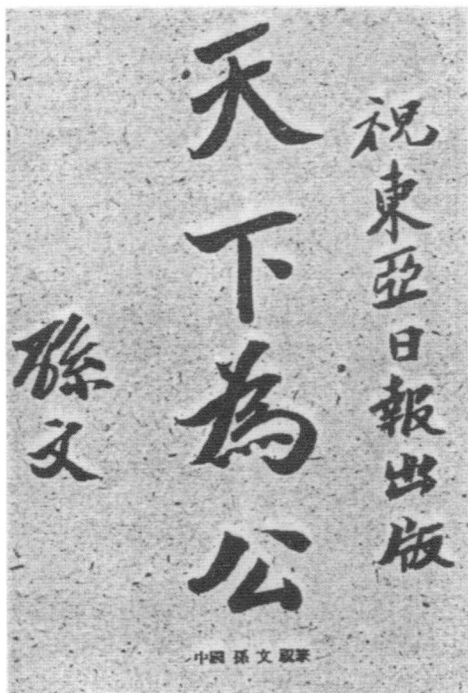

据影印件，载一九二〇年
四月一日朝鲜《东亚日报》

---

① 一九一〇年朝鲜被日本吞并，是时在日本统治下，以朴泳孝为首任社长的朝鲜文《东亚日报》在汉城（今首尔）创刊，另设支社于日本。在今日韩国的"独立纪念馆"里，陈列着这幅题词。

为《新青年》劳动节纪念专号题词①

（一九二〇年五月一日刊载）

为新青年劳动号题

天下为公

孙文

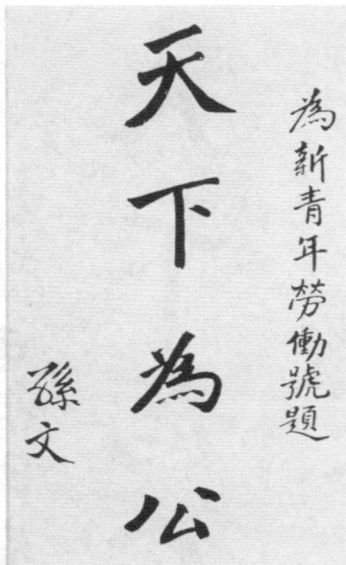

据影印件，载《新青年》一九二〇年五月一日第七卷第六号

① 《新青年》，月刊，一九一五年九月十五日在上海创刊，陈独秀主编。原名《青年杂志》，一九一六年改名。以宣传科学、民主，批判封建文化，提倡文学革命为主旨，新文化运动的主要舆论阵地。一九二〇年成为上海共产主义小组的言论机关。一九二六年七月终刊。

为《香江晨报劳动节纪念增刊·劳动号》题签①

（一九二〇年五月一日刊载）

劳动号

孙文题

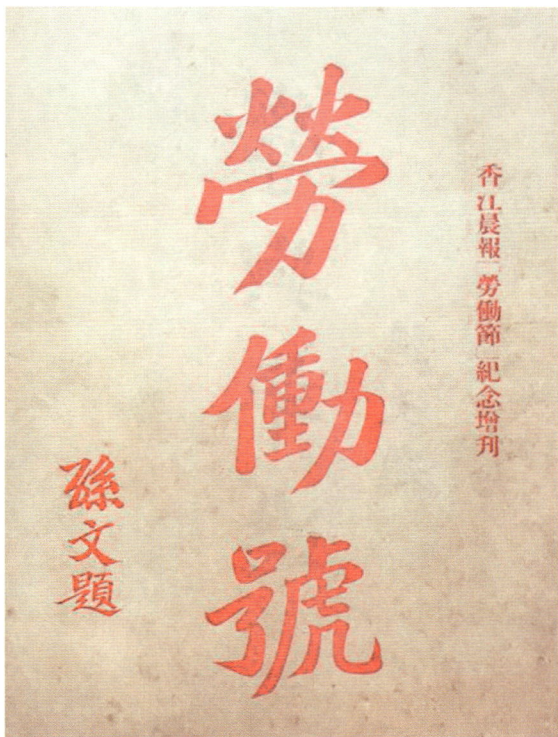

据影印件，载香江晨报社编：《香江晨报"劳动节"
纪念增刊·劳动号》，香港，一九二〇年五月一日出版

---

① 《香江晨报》，一九一九年三月二十四日于香港创刊，夏重民、朱执信、冯自由、谢英伯、邹鲁等先后主持，其"著述丰富，颇有精采"，"销纸一万份以上"。栏目有评论、电报、特载、港闻、艺术等。

为沪江大学题词①

（一九二〇年五月二十五日）

学与年进

孙文题

学與年進

孫文题

据《题词》，载《沪江年刊》一九二四年第九卷

----

① 一九二〇年五月二十五日晚，孙文到沪江大学做了题为《中国之改造》的主题演讲，并为该校赠写本题词。

为《互助日报》出版题词①

（一九二〇年六月）

大道之行也　天下为公

互助日报出版之祝

孙文（印）

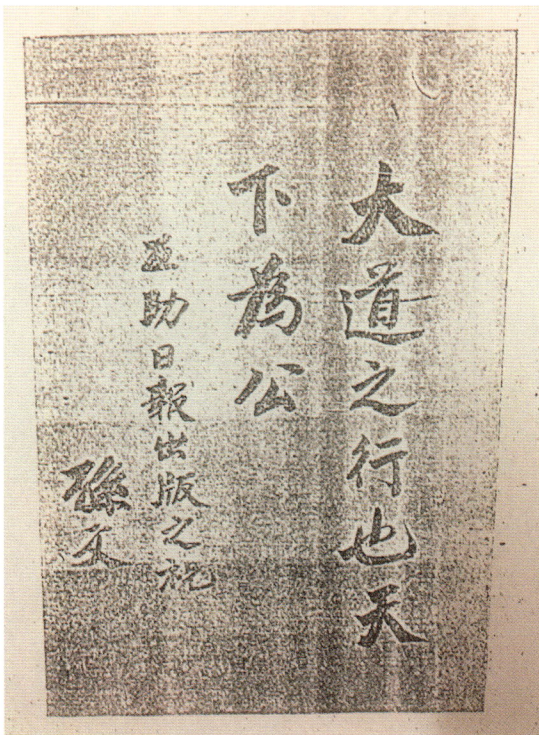

据影印件，载《广州市市立博物院成立概况》，
广州，天成印务局一九二九年三月十五日印行

---

① 由国民党人谢英伯创办的互助总社于一九二〇年六月在广州成立，并出版《互助日报》，主编王文浩，其他事项不详。题词日期据广州互助总社成立时间酌定。

为朱赤霓母亲叶氏夫人题墓碑^①

（一九二〇年六月）

民国九年六月

朱府叶夫人〈之墓〉

孙文题（印）

据碑刻照片，载梅伟强、李文照：《五邑华侨与辛亥革命》，北京，中国华侨出版社二〇一二年二月出版

---

① 朱赤霓为孙文的革命战友，在南洋积极筹款支持孙文的革命活动，一九二〇年回国。当年，朱氏母亲叶氏夫人去世，孙文闻讯后题写了墓碑，"之墓"二字现缺失。

悼刘仲文题挽①

（一九二〇年九月四日）

功在民国

据《追悼刘仲文大会纪》，载一九二〇年九月五日上海《申报》第十一版

---

① 刘仲文，湖北襄阳人，早年留学日本，加入同盟会，一九一一年参加武昌起义，一九二〇年四月十二日病逝于上海，是年九月四日，革命党人在上海举行刘仲文追悼大会，孙文题词日期据此而定。

为顷市顿党人题词[①]

（一九二〇年九月二十三日）

顷市顿同志鉴

热诚毅力

孙文（印）

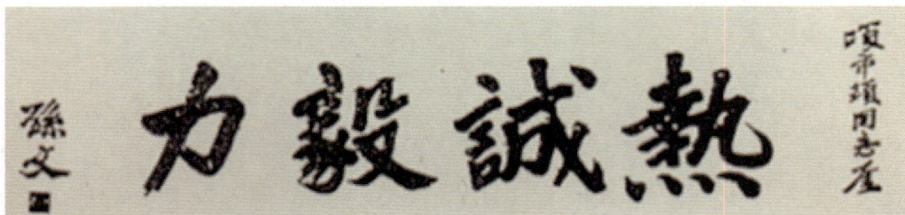

据影印件，台北、中国国民党
中央委员会党史委员会党史馆藏

---

① 顷市顿，地名，加拿大城市。

为宋忠勋题词①

（一九二〇年九月）

忠勋先生灵鉴

高朗令终

孙文敬赠

据碑刻影印件，载李淑美：《孙中山先生墨宝在泉州》，中国人民政治协商会议福建省泉州市委员会文史资料研究委员会编：《泉州文史资料》第一辑，中国人民政治协商会议福建省泉州市委员会文史资料研究委员会一九八六年九月出版

---

① 宋忠勋，宋渊源之父，早年赴南洋谋生。宋渊源，字子静，福建永春人。一八八二年生。青年时代留学日本，并加入同盟会，武昌起义后回国，赴闽策动起义。民元任福建省临时议会议长兼国民党福建省支部长、国会参议员等职。一九一八年在闽组织护法军，任总司令。一九二〇年九月宋父病逝，孙文题该挽词。其乡梓永春县建立宋忠勋墓后，将此挽词刻在坟茔石上。

为《少年中国晨报》十周年纪念题词[①]

（一九二〇年十月十日）

国民之导师

少年中国晨报十周〈年〉纪念

孙文敬祝（印）

据原件，台北、中国国民党中
央委员会党史委员会党史馆藏

---

① 《少年中国晨报》，美洲同盟会言论机关，一九一〇年八月十九日在美国三藩市（今旧
金山）发刊，由《美洲少年》周刊改组而成。黄伯耀任总理，黄超伍任主编。孙文自始至终参
与筹建、改组和人事任命。

为《震坛周报》题词①

（一九二〇年十月十日刊载）

震坛发刊之祝

天下为公

孙文题（印）

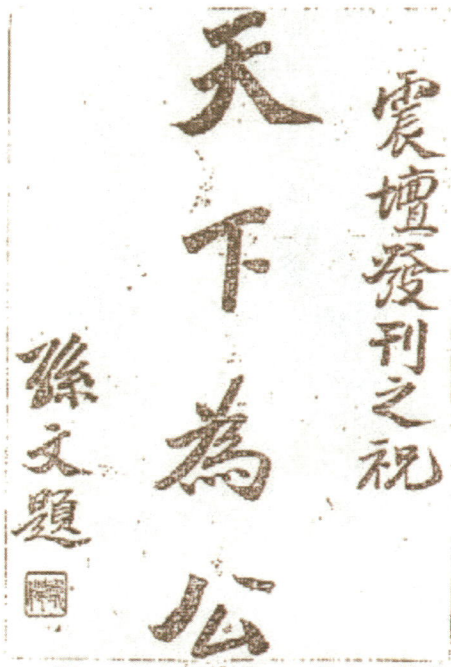

据影印件，载《震坛周报》一九二〇年十月十日创刊号

---

① 《震坛周报》系一九二〇年代韩国独立运动的重要宣传刊物。由旅华韩人在上海创办，英文名 *The Chindan*，大十六开本，中文版，每期八版、十二版不等，一九二一年四月二十四日终刊，计二十二期。远销欧美，产生了一定影响。

为黎仲实题墓碑①

（一九二〇年十月二十日）

民国九年十月廿日

黎仲实先生之墓

孙文敬题

据现墓碑照片

---

①　黎仲实，名勇锡，字孝渊、仲实，广东高要人。一九〇二年赴日留学，一九〇三年参加拒俄运动。一九〇五年加入同盟会，同年与邓慕韩等随孙文赴越南、新加坡等地，宣传革命。一九〇八年与汪精卫、黄复生等谋炸摄政王载沣，未成。次年与胡汉民等在香港设立南方支部，筹备广州起义，黄花岗起义时，负责武器运输。一九一二年年底赴法国留学。一九一九年十月病逝于上海。墓碑曾被毁，现安葬于上海万国公墓。

为泉州培元中学校题词①

（一九二〇年十一月）

培元学校

共进大同

孙文（印）

据影印件，载《泉州培元中学建校七十五周年》，福州《福建画报》一九七九年出版

---

① 泉州培元中学，一九〇四年由英国基督教长老会募捐，聘请英国人、剑桥大学毕业生安礼逊（A. S. Moore. Anderson）创办。一九二〇年，该校校长许锡安到上海募捐办学资金，特去拜见孙文，孙题词相赠以示勉励，并在募捐册上题写"协兴教育"及"孙文乐捐大洋贰拾圆"。孙文的题词后被刻成木牌匾，高挂在校图书馆内。"文化大革命"期间，该题词和木匾均散佚，后该木匾被找到，存放于校史陈列馆内。现该校内有孙文该题词石刻。

为泉州培元中学题词①

（一九二〇年十一月）

协兴教育

孙文乐捐大洋贰拾圆

据王如兰、詹金水：《"共进大同"与
"为国树人"——孙中山与宋庆龄为泉
州培元中学题词档案考释》，载李更发、
倪勤主编：《基层档案工作论文集》，北
京，中国档案出版社二〇〇四年六月出版

---

① 一九二〇年，身为同盟会会员的泉州培元中学许锡安校长赴上海募捐基金，特地晋谒孙文，孙在募捐册的扉页上写了以上题词。许、孙具体会面日期不详。

为花县徐公祠题匾①

（一九二○年十二月）

毁家纾难

功在党国

据康乐:《番花同盟分会与广州新军及"三·二九"之役》,载一九八八年九月十七日北京《团结报》

---

① 徐公祠,在今广东花都三华店,清末同盟会番花分会秘密机关。一九一一年三月二十九日同盟会番花分会组织敢死队参加黄花岗起义,阵亡十八人,为革命作出重大牺牲。一九二○年十二月,孙文特派张继前往凭吊,并亲题匾额表彰。

为赣县戚氏宗祠题联①

（一九二〇年冬）

蔚和平气象　　振国是风声　　发扬章贡英灵　　崆峒秀气

恢家族规模　　建民治基础　　光大楚丘宏业　　阀阅宗功

中华民国九年冬

孙文敬题

据江西省赣县湖江乡夏府村戚氏聚顺堂题联石刻

---

①　戚氏宗祠，祠名"聚顺堂"，在今江西赣县湖江乡夏府村。是年，戚氏重修聚顺堂宗祠，孙文应戚烈之请题书门联。该联后被毁坏。后经修复，但最后五个字系用简体字补刻。赣县博物馆同时存有石刻照片。戚烈，号坦天，同盟会会员。

为三藩市国民党分部题词①

（一九二〇年）

三藩国民党分部

有志竟成

孙文（印）

据原件，美国旧金山国父纪念馆藏

---

① 三藩市，今美国旧金山市。

为三藩市国民党总支部题词

（一九二〇年）

博　爱

三藩市总支部

孙文（印）

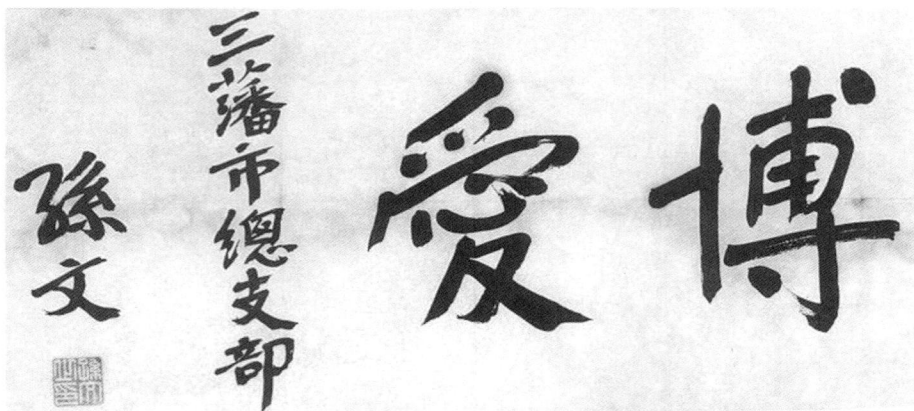

据原件，美国旧金山国父纪念馆藏

为古巴国民党人题词

（一九二〇年）

古巴同志鉴

同心协力

孙文题

据铜版印件，台北、中国国民党
中央委员会党史委员会党史馆藏

为钱化佛题词

（一九二○年）

无量佛

化佛仁者鉴

孙文（印）

据原件，北京、匡时国际拍卖有
限公司（二〇一三秋季拍卖会）藏

为李禄超题词①

（一九二〇年）

禄超先生属

治本于农

孙文（印）

据影印件，台北、中国国民党
中央委员会党史委员会党史馆藏

---

① 李禄超，字家驹，美洲华侨，祖籍广东香山（今中山市）。一八九〇年生，后加入同盟会，任孙文英文秘书。一九一七年任大元帅府秘书。一九二二年任广州军政府驻港军事委员，次年任大本营秘书。孙文逝世后，历任国民党中央委员、广东省政府委员、广州市财政局局长等职。一九二九年任中山模范县县长。

为《党务杂记》题签①

（一九二〇年）

党务杂纪

孙文题

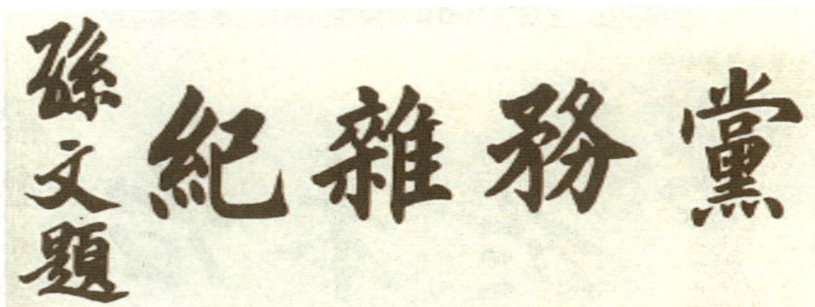

据原件，台北、中国国民党中
央委员会党史委员会党史馆藏

---

① 孙文题签《党务杂记》期次不详。

为阮汉三题词①

（一九二〇年）

汉三先生鉴

博　爱

孙文（印）

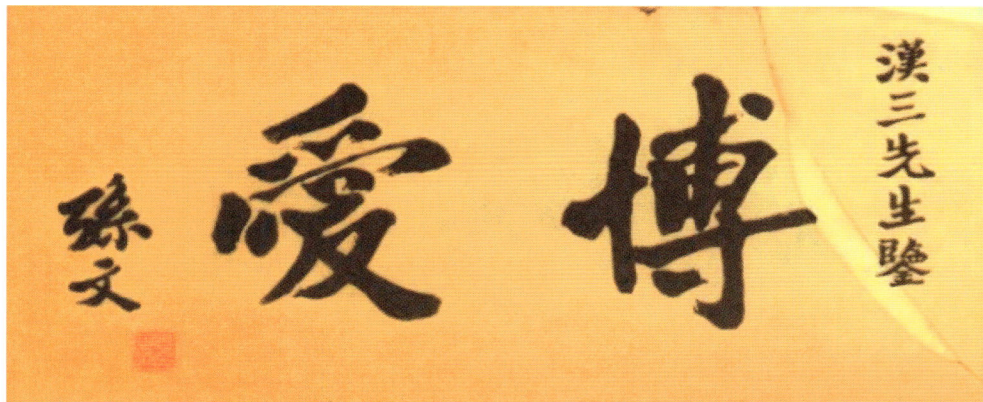

据原件，中山市沙溪镇圣狮村阮汉三旧居藏

---

① 阮汉三，香山隆都人，早年到檀香山等地谋生，相继加入兴中会、同盟会，一九一一年回国参加黄花岗起义。一九一七年七月，被孙文调至军政府任随从卫士。一九二〇年，被孙文委任为"侨安"舰上校舰长，并手书该题词相赠。

为陆丹林题词①

（一九二〇年）

博　爱

丹林先生属

孙文（印）

据影印件，载广东文物展览会编：《广东文物》，
香港，中国文化协进会一九四〇年一月出版

---

① 陆丹林，字自在，号枫园，广东三水人。一八九六年生。早年由朱执信介绍参加同盟
会，后加入南社。性喜书画文物，富收藏，擅长书画艺术评论。曾任上海艺专教授、中国画会
理事，主编《大光报》《中国晚报》《逸经》《图画月刊》等。著有《革命史谭》《孙中山在香
港》等。《广东文物》所发表者系由陆丹林本人提供，原件至今仍藏其女陆少兰家中。

为法国费沃礼题词①

（一九二一年一月一日）

大法国一等荣光宝星驻沪总巡费沃礼先生惠政以为纪念

平　等

孙文敬赠（印）

中华民国十年元旦

据原件，北京、中国国家博物馆藏

---

① 此件非孙文亲笔。

为时报馆落成题词

（一九二一年一月）

时报馆落成之祝

宣传文化

孙文（印）

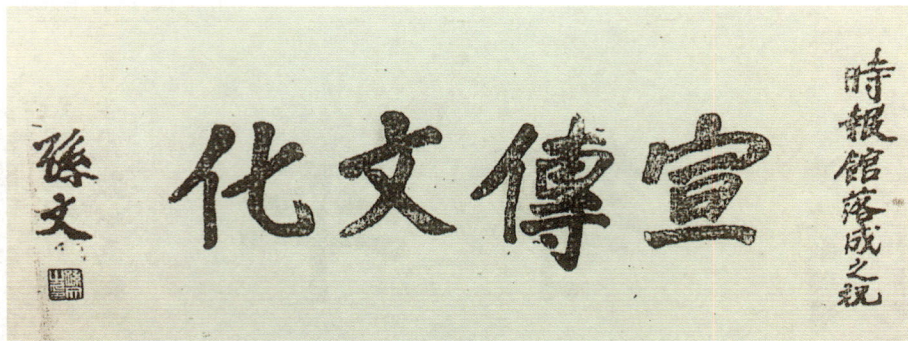

据影印件，载《时报馆新屋落成纪念刊》，上海，一九二一年一月出版

悼邓慕周挽额①

（一九二一年初）

热心毅力

据《邓慕周》，载黄季陆编：《革命人物志》第七集，台北，中国国民党中央委员会党史史料编纂委员会一九七一年六月出版

---

① 邓慕周于一九二一年一月在杭州病逝，孙文等在上海举行追悼大会，孙亲致祭文。

为陆兰谷题词①

（一九二一年二月十八日）

博　爱

兰谷兄属

孙文（印）

据原件，中山、孙中山故居纪念馆藏

---

① 一九二一年二月十八日，翠亨乡亲前往探望不久前自沪来穗重建革命政权的孙文，晤见时孙文以"博爱"二字题赠陆兰谷。陆兰谷系翠亨乡绅、烈士陆皓东堂兄、檀香山兴中会员陆灿之父，因受一八九四年广州反清起义连累被捕入狱六年。

为香山翠亨学校题词①

（一九二一年二月十八日）

翠亨学校

后来居上

孙文（印）

据原件，中山、孙中山故居纪念馆藏

————————

① 这是孙文一九二一年二月十八日在广州听取少年时代的同学陆献山等汇报家乡办学情况后，题赠该校的勉词。

挽粤军阵亡将士联①

（一九二一年二月二十日）

杀敌致果　杀身成仁

为民请命　为国捐躯

据《本社专电·追悼粤军阵亡将士记》，载一九
二一年二月二十二日上海《民国日报》第二版

---

① 是日，广州军政府暨各界在广州举行追悼粤军阵亡将士大会，孙文亲书挽联致悼。

为巴达维亚《天声日报》创刊题签①

（一九二一年三月一日）

天声日报

孙文题

天聲日報

孫文題

据影印件，台北、中国国民党
中央委员会党史委员会党史馆藏

---

① 《天声日报》，革命派言论机关。一九二一年三月一日在荷属印度尼西亚首府巴达维亚
（今雅加达）创刊，首任社长吴心辉。孙文题刊名并致送《祝辞》。台北党史馆因未能找到该报
创刊号，故以一九三二年十二月三日报头剪报代替。

为《上海青年》题词①

（一九二一年四月）

三育乐群

民国十年四月

孙文（印）

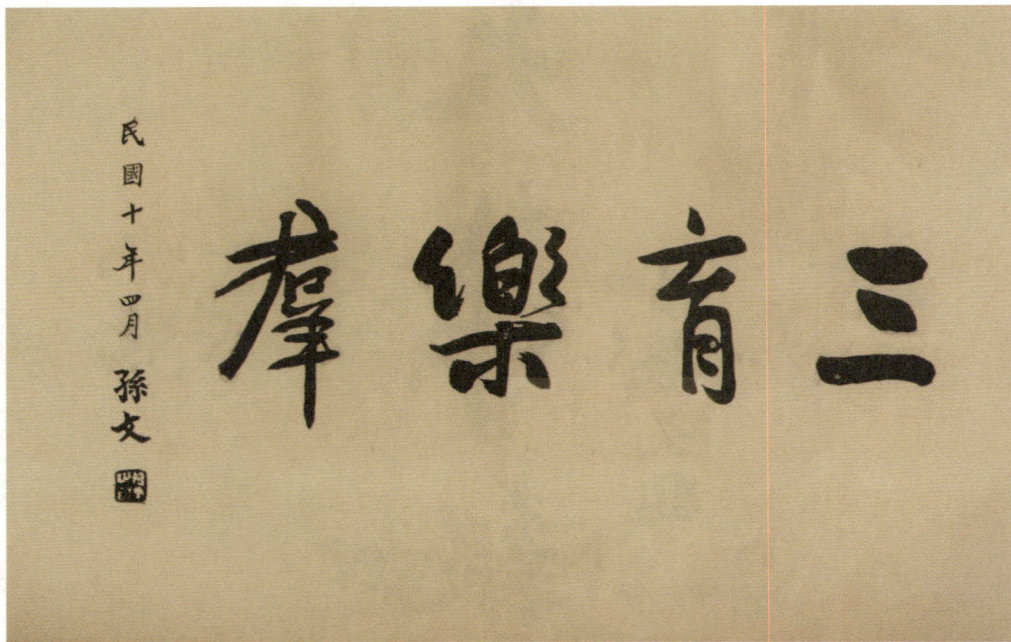

据影印件，载上海《上海青年》
一九三四年第三十四卷第十期

---

① 《上海青年》为上海中华基督教青年会创办。

为《帝王春秋》题签^①

（一九二一年五月至一九二四年一月间）

帝王春秋

孙文

据影印件，载易白沙著：《帝王春秋》，
上海，中华书局一九二四年一月出版

---

① 《帝王春秋》揭露了历代帝王荒淫腐朽、残暴害民的罪恶，矛头直指封建君主专制，旨在提倡民主。著者易白沙，湖南长沙人，一八八六年生。原名易坤，以居白沙井，又慕白沙陈献章，故更名白沙。少通五经。曾任旅皖湖南中学校长。武昌起义时，曾游说皖中诸将领应援武昌。一九一三年参与二次革命，失败后亡命日本。一九一六年前后，连续撰文攻击儒学，宣传反封建的进步思想。后历任湖南省立第一师范学校教员、天津南开大学和上海复旦大学教授。哲学思想倾向于唯物主义，主张无神论，历史观持进化论观点。一九二一年投海而殁。著有《帝王春秋》《教育与卫西琴》《广尚思》《诸子无鬼论》等。《帝王春秋》载易白沙自序落款于一九二一年五月，结合该书出版时间而酌定孙文题词日期。

为肇庆庆云寺题词[①]

（一九二一年六月十日）

众生平等

一切有情

孙文

据自在：《溽暑薰蒸忆顶湖》，载一九三
二年七月二十八日上海《申报》第十一版

---

① 　庆云寺，在今广东肇庆鼎湖山。此件系孙文陪同爱国华侨和港商游览鼎湖山时，应法师之请而题写。

题蒋介石母王太夫人像赞

（一九二一年六月）

蒋母王太夫人像赞

陟彼四明　名山苍苍

瞻彼南海　大风泱泱

中有贤母　仪式四方

厥生公琰　为国之良

孙文敬题（印）

据影印件，载谭延闿编：《总理遗墨》第二辑，一九三〇年一月出版

题赠新西兰《民声报》社①

（一九二一年八月二十二日刊载）

平民之声

题赠民声报社

孙文（印）

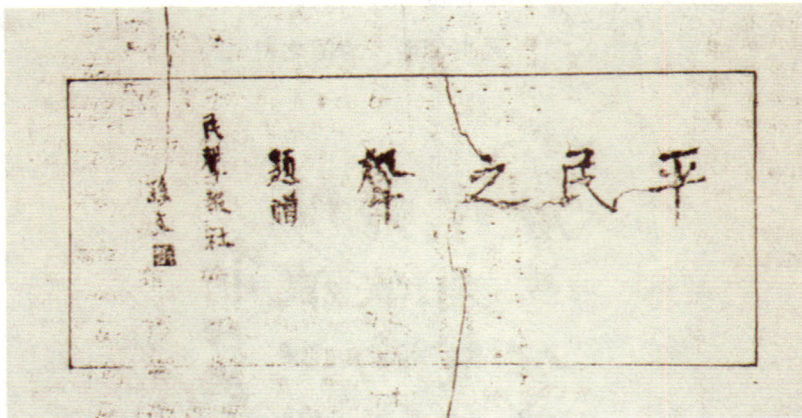

据《祝词（续）》，载一九二一年
八月二十二日新西兰《民声报》

---

①　新西兰《民声报》，英文名 *The Man Sing Times*，竖十六开，旬刊，创刊于一九二一年七月十一日，终刊时间不详。编辑主任平鸣、周仲麟。常设栏目有：《论说》、《时评》、《国内要电》、《国际要闻》、《本岛新闻》、《党务通讯》、《街市行情》、《小说》、《谐谈》、《粤讴》等。

为南韶连会馆题匾额①

（一九二一年九月一日）

民国十年

南韶连会馆

孙文题

据刘复英：《孙中山先生为南韶连会馆题写匾额简介》，载中国人民政治协商会议广东省韶关市委员会文史委员会编印：《韶关文史资料》一九八七年三月第九辑

---

① 南韶连会馆位于今广州市解放中路云台里二十八号，由原籍粤北韶关、曲江、仁化、乳源、英德、翁源、清远、南雄、始兴、连县、连山等县的绅商捐资兴建。一九二一年九月一日，粤北籍代表陈可钰、何春帆等晋谒孙文，孙文应邀题写该匾额。原高悬于会馆大门口，一九五二年该馆改作幼儿园被取下。本件系复制品。

为夏威夷直臣学校学生国文集题词①

（一九二一年九月十二日）

斐然成章

十年九月十二日题

直臣学校学生国文集

孙文（印）

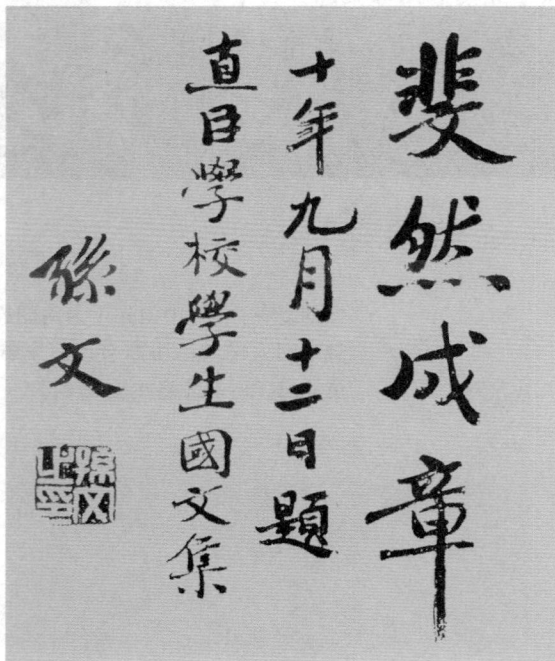

据原件，檀香山许直臣之子许汉超藏

---

① 许直臣是创建檀香山兴中会的会员之一，一八九五年广州起义失败后被清廷通缉而改名许蛰辰，后加入同盟会，任《自由新报》主笔。一九一一年，在檀香山正埠创办直臣学校（亦称蛰辰学校）。一九二一年九月十二日，孙文为该校毕业生华语国文集题词。次年许归国，历任鹤山、香山、乐昌、花县等县县长之职。

为古巴《民声日报》复刊题词①

（一九二一年九月二十四日）

大总统题

今之南董

古巴民声日报（印）

据影印件，载《民声日报十四周年纪念特刊》，一九三五年九月二十三日古巴《民声日报》第一版

---

① 《民声日报》，国民党古巴分部言论机关，一九〇七年在古巴首府夏拿湾（今译哈瓦那）创刊。初名《民声杂志》，一九一九年改为日刊，一九二〇年停刊。旋招股复办，于一九二一年九月二十四日出版。孙文题词祝贺并题写报名，蔡元培作《发刊词》。

为古巴《民声日报》题签

（一九二一年九月二十四日）

民声日报

据徐咏平:《革命报人别记》,台北,正中书局一九七三年三月出版

登桂平西山题联

（一九二一年十月二十日）①

　　苍梧偏东　桂林偏北　惟此地前列平原　后横峻岭　左黔右郁　会交二十四江河　灵气集中枢　人挺英才天设险

　　乳泉有亭　吏隐有洞　最妙处茶称老树　柳纪半青　文阁慈岩　掩映一十八罗汉　游踪来绝顶　眼底层塔足凌云

据萧嘉、余蕴洁：《传神文笔足千秋——浅谈孙中山的诗词对联》，载广东省中山市政协文史编辑委员会编：《中山文史》总第十辑《纪念孙中山先生诞辰一百二十周年专辑》，一九八六年十一月出版

---

　　①　原件未署时间。据记载，孙文率军北伐时，于一九二一年十月二十日偕胡汉民等登桂平西山，故据此酌定。

为张人杰题词①

（一九二一年十一月中旬）

静江二兄属

天下为公

孙文（印）

据原件，浙江省湖州市南浔
镇张静江故居（尊德堂）藏

---

① 张人杰，字静江，浙江吴兴人，一八七七年生。排行第二，故人称二兄。一九〇六年与李石曾、吴稚晖等在巴黎创设世界社，主办《新世纪》周刊，宣传无政府主义。一九〇七年加入同盟会。民初被孙文委为南京临时政府财政总长、中华革命党财政部部长，均未就。一九二四年当选为国民党"一大"中央执行委员。一生捐赠大量革命经费。原件未署时间。据一九二二年十一月十六日孙文致张人杰函称："属写字一事，待日间再行写过，方行送上。"据此推断当书于是月中旬。题词盛赞其豪侠之情，此原是唐末五代前蜀僧人贯休《献钱尚父》中的诗句，孙文仅更改二字，将"十四州"易为"四十州"。此联现挂于尊德堂内，上下联中间配以一轴天竹寿石图。

题蒋介石母墓碑^①

（一九二一年十一月）

民国十年

蒋母之墓

孙文题

据浙江省宁波市奉化区溪口镇蒋母墓题词碑刻

---

① 一九二一年六月十四日蒋介石母王氏病逝，蒋亲赴故里奉化县（今宁波市奉化区）溪口镇监工建墓。十一月，孙文书写该题字刻于墓碑上。此碑在"文化大革命"期间遭破坏，一九七八年恢复。

为《大光报》十周年题词①

（一九二一年十二月二十五日刊载）

大光报十周〈年〉纪念

与国同春

孙文（印）

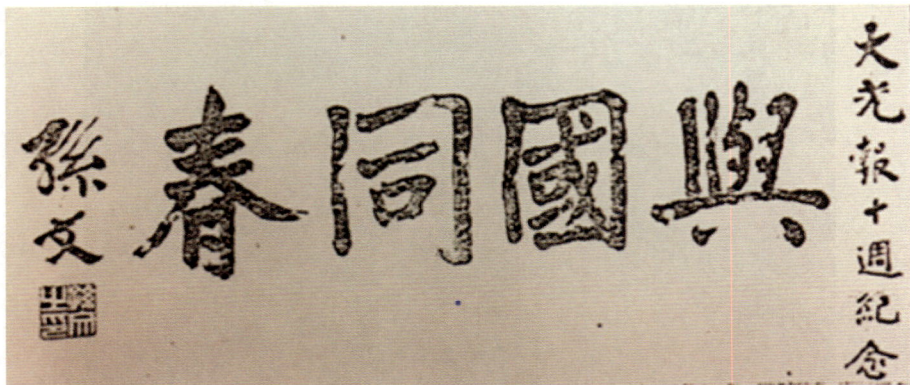

据影印件，载香港《基督号》复兴后第一期（年刊，
《大光报》附刊），一九二一年十二月二十五日印行

---

① 香港《大光报》创刊后销路颇佳，该报编辑部同人乃决定每年出版一期附刊《基督
号》，第一期于一九二一年圣诞节发行。时适《大光报》创办十年，遂再次请孙文题词以资纪
念，而孙文仍以"与国同春"四字相赠，表达对国家和该报前途的无限期望。后因经费支绌，
《基督号》一度停办，迨至一九三五年圣诞节复办《基督号》复兴后第一期，重载孙文为《大
光报》十周年纪念所题"与国同春"。

题蒋翊武就义处纪念碑^①

（一九二一年十二月）

开国元勋蒋翊武先生就义处

孙文敬题

据广西桂林蒋翊武就义处纪念碑碑刻照片

---

① 蒋翊武，原名保襄，亦作保湘，字伯夔，湖南澧县人。一八八五年生。同盟会会员。一九〇九年投湖北新军。一九一一年被举为湖北文学社社长。旋与共进会联合，发动武昌起义，任总指挥，一度代理战时总司令。一九一三年七月回湖南讨袁，任鄂豫招抚使，旋在广西全州被捕，就义桂林。此件系孙文督师桂林时，亲临丽泽门外蒋翊武就义处凭吊，饬令立碑纪念，并为纪念碑题词。另谕胡汉民撰蒋之事略刻于碑上。二〇一一年纪念辛亥革命一百周年之际，维修纪念碑并新辟"蒋翊武纪念园"。

为强华飞行学校题词①

（一九二一年十二月）

一德同心

　　　　　　　　　　　　强华飞行学校

　　　　　　　　　　　　十年十二月

　　　　　　　　　　　　孙文（印）

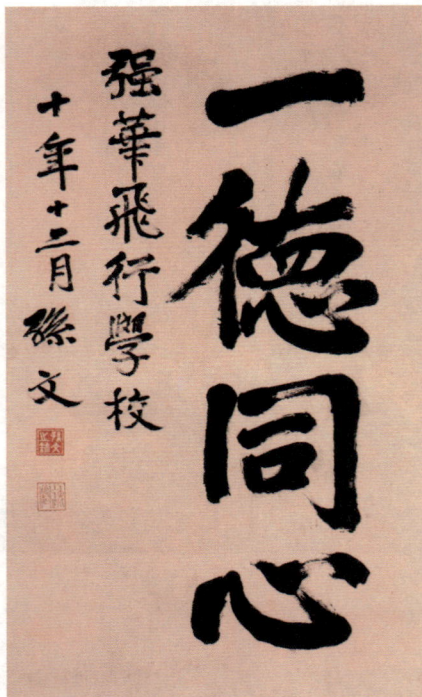

据原件，北京、保利国际拍卖有限公司（二〇一七年秋季拍卖会）藏

---

①　中华革命党成立不久，即筹建航空学校，培养航空人才参加反袁斗争，学员进行飞行训练后，奉命编入华侨义勇团飞行队，回国参加讨袁斗争。三年后，在加拿大萨克其万省的萨斯卡通市（Saskatoon，Saskatchewan）建立起一座中国航空学校——强华航空（Keng Wah Aviation），召训来自中国及美、加两国的中国青年。孙文闻讯后题词寄送，以示鼓励。

为厦门《江声报》题词[①]

（一九二一年冬）

江声报

孙文（印）

据影印件，《厦门新闻志》编纂委员会编：《厦门新闻志》，厦门，鹭江出版社二〇〇九年十二月出版

---

① 《江声报》由吴必仁一九一八年创刊于厦门，以"拥护孙文先生的主张，站在三民主义的立场，为老百姓说公道"为宗旨。一九二一年冬，该报举行三周年纪念时获孙文题词，报头并改为孙题词"声应气求"之旁款"江声报"三字及"孙文"两字。该题词原件散佚。

为黄花岗七十二烈士墓题词[①]

（一九二一年）

民国十年

浩气长存

孙文敬题

据黄花岗七十二烈士墓纪功坊石刻照片

---

①　该墓位于广州市先烈中路，是安葬辛亥"三二九"广州起义牺牲的烈士墓园，为辛亥革命的重要史迹。墓坐西北朝东南，占地 12.90 万平方米，规模宏大，气势雄伟。其主要建筑汇集在中轴线上，依托地形，逐级上升。一九一二年由广东军政府拨款营建，复经募款两度扩修，于一九一九年建成包括墓台、纪功坊、乐台、黄花亭和正门的大型陵园。孙文题词分别刻于纪功坊石壁和正门之上。

为香山南塘国民学校题词①

（一九二一年）

南塘国民学校

朴诚勇毅

中华民国十年

孙文

据影印件，中山市南朗镇南塘村老人活动中心藏

---

① "南塘三简"（简吉堂、简让之、简崇光）与孙文关系密切，三人为旅美归侨，早年投身民主革命。一九二一年，简崇光创办南塘国民学校并自任校长。简氏三人曾面谒孙文，获此题词。孙文令人制成牌匾，并于一九二二年元旦派香山县县长吴铁城运至该村。

为《汕头晨报》题词

（一九二一年）

汕头晨报

凤鸣朝阳

孙文（印）

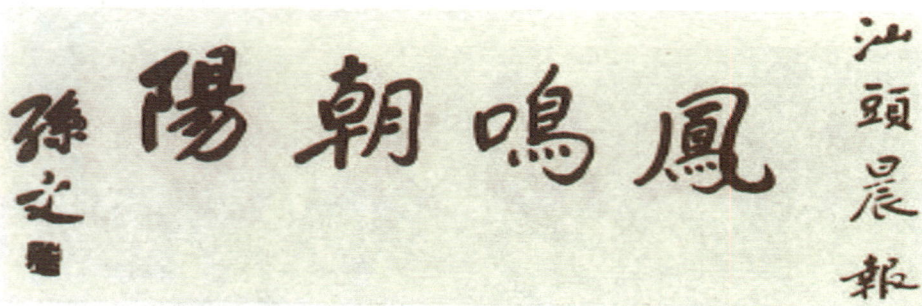

据原件照片，台北、中国国民党
中央委员会党史委员会党史馆藏

为广州大佛寺题词①

（一九二一年）

阐扬三密

孙文题

阐扬三密 孫文題

据影印件，载广州解行学社编印：《解行精舍第一次特刊》，一九三二年出版

---

① 这是孙文参谒大佛寺时，为"佛教阅经社"成立而题的勉词。大佛寺，位于广州市惠福东路，始建于南北朝时期，初名新藏寺，后易名福田庵、龙藏寺，清康熙年间复改名大佛寺，相沿至今。该题词于"文化大革命"期间遭破坏，后按原状修复，题匾悬挂于寺庙大殿门前。

为林国英题词①

（一九二一年）

博　爱

伟侯先生属

孙文

据原件照片，台北、中国国民党
中央委员会党史委员会党史馆藏

---

① 林国英，字伟侯，广东饶平人。一八七九年生。一九○五年留学日本，入东京法政大学，旋加入同盟会。次年冬回国，襄助许雪秋谋划黄冈起义。一九一一年参与光复潮汕。一九一三年任国民党潮汕支部交通部部长。一九二一年当选广东省议员。一九二四年被孙文委派为潮州善后委员会委员，大兴地方公益事业。一九二一年当选省议员期间，力主禁赌，孙文特题词嘉奖。

为中国红十字会番禺分会题词①

（一九二一年）

博　爱

孙文（印）

据原件，江门市红十字会藏

---

① 一九二一年，孙文在广州建立政权，决定举兵北伐。宋庆龄与何香凝为发动妇女组成"出征军人慰劳会"，分别担任会长、总干事，并组织番禺县红十字会十余人成立救护队，随军进行战事救护。孙文欣然为之题写"博爱"二字，用以表彰。

为吴汝功题颂^①

（一九二二年二月）

大总统（印）为寿民吴汝功题颂

耆年硕德

中华民国十一年二月立

据海南省海口市永兴镇美梅
村寿民吴汝功石匾牌坊石刻

---

① 此系一九二二年二月大总统孙文为海口市美梅村寿民吴汝功题颂，内务部总长陈炯明批示琼山县县长吴邦安立坊。石匾正反面均镌刻着孙文题字，字为阴刻行书，每字约四十五厘米见方。

题朱执信墓碣①

（一九二二年四月一日）

民国十一年

朱执信先生墓

孙文敬题（印）

据墓碑石刻照片

---

① 朱执信，原名大符，字执信，祖籍浙江萧山。一八八五年生于广东番禺（今广州）。一九〇四年官费留学日本，结识孙文、廖仲恺等。次年八月，被选为同盟会评议部议员兼书记，在《民报》上发表系列文章，阐释革命理论。一九〇七年回国，以学堂为掩护，秘密从事革命活动，先后参与广州新军起义、黄花岗起义。广东光复后任军政府总参议、审计院院长、广阳军务处督办等职。"宋案"发生后，力主武装讨袁，后加入中华革命党。一九一七年南下护法。次年到上海，编撰《星期评论》、《建设》，重释三民主义，赞扬俄国革命。一九二〇年九月二十一日，在虎门遇难。朱执信原葬于广州市沙河泗马岗，一九三六年迁葬竹丝岗，即今执信路执信中学内。墓后有墓表，高五米，正面刻红字"朱执信先生墓表　汪兆铨题、汪兆铭撰并书"，其余三面刻朱氏生平事迹，千余字，落款为"中华民国十一年四月一日"，孙文题词日期据此而定。

为《五权宪法草案》题签①

（一九二二年六月十二日）

五权宪法草案

民国十一年六月十二日

孙文书（印）

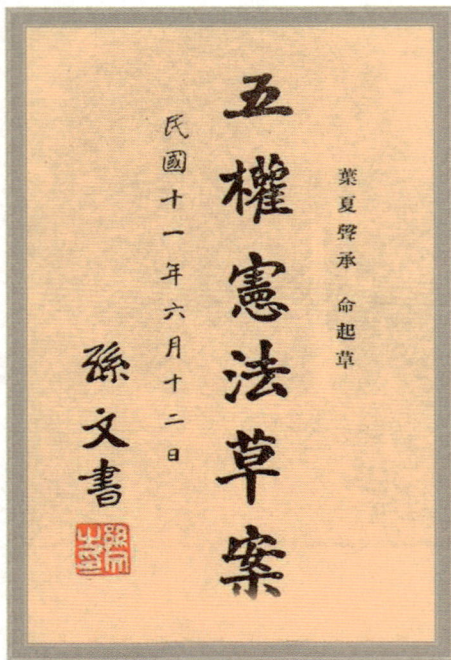

据影印件，载叶夏声承命起草：《五权宪
法草案》，上海，不言禄斋一九三二年出版

---

① 叶夏声于民国初年多次担任孙文秘书，及任广东公立法政学校校长等职，又随孙文到广州担任国会非常会议议员。一九二二年五月三十一日，叶夏声根据孙文嘱托撰成《五权宪法草案》，孙文于六月二十日为该书题签。孙文原有在广东实行五权宪法之意，旋因陈炯明部兵变搁置。该书在孙文生前并未问世，至一九三二年始由上海不言禄斋出版。

为何侠题词①

（一九二二年夏）

预备杀贼

时杰先生

孙文题（印）

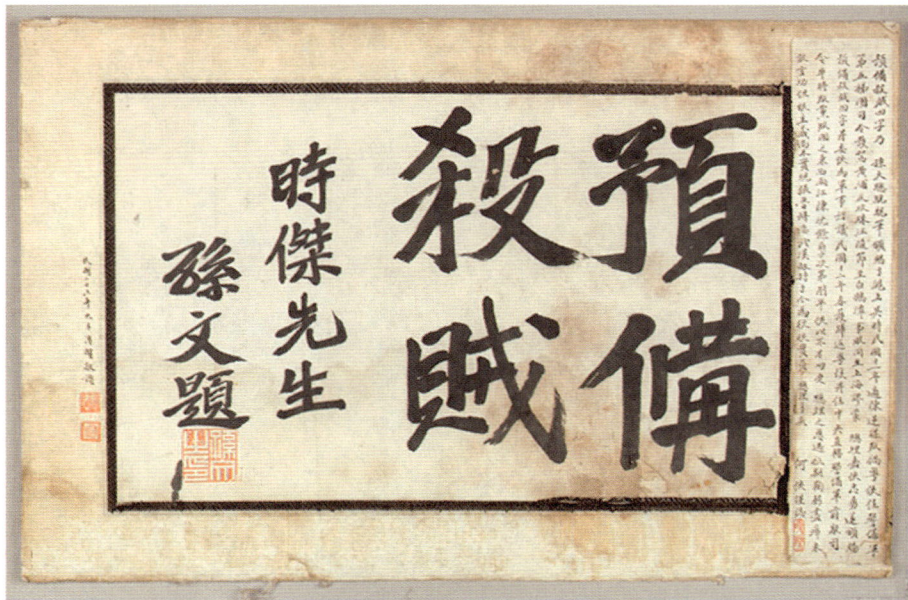

据原件，北京、中国国家博物馆藏

---

① 何侠，字时杰，号十年磨剑室主，广东大埔人。一八九一年生。一九一一年加入同盟会。一九一六年到云南讲武堂学习。一九二一年任孙文总统府上校参议。后以大元帅府直辖讨贼军第二师师长率部参加平定陈炯明部叛变。

题赠仰光洪门武帝庙①

（一九二二年夏）

天下为公

据黄馥生：《缅甸华侨与辛亥革命》，载中国人民政治协商会议广东省委员会文史资料研究委员会编：《华侨沧桑录》，广州，广东人民出版社一九八四年十二月出版

---

① 一九二二年六月，陈炯明部发动武装叛乱，孙文命黄馥生赴缅甸募集讨陈军费，新题"天下为公"、"博爱"字幅各十件，备作答谢侨胞义捐之用。仰光洪门机关"武帝庙"率先响应，捐资一万元，因此荣获此字幅。

题赠仰光三合会建德堂^①

（一九二二年夏）

天下为公

据黄馥生：《缅甸华侨与辛亥革命》，载中国人民政治协商会议广东省委员会文史资料研究委员会编：《华侨沧桑录》，广州，广东人民出版社一九八四年十二月出版

---

① 建德堂，缅甸华侨福建三合会机关堂号。因支持孙文讨伐陈炯明，捐资四千元而荣获此字幅。

题赠宋庆龄勉词①

（一九二二年秋）

精诚无间同忧乐

笃爱有缘共死生

庆龄贤妻鉴

孙文

据原件，上海、孙中山故居纪念馆藏

---

① 宋庆龄，教名露瑟萝，学名罗莎蒙德，广东文昌（今属海南）人。一八九三年生。一九〇八年留学美国。一九一四年任孙文英文秘书，次年与孙结为伉俪，成为孙的忠实助手。一九二四年支持改组国民党，实行国共合作。孙文逝世后，致力维护三民主义和三大政策。孙文、宋庆龄在一九二二年六月陈炯明部发动广州兵变后面临生离死别，此系脱险到上海重聚后孙文题赠宋庆龄的联句。

为上海求是中学五周年纪念题词①

（一九二二年九月初）

求是中学五周〈年〉纪念

实事求是

孙文

据《谨谢孙大总统赐字》，载一九二二
年十月五日上海《民国日报》第一版

---

①　此件系孙文应求是中学校长陶雪生之请而题。

为《求是新报》出版题词①

（一九二二年九月初）

求是新报出版

明辩笃行

孙文

据《谨谢孙大总统赐字》，载一九二二年十月五日上海《民国日报》第一版

———————

① 《求是新报》系求是中学校刊，校长陶雪生兼任该报经理。

题崇明第四高等小学校训①

（一九二二年九月中旬）

行易知难

据《孙总统题字训勉学校》，载一九二二年九月二十二日上海《民国日报》第八版

---

① 此件系孙文应该校校长沈汝梅的函请而题复。

为蓝璧如六十寿庆题颁

（一九二二年九月二十五日）

寿

据《恭谢孙大总统题颁寿字》，载一九二
二年九月二十七日上海《民国日报》第一版

为大埔旅沪同乡会题匾①

（一九二二年十月二日）

天下为公

据《恭谢孙大总统赐匾》，载一九二二年十月三日上海《民国日报》第一版

① 此件系孙文为大埔旅沪同乡会成立题祝，同时派代表谢良牧到会致祝。

为南洋甲种商业学校题匾

（一九二二年十月五日）

南洋甲种商业学校

均则无贫

孙文（印）　

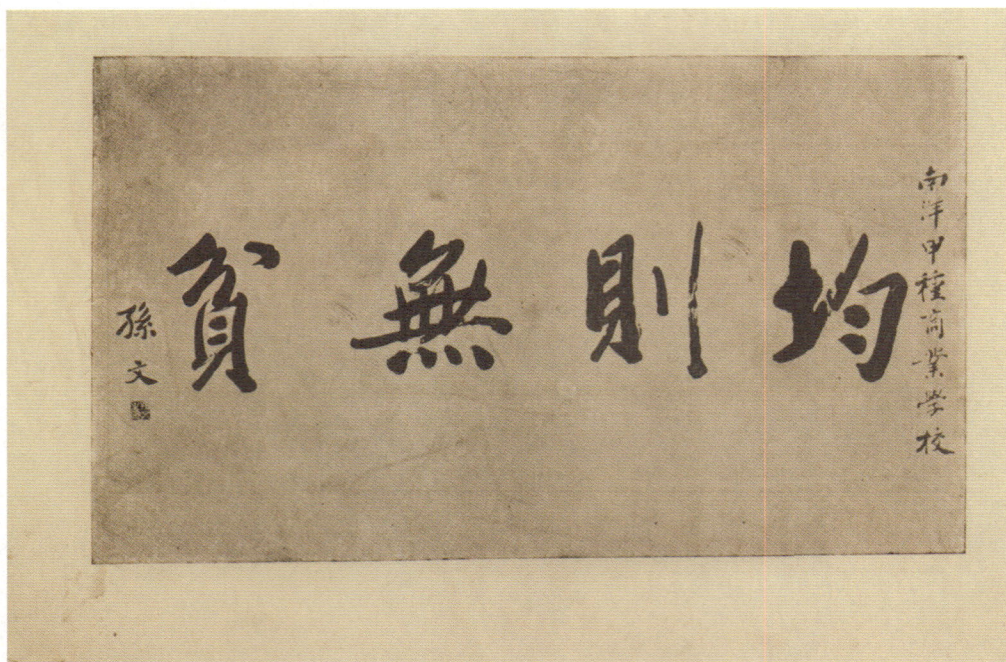

据影印件，载《南洋高级商校年刊》，一九二三年出版

为杨富臣母六十寿庆题颁①

（一九二二年十月初）

寿

据《恭谢孙大总统题颁寿字》，载一九二
二年十月三日上海《民国日报》第一版

---

① 杨富臣登报云："家慈六秩寿辰，孙大总统特派代表谢良牧、何司令侠赍送亲书寿字一幅，特用登报，谨申谢悃。"

为中国心灵研究会题词

（一九二二年十月十八日）

中国心灵研究会

革心为本

孙文题（印）

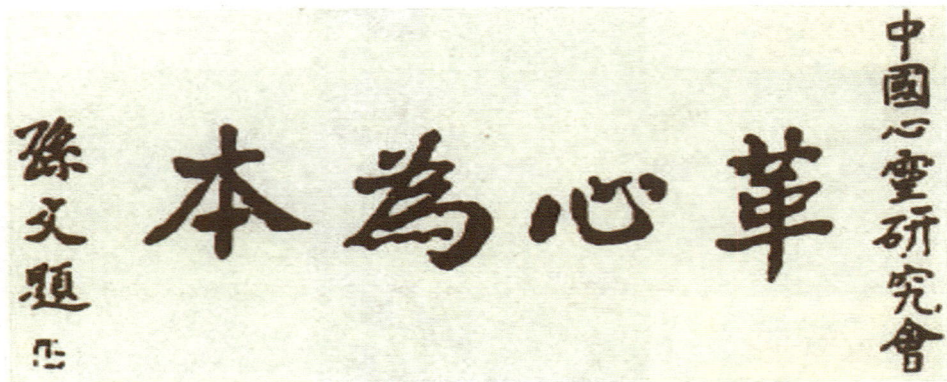

据影印件，载上海《国画时报》
一九二五年十月十一日第二七一号

题赠缅甸《觉民日报》（一）①

（一九二二年十月）

南天一帜

题赠觉民日报

孙文

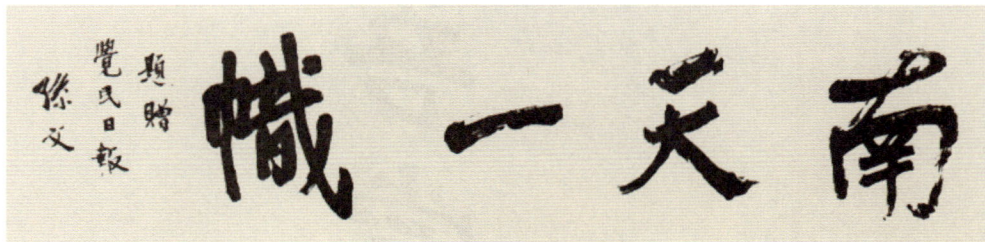

据影印件，台北、中国国民党
中央委员会党史委员会党史馆藏

---

① 同盟会缅甸支部于一九一一年春在仰光创办机关报《缅甸公报》，民国成立后改名《觉民日报》。党史馆所藏孙文题赠该报的"南天一帜"及"吾党喉舌"两幅题词系剪报原件，惟未注明日期。据一九二二年十月十七日孙文致《觉民日报》函，此二件当为其前后所题。

题赠缅甸《党民日报》（二）

（一九二二年十月）

吾党喉舌

孙文（印）

吾党喉舌

孙文

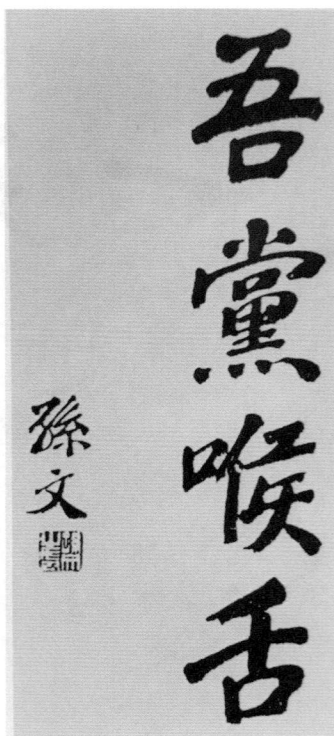

据影印件，台北、中国国民党
中央委员会党史委员会党史馆藏

题赠张人杰联

（一九二二年十一月中旬）

静江二兄雅属

满堂花醉三千客

一剑霜寒四十州

孙文（印）

据原件，浙江省湖州市南浔
镇张静江故居（尊德堂）藏

为张人杰题词（一）

（一九二二年十一月中旬）

静江二兄雅属

丹心侠骨

孙文（印）

据原件，浙江省湖州市南浔镇张静江故居（尊德堂）藏

为张人杰题词（二）

（一九二二年十一月中旬）

百折不回

孙文（印）

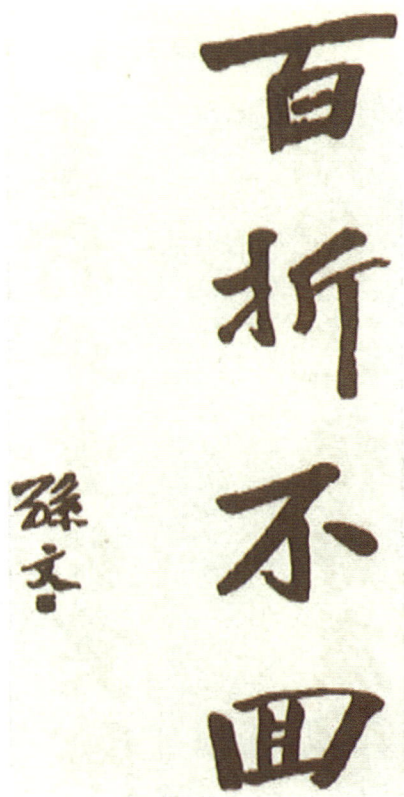

悼伍廷芳挽词①

（一九二二年十一月二十六日）

天不慭遗

据《中外人士纷吊伍公》，载一九二二年
十一月二十七日上海《民国日报》第十版

---

① 伍廷芳，字文爵，号秩庸，广东新会人。一八四二年生于新加坡。早年留学英国，入李鸿章幕府。一八九六年任清廷出使美国、日斯巴尼亚（西班牙）、秘鲁大臣。一九〇二年回国，历任修订法律大臣、会办商约大臣、外务部侍郎、刑部右侍郎等职，复出使美、墨、秘、古等国。辛亥革命后，任南方民军外交总代表和议和总代表，进行南北议和。民元任南京临时政府司法总长。一九一六年任段祺瑞内阁外交总长。一九一七年代理国务总理，旋南下护法，历任护法军政府外交部长、政务总裁、广东省省长等职，一九二二年六月二十三日在广州病逝。上海各界于一九二二年十一月二十六日在戈登路（今江宁路）三号伍廷芳寓所举行伍廷芳追悼会，孙文亲往致祭并送挽幛。

悼伍廷芳挽额①

（一九二二年十二月十七日）

人亡国瘁

据《伍公廷芳追悼大会纪》，载一九二二
年十二月十八日上海《民国日报》第十版

---

① 是日，上海寰球中国学生会、广肇公所等团体在新舞台举行伍廷芳追悼大会，到会八
千多人。孙文致送挽额，悬挂会场正中。

为《无锡指南》题签①

（一九二二年十二月）

无锡指南

孙文（印）

据影印件，台北、中国国民党
中央委员会党史委员会党史馆藏

① 《无锡指南》，薛明剑主编，一九一九年七月初版，一九二二年曾改用孙文的题签作封面再版。

为《无锡指南》题字

（一九二二年十二月）

沿革形势

孙文（印）

沿革形势

孙文

据影印件，台北、中国国民党
中央委员会党史委员会党史馆藏

挽张荆野联①

（一九二二年十二月）

字符晋魏　才迈齐梁　每逢翠盖遥临　青眼高歌望吾事

据张振杰：《孙中山和他的秘书张荆野》，
载一九八八年七月十六日北京《团结报》

---

① 张荆野，字凤巢，号石渠、翼珍，湖北黄冈人。一八六四年生。一九一二年任南京临时政府孙文秘书，一九二二年十二月去世，孙文亲书挽联于白绫上，派代表献于灵前。今仅存上联，下联缺佚。

为上海中华武术会题匾

（一九二二年）

民国十一年

尚武楼

孙文题（印）

据影印件，载佚名编：《总理遗墨》，十开线装本，出版时间不详，广州、广东省社会科学院图书馆藏

书赠杨庶堪《礼运·大同篇》①

（一九二二年）

　　大道之行也　天下为公　选贤与能　讲信修睦　故人不独亲其亲　不独子其子　使老有所终　壮有所用　幼有所长　矜寡孤独废疾者皆有所养　男有分　女有归　货恶其弃于地也不必藏于己　力恶其不出于身也不必为己　是谋闭而不兴盗窃乱贼而不作　故外户而不闭　是谓大同

孙文（印）

据原件，上海、上海博物馆藏

---

　　① 杨庶堪，字沧白，晚号邠斋，四川巴县人（今属重庆）。一八八一年生。一九〇三年发起组建重庆革命小团体"公强会"，创办《广益丛报》。一九〇五年参加同盟会，建立重庆同盟会支部。一九一一年任蜀军政府高等顾问。一九一四年任中华革命党政治部副部长。护法运动期间历任四川省省长、财政部部长、广东省省长等职。

为《交通大学技击十周年纪念册》题词[①]

（一九二二年）

强国强种

孙文题

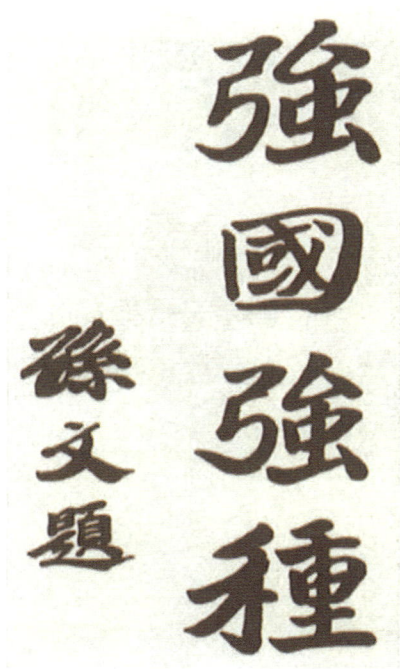

据影印件，载本书编纂委员会编：《上海交通大学志》，上海，上海交通大学出版社一九九六年三月出版

---

① 一八九六年清廷在上海创办南洋公学，民国成立后北京临时政府改校名为"交通部上海工业专门学校"，一九二一年又合并南北四校改称"交通大学"。一九二二年该校出版《交通大学技击部十周年纪念册》，请孙文题词。

为文天祥墨迹题签①

（一九二二年）

文信国公真迹

孙文（印）

据影印件，载《中山墨宝》编委会编：《中山墨宝》第
十卷《题词》，北京，北京出版社一九九六年一月出版

---

① 文天祥，字宋瑞、履善，号文山，江西吉水（今吉安）人。一二三六年生。任南宋江
西赣州知州、江苏平江（今苏州）知府，旋拜右丞相，封信国公。一二七七年率兵入赣，抵抗
元兵。次年被执，囚于大都（今北京），誓死不屈，作《正气歌》、《过零丁洋》以明志。

为上海民国女子工艺学校题签

（一九二二年）

民国女子工艺学校

孙文题

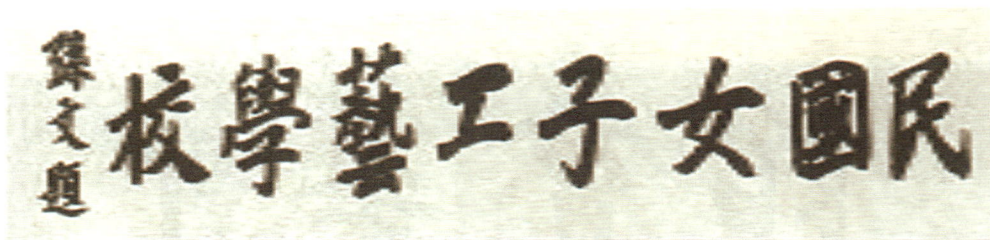

据影印件，载《中山墨宝》编委会编：《中山墨宝》第十卷《题词》，北京，北京出版社一九九六年一月出版

为中华会馆题匾

（一九二二年）

民国十一年

中华会馆

孙文（印）

据原件照片，台北、中国国民党
中央委员会党史委员会党史馆藏

为中华书院题签

（一九二二年）

中华书院

民国十一年

孙文题（印）

据原件照片，台北、中国国民党
中央委员会党史委员会党史馆藏

为周寿君六秩荣庆题贺①

（一九二二年）

寿君先生六秩荣庆

寿

孙文敬祝（印）

据原件照片，台北、中国国民党
中央委员会党史委员会党史馆藏

---

① 周寿君系周仲良之父。周仲良，名培梓，以字行世，贵州黎平人。约于一八八五年生。早年在日本早稻田大学肄业，加入中国同盟会。一九一一年任南京中国同盟会本部干事。一九一七年任广州护法军政府秘书处秘书。一九二三年三月，任广州大元帅府秘书处秘书。

为杨仙逸题词①

（一九二二年）

仙逸先生属

天下为公

孙文（印）

据冯焯南、李旭昭、周孟郎：《孙逸仙与
杨仙逸》，载陈占勤、郑金钻主编：《中
山市孙中山研究会会刊——孙中山诞辰
一二〇周年纪念》，一九八六年十一月出版

① 杨仙逸，字学华，号铁庵，夏威夷华侨，祖籍广东香山（今中山市）。一八九一年生。
早年在美国攻读航空专业，一九一七年回国组建国民飞行队。一九二三年任广州大元帅府航空
局局长兼飞机制造厂厂长。

题李纪堂母凌太夫人像赞[①]

（一九二二年）

李母凌太夫人像赞

时惟贤母　荣烈有章
胤嗣多才　为世之良
揆厥由来　受兹义方
缅想徽音　遗像在堂

孙文敬题

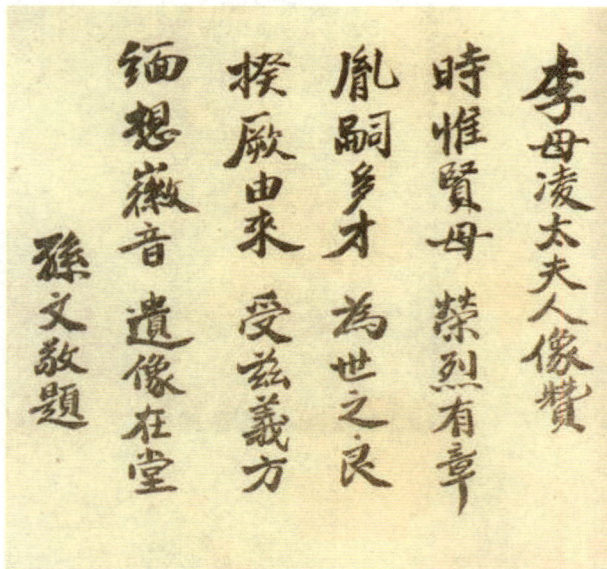

据影印件，载《哀思录》，李安仁堂一九二三年刊送

---

① 李纪堂，名柏，又名宝伦，号纪堂，广东新会人。一八七三年生。香港富商李陞之子，后任李安仁堂东主。一九〇〇年加入兴中会，资助革命，后经营农场，创办书院，鼓吹革命，并成立采南歌剧社，由陈少白编剧，开革命戏剧之先河。黄花岗起义失败后营救被捕的革命党人。武昌起义后，策动广州水师提督李准起义。广东和平光复后，任广东军政府交通司长。民国成立后曾任县长。

为成济安题词①

（一九二二年）

济安先生属

天下为公

孙文（印）

据原件，上海、崇源艺术品拍卖有限公司（二〇一一金秋拍卖会）藏

---

① 成济安，原名国屏，别名惜侬，湖南湘乡人。生年不详。早年留学日本加入同盟会，武昌起义后率众光复苏州，旋任南京临时政府宪兵司令等职。"二次革命"讨袁失败后，在新加坡等地创办革命报章。一九二〇年任广州中华民国政府军务处副处长。一九二二年，孙文为联结张作霖反对直系军阀，特派成济安为驻奉专使，此题词即为赴奉天前所书赠。

为何侠题词①

（一九二二年）

博　爱

孙文（印）

据原件，北京、中国国家博物馆藏

---

① 何侠为老同盟会会员，曾任广州大本营军事咨议。两侧文字为何侠后来所书，全文如下："此'博爱'乃中山先生在上海蒙难时亲笔所赐，距今三十余年，抚今思昔，不胜感慨，特书数字以志纪念。辛亥革命老人大埔何侠"。

题　词

（一九二二年至一九二三年间）

嘉惠士林

孙文（印）

据影印件，北京、宋庆龄故居藏

为《南洋周刊》题签^①

（一九二三年一月一日）

南　洋

孙文

据影印件，载上海《南洋周刊》
一九二三年一月一日第二卷第一号

---

①　一九二二年七月，交通大学分成两校，改名为"交通部南洋大学"（上海）和"交通部唐山大学"。前者出版《南洋周刊》，并请孙文为第二卷第一号题签。

书蒋介石联句（一）①

（一九二三年一月二十日）

介石吾弟撰句属书

養天地正气

法古今完人

民国十二年一月

孙文（印）

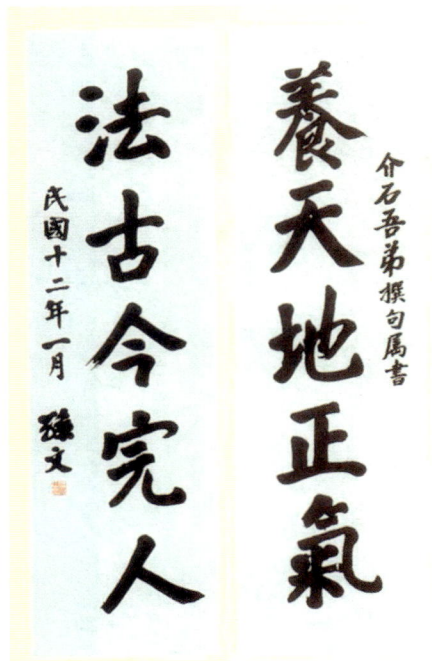

据影印件，载谭延闿编：《总理遗墨》第二辑，一九三〇年一月出版

---

① 蒋介石所撰联句共三则，系蒋氏游览鼓浪屿时乘兴自题自勉之警句。是日，蒋在上海请孙文为之笔书，携回奉化溪口老家悬挂。

书蒋介石联句（二）

（一九二三年一月二十日）

介石吾弟撰句属书

从容乎疆场之上

沉潜于仁义之中

民国十二年一月

孙文（印）

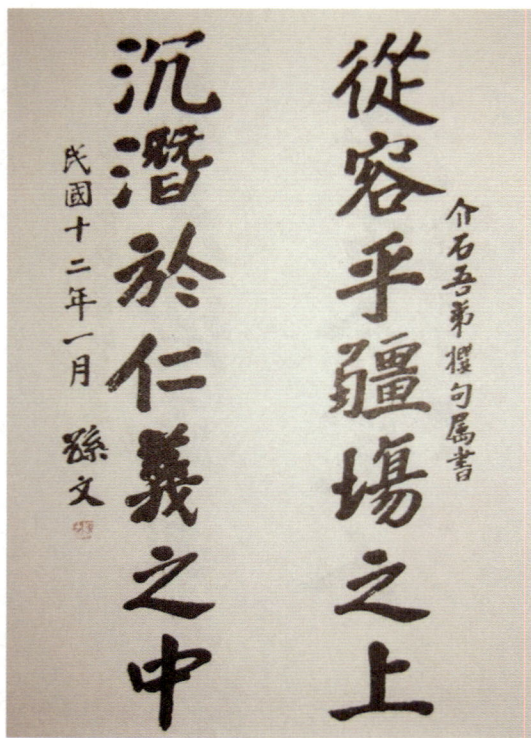

据影印件，载谭延闿编：《总理遗墨》第二辑，一九三〇年一月出版

书蒋介石联句（三）

（一九二三年一月二十日）

介石吾弟撰句属书

穷理于事物始生之处

研几于心意初动之时

民国十二年一月

孙文

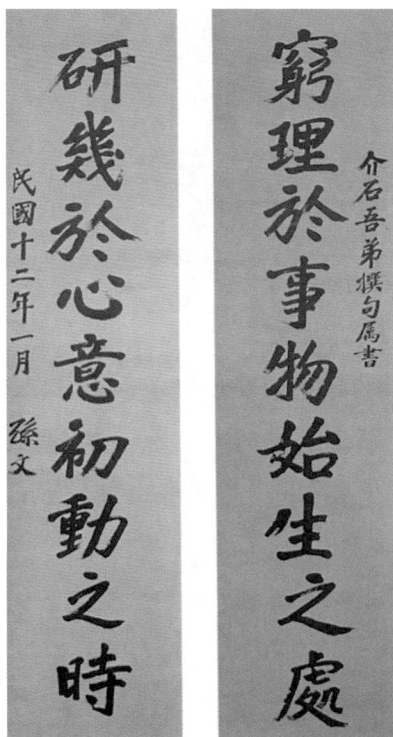

据影印件，载谭延闿编：《总理遗墨》第二辑，一九三〇年一月出版

赠别蒋介石联①

（一九二三年一月二十日）

书赠介石我兄

大道之行

天下为公

孙文

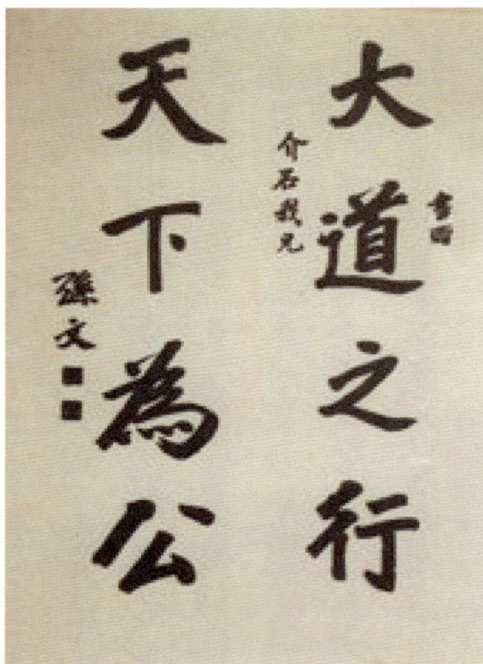

据影印件，载谭延闿编：《总理遗
墨》第二辑，一九三〇一月出版

---

① 这是书录蒋介石撰句之后，另行题赠的字幅，共两则。

书赠蒋介石联①

（一九二三年一月二十日）

英士集古句赠别介石

安危他日终须仗

甘苦来时要共尝

孙文怀旧感录（印）

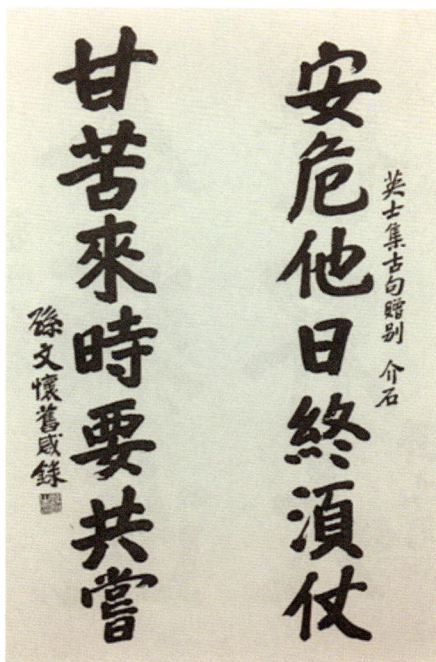

据影印件，载谭延闿编：《总理遗墨》第二辑，一九三〇年一月出版

---

① 是时，蒋介石坚辞孙文所委要职，拒绝率兵回粤作战，请求还乡赋闲，孙文无奈，特题联赠别。

题赠戴季陶联

（一九二三年一月）

季陶兄属

人类进化

世界大同

孙文（印）

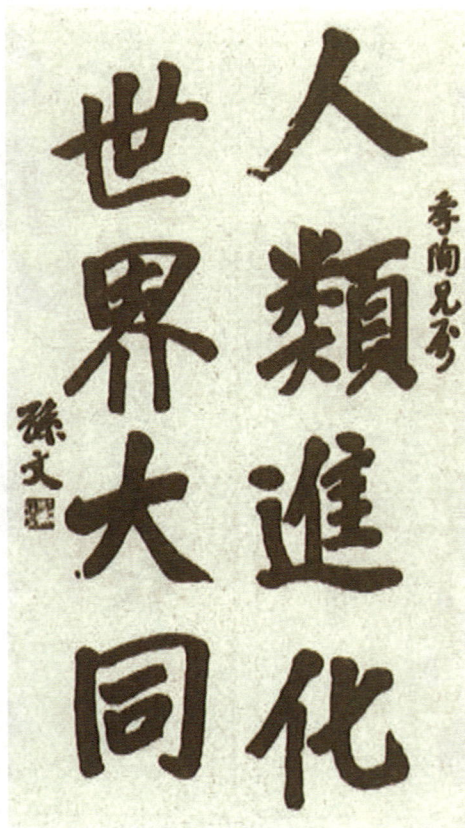

题赠太田宇之助①

（一九二三年一月）

太田先生

天下为公

孙文（印）

据原件，日本东京都太田记念馆藏

---

① 太田宇之助是时奉调回国，行前到孙文寓所辞行，请求题词纪念。孙文当晚题写，次日凌晨六时遣人送达。太田如获至宝，深为感动。

为大连《新文化》杂志题词①

（一九二三年二月八日刊载）

新文化杂志出版

宣传文化

孙文（印）

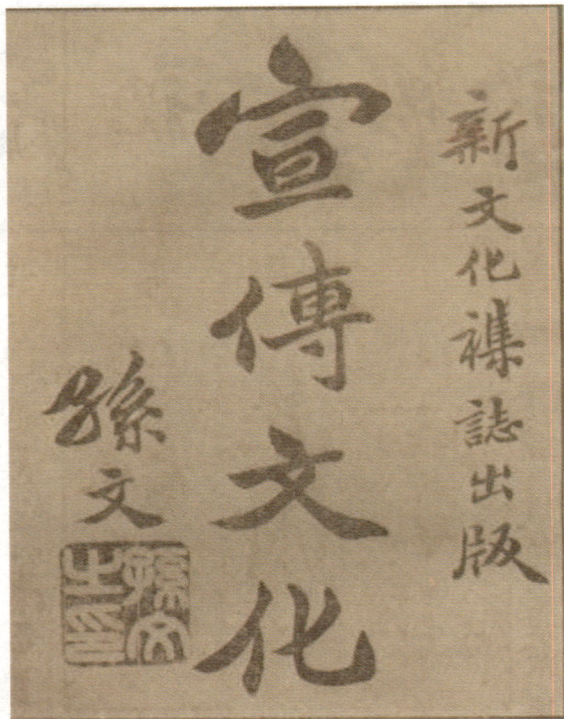

据《题词汇载》，载大连《新文化
杂志》一九二三年二月八日创刊号

---

① 大连《新文化》，月刊。创办人傅立鱼，早年留学日本时与孙文结识，加入同盟会。民国成立后到南京临时政府外交部任职，后在天津主编《新春秋报》，鼓吹反袁等。

为邓荫南遗像题词①

（一九二三年二月）

爱国以命　爱党以诚

家不遑顾　老而弥贞

载瞻遗像　犹怀友声

孙文敬题

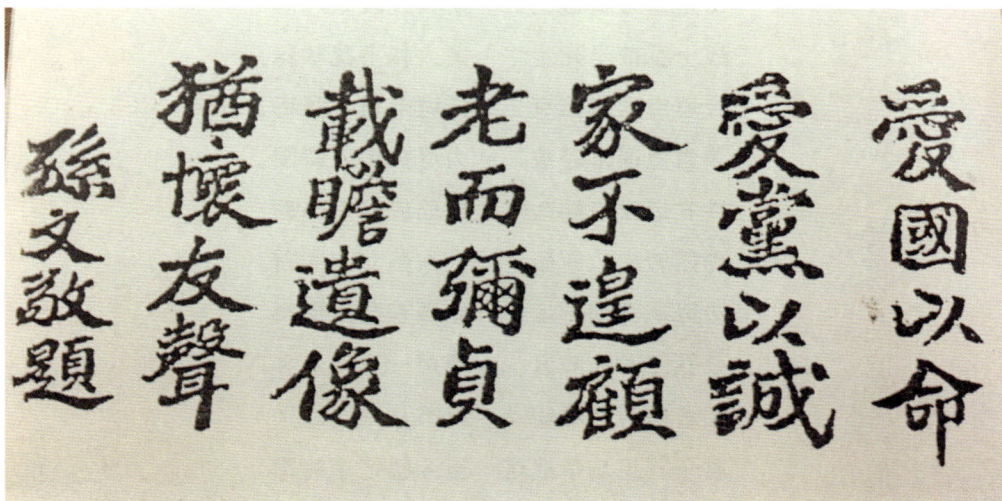

据影印件，载宋谭秀红、林为栋：《兴中会五杰》，台北，侨联出版社一九八九年九月出版

---

① 邓荫南于一九二三年二月五日在澳门逝世，孙文下令追赠其为陆军上将衔，给银千元治丧，并为遗像题词。

书赠胡汉民《燕歌行》①

（一九二三年二月）

汉家烟尘在东北	汉将辞家破残贼
男儿本是重横行	天子非常赐颜色
拟金伐鼓下榆关	旌旗逶迤碣石间
校尉羽书飞瀚海	单于猎火照狼山
山川萧条极边土	胡骑凭陵杂风雨
战士军前半死生	美人帐下犹歌舞
大漠穷秋塞草衰	狐城落日斗兵稀
身当恩遇常轻敌	力尽关山未解围
铁衣远戍辛勤久	玉筋应啼别离后
少妇城南欲断肠	征人蓟北空回首
边风飘飘那可度②	绝域苍茫更何有
杀气三时作阵云	寒声一夜传刁斗
相看白刃血纷纷③	死节从来岂顾勋
君子不见场争战苦④	至今犹忆李将军

---

　　① 胡汉民，原名衍鸿，字展堂，晚号不匮室主，广东番禺（今广州）人。一八七九年生。早年留学日本，一九〇五年加入同盟会，任评议部议员、书记部书记，先后参与黄冈、镇南关、河口、广州起义和黄花岗之役。曾主持新加坡《中兴日报》，担任香港同盟会支部长。广东光复后任广东都督，旋任南京总统府秘书长。一九一四年任中华革命党政治部部长，主编《民国》杂志。一九一七年任护法军政府交通部长。一九二一年任非常大总统府参议。一九二四年参与国民党改组。孙文逝世后，背弃三大政策，成为国民党右派首领，历任国民党中央政治会议主席、国民政府主席、立法院院长等职。《燕歌行》为唐朝诗人高适所作，流传抄本不一，孙文所录，与《高常侍集》有多处不同。现随文注出。

　　② 边风飘飘那可度，《高常侍集》作"边风飘摇那可度"。

　　③ 相看白刃血纷纷，《高常侍集》作"相看白刃雪纷纷"。

　　④ 君子不见场争战苦，《高常侍集》作"君不见沙场征战苦"。

开元二十六年，客有从元戎出塞而还者，作《燕歌行》以示，适感征戍之事，因而和焉。

民国十二年二月

书赠

展堂志兄正

孙文（印）

据影印件，台北、中国国民党
中央委员会党史委员会党史馆藏

为林树椿题联①

（一九二三年春）

轩甫先生

道因时以立
事惟公乃成

孙文（印）

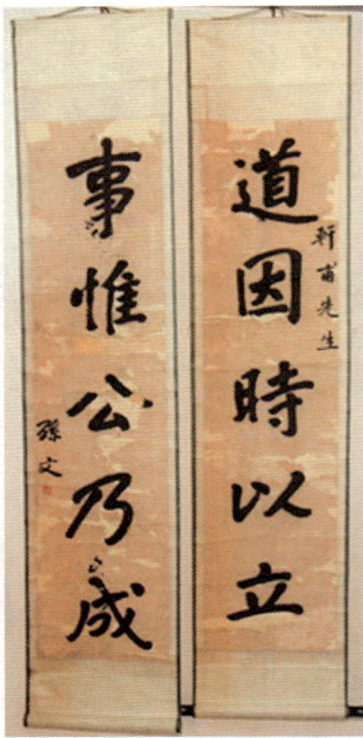

据原件，海口、海南省档案馆藏

---

① 林树椿，字轩甫，海南文昌人。一八九一年生。一九一五年就读湖北武昌中华大学法律科，一九二三年春在广州任大元帅府中文秘书，蒙孙文题赠这副对联以资勉励。二〇一六年，其子林鸿顺兄弟将之捐赠给海南省档案馆。

为韦德题词①

（一九二三年春）

现身说法

据《韦德》，载黄季陆主编：《革命人物志》第五集，台北，中国国民党中央委员会党史史料编纂委员会一九七〇年十月出版

---

① 韦德，广东香山县（今珠海市）人。一九〇〇年生。中华革命党党员。先后在日本、俄国各轮船服务。一九二二年陈炯明部叛变后，组织"讨陈筹饷会"及"旅行演说团"，筹集革命经费，揭露陈逆罪状。一九二三年与叶盈枝、王颂平等组织"民声剧团"，孙文特颁横额以勉之。一九二五年十二月在"比亚士总统号"上刺杀陈逆党羽洪兆麟，并饮弹自戕。

为日本东京《三五》杂志题签①

（一九二三年四月一日）

三　五

孙文题

据影印件，载日本东京《三五》
一九二四年四月一日发行第一期

---

① 《三五》杂志，由中国国民党日本东京支部编辑发行，一九二三年四月一日通过上海《民国日报》报馆在国内发行第一期。孙文为创刊号题签，系三民主义、五权宪法之略称。

题安庆烈士墓额①

（一九二三年四月六日）

建国伟烈

据《本社专电》，载一九二三年
四月七日上海《民国日报》第二版

---

① 安庆烈士墓落成后，订四月六日植树节行祭奠典礼。题词时间，据此酌定。

悼滇军阵亡将士挽额[①]

（一九二三年四月十日）

英灵如在

孙文题

据《滇军追悼阵亡将士记》，载一九二三
年四月十八日上海《民国日报》第六版

---

① 是日，滇军在广州第一公园（今人民公园）集会，追悼护法阵亡将士。孙文致送挽额
和挽联，高悬祭坛中央及左右两侧。

挽滇军阵亡将士联

（一九二三年四月十日）

讨贼矢孤忠　魂兮不朽

为谁易幸福　生者勿忘

据《滇军追悼阵亡将士记》，载一九二三
年四月十八日上海《民国日报》第六版

为钟光传题颁匾额①

（一九二三年五月三十日）

德劭年高

据《大元帅指令第二一七号》，载广州《陆海军大元帅大本营公报》第十四号，一九二三年六月二十九日

---

① 按广州大元帅府《褒扬条例》规定，为民间百岁寿星、节妇、烈妇、贞妇、贤妇以及热心社会公益事业的有功绅耆题颁颂词，同时颁发银质褒章和证书。

题某君像赞

（一九二三年五月）

明德之后　必有达人
卓哉令子　乃绍贤君
庭闱训义　乡党称仁
聿瞻仪范　允式典型

十二年五月

孙文（印）

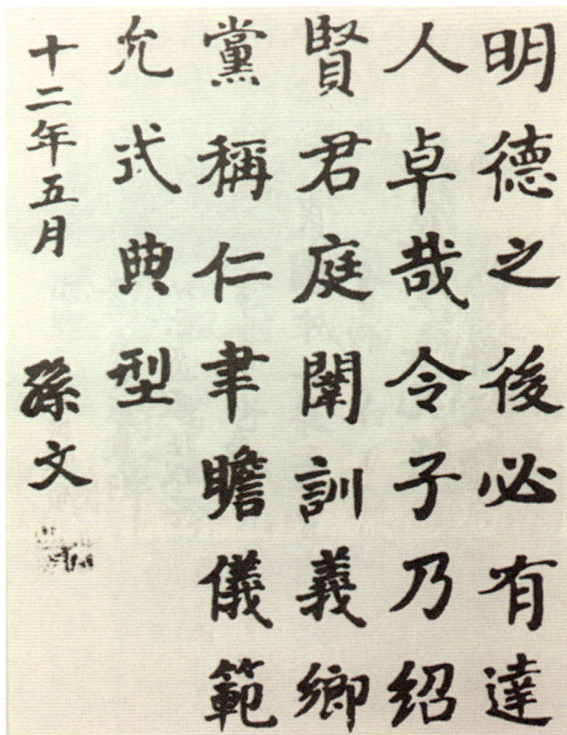

据影印件，台北、中国国民党
中央委员会党史委员会党史馆藏

为寿民陈缉承题颁^①

（一九二三年六月二十日）

共和人瑞

据《大元帅指令第二六九号》，载广州《陆海军大
元帅大本营公报》第十七号，一九二三年六月八日

---

① 陈辑承，广东台山人，年登百岁，经台山县长呈请而蒙题颁，廖仲恺代书。荣获此字幅者，还有王开清（一九二四年三月十九日）、陈黄氏（一九二四年六月十四日）、董姚氏（一九二四年十一月四日）、李能昭（一九二五年一月二十日）等四位百岁寿民。

题赠邓演达联[①]

（一九二三年夏）

泽生同志属

养成乐死之志气

革去贪生之性根

孙文（印）

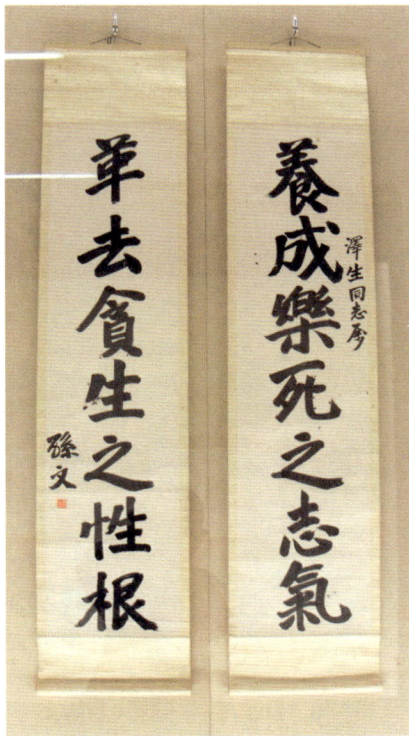

据原件，北京、中国国家博物馆藏

---

① 邓演达，字择（孙文将"择"写为"泽"）生，广东归善（今惠阳）人，一八九五年生。一九二〇年以来历任粤军营长、团长。一九二三年负责广州大元帅府警卫工作。一九二四年任黄埔军校教练部主任，次年任教育长。孙文逝世后，积极维护"三大政策"，一九三一年遭暗杀。

为《一九二三年复旦年刊》题词

（一九二三年七月刊载）

努力前程

孙文题

努力前程

孙文题

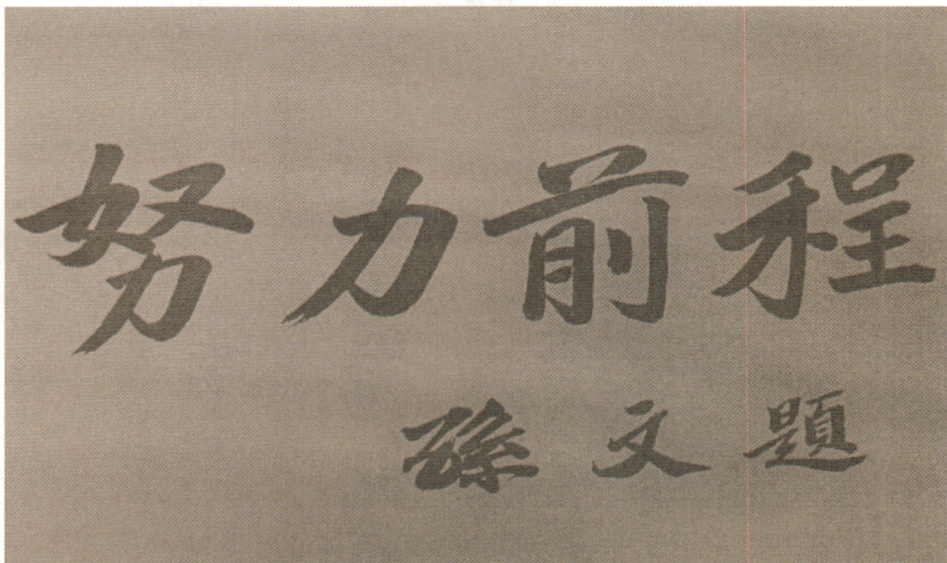

据影印件，载复旦大学编：《复旦年刊》
（中英文对照），一九二三年七月出版

为节妇王严氏题颁①

（一九二三年八月四日）

节孝可风

据《大元帅指令第三六八号》，载广州《陆海军大
元帅大本营公报》第二十四号，一九二三年八月

---

①　孙文还于一九二四年五月十四日将此字幅题颁节妇伍梁氏。

为航空局题词①

（一九二三年八月九日）

航空救国

孙文书（印）

据影印件，录自王延琬：《杨仙逸协助孙中山为航空事业奠基》，载广州市政协文史资料研究委员会编：《广州文史资料》第四十辑，广州，广东人民出版社一九八九年十一月出版

①　航空局由孙文亲自组建，一九二二年在广州设立，委杨仙逸为局长兼飞机制造厂厂长。一九二三年八月九日，航空局自行设计、制造的中国第一架飞机"乐士文"号试飞，孙文偕夫人宋庆龄亲临大沙头观看，题词勉励全局人员。此题词后镌刻于沙河十九路军淞沪抗日阵亡将士陵园内的"广东航空纪念碑"上。

为杨仙逸题词①

（一九二三年八月九日）

仙逸飞行家属

志在冲天

孙文

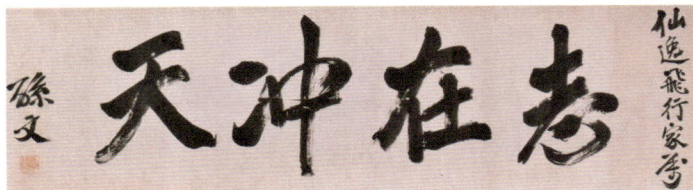

据原件，广州、广州博物馆藏

---

① 此件亦孙文观看"乐士文"号试飞时所题，嘉奖杨仙逸所作的杰出贡献。原件于一九八一年由杨添霭（仙逸子）捐赠给广东省人民政府，由广州博物馆收藏。

为邓黎氏题颁①

（一九二三年九月一日）

贞操可风

据《大元帅指令第四三八号》，载广州《陆海军大元帅大本营公报》第二十八号，一九二三年九月十四日

① 荣获此匾额的还有冯吕氏、李梁氏和李张氏三人，一九二三年十一月六日同时颁发。

为王广发题词①

（一九二三年九月十六日）

工俗善其事

必先利其器

广法我兄　孙文题（印）

中华民国十二年九月十六日

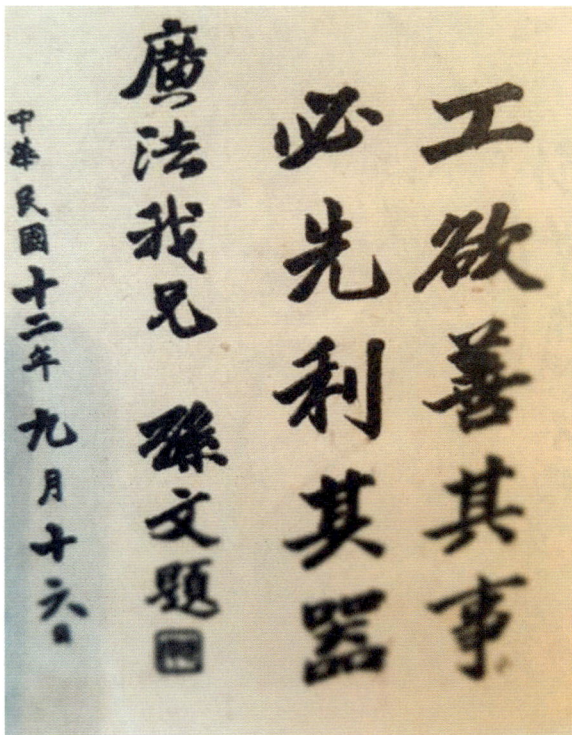

据影印件，王广法之子王颂伟先生提供

---

① 王广发，一九〇五年生，广东香山（今中山市）人。早年追随孙文从事革命活动。孙文将其名"广发"写为"广法"。

为杨仙逸遗像题签①

（一九二三年九月三十日）

杨中将仙逸真容

孙文敬题（印）

据原件照片，中山、孙中山故居纪念馆藏

---

① 杨仙逸于一九二三年九月二十日在广东东江改装水雷时殉难。孙文闻耗，亲赴出事地点视察，旋颁发优恤令，追授陆军中将。此件置于杨仙逸遗像之上。

题暴式彬挽额①

（一九二三年九月）

又弱一个

据《暴式彬》，载黄季陆主编：《革命人物志》第四集，台北，中国国民党中央委员会党史史料编纂委员会一九七〇年六月出版

---

① 暴式彬，字质夫，河南滑县人。一九〇八年加入同盟会。辛亥联络会党谋响应。一九一二年当选河南省议会议员，任孟县县长。袁世凯称帝时，在南阳组织护法军，旋赴陕西三原，任陕西靖国军军法庭长。一九二三年九月八日在上海病逝，孙文闻讯后题写了该词。

为寿妇郑黄氏题颂①

（一九二三年十月一日）

百龄人瑞

据《大元帅指令第四八九号》，载广州《陆海军大元帅大本营公报》第三十二号，一九二三年十月十二日

---

① 郑黄氏，广东遂溪人。一九二四年四月十六日，还将此字幅颁发邓苏氏。

为国民党党员恳亲大会题词①

（一九二三年十月中旬）

革命尚未成功

同志仍须努力

孙文（印）

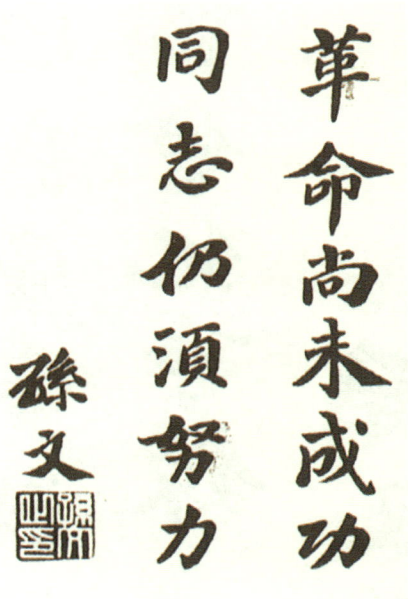

据影印件，载广州《国民党周刊》
一九二三年十一月二十五日第一期

---

① 国民党党员恳亲大会，国民党广东支部发起筹备，一九二三年十月十日至十六日在广州召开，孙文派廖仲恺出席大会并代致训词。此件有多种版本，而最早见诸记载的系为恳亲大会所题，录入《中国国民党党员恳亲大会纪事录》，由《国民党周刊》创刊号首次披露。题书时间多据《国民党周刊》公布之日定为一九二三年十一月二十五日，今据党员恳亲大会召开时间改定。

为《国民党党务讨论会纪事录》题签①

（一九二三年十月中旬）

国民党党务讨论会纪事录

孙文题

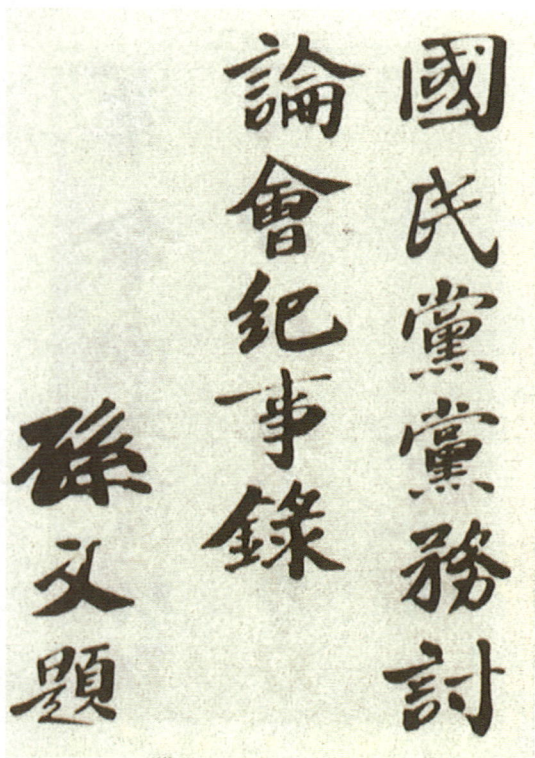

据影印件，台北、中国国民党
中央委员会党史委员会党史馆藏

---

① 国民党党务讨论会，系国民党党员恳亲大会中的一个专题小组，孙文指示设立，专门讨论国民党党务及应兴应革事宜，为国民党改组提供参考意见。

为李仲岳题颂①

（一九二三年十月二十六日）

取义成仁

据《大元帅指令第五五四号》，载广州《陆海军大元
帅大本营公报》第三十五号，一九二三年十一月二日

---

① 李仲岳，广东各界筹赈东、西、北三江办事处押运员。一九二三年十月十五日在押运
赈济物品途中坠水牺牲，孙文特此题颂。

悼尚天德挽额①

（一九二三年十一月十日）

正气浩然

据《尚镇圭君追悼会记》，载一九二三年
十一月十一日上海《民国日报》第十版

---

① 尚天德，字镇圭，陕西大荔人。一八七五年生。一九〇四年留学日本，次年加入同盟会。回国后参与组织西北地区同盟会秘密机关。一九一二年当选国会众议院议员，"二次革命"后参与护国、护法运动。一九二一年南下广州，建议召开国会非常会议、选举非常大总统。一九二三年为抵制曹锟贿选，愤而离京南下，旋在上海病逝。十一月十日，上海举行追悼大会，孙文题写挽额。

为《新建设》创刊号题词①

（一九二三年十一月二十日）

建设新基

孙文题

据上海《新建设》一九二三年十一月第一卷第一期

---

① 《新建设》，月刊，一九二三年十一月在上海发刊，国民党主办，恽代英主编，以宣传国共合作为主旨的理论刊物。

为台山《光大》杂志创刊题签①

（一九二三年十一月）

光　大

孙文

光大

孙文

据《五邑人民的纪念》，载梅伟强、李文强：《五邑华侨与辛亥革命》，北京，中国华侨出版社二〇一二年二月出版

---

①　《光大》系孙文为台山叶氏族刊题写的刊名。

为叶瑞烘题颁[1]

（一九二三年十二月六日）

急公好义

据《大元帅指令第六八六号》，载广州《陆海军大元帅大本营公报》第四〇号，一九二三年十二月七日

---

[1]　叶瑞烘，广东封开县德坊联团团总，在西江讨逆一役中率团征战，并自输家财充军饷，经大本营军政部部长程潜呈报而蒙题颁。

为华侨陆运怀题颁匾额[①]

（一九二三年十二月十一日）

热心教育

据《大元帅指令第七一四号》，载广州《陆海军大元帅 大本营公报》第四十一号，一九二三年十二月十四日

---

① 陆运怀，新加坡华侨，热心华侨教育事业，因捐资兴办吉隆坡"运怀义学校"而蒙题颁，同时授予金色一等褒章。

为寿妇杨欧氏题颁[1]

（一九二三年十二月十一日）

百年人瑞

据《大元帅指令第七一三号》，载广州《陆海军大元帅
大本营公报》第四十一号，一九二三年十二月十四日

---

[1]　杨欧氏，广东顺德人。

为蒋介石母慈庵题匾（一）①

（一九二三年十二月十七日）

蒋母王太夫人慈庵千古

慈云普荫

孙文敬题（印）

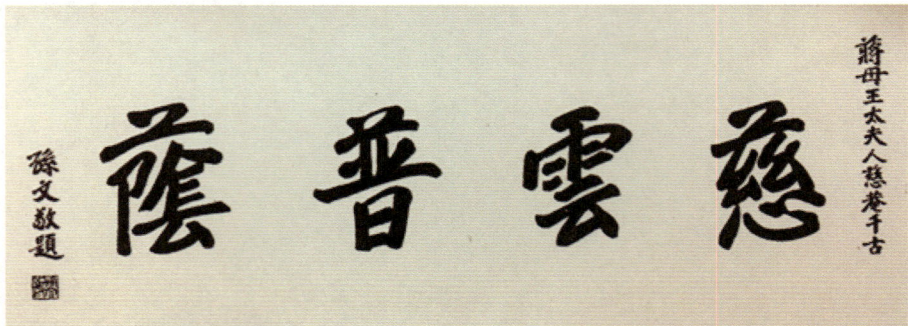

据影印件，载谭延闿编：《总理遗墨》第二辑，一九三〇年一月出版

---

① 蒋母墓庐，名慈庵，新式洋房建筑，一九二三年十二月落成。一九三〇年扩建成包括厅堂五间、住宅四间以及岗亭、卫兵住房等附属设施的大型墓庐。至今保存完好。孙文题匾两幅，悬于厅堂。谭延闿书"慈庵"二字横额，刻于门前。题书时间据墓庐落成日期标定。

为蒋介石母慈庵题匾（二）

（一九二三年十二月十七日）

蒋母王太夫人慈庵千古

为国劬劳

孙文敬题（印）

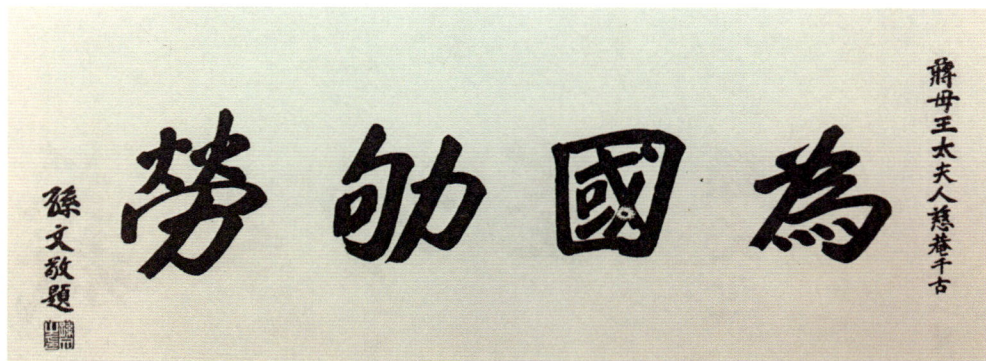

据影印件，载谭延闿编：《总理遗墨》第二辑，一九三〇年一月出版

为王羲之手迹题词①

（一九二三年十二月）

羲之妙墨

孙文题

民国十二年十二月

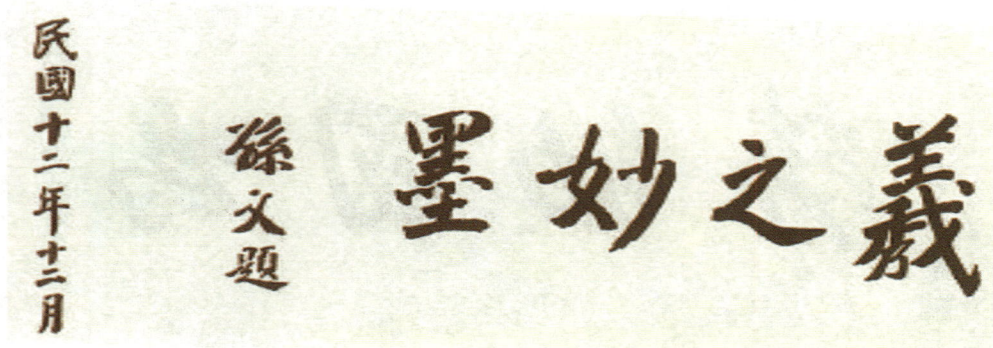

据原件，上海、孙中山故居纪念馆藏

---

① 此件系为杨庶堪收藏的《王右军（羲之）墨宝神品》而题的鉴赏颂词，书于广州。

为华侨青年会创立题词①

（一九二三年）

振民育德

孙文（印）

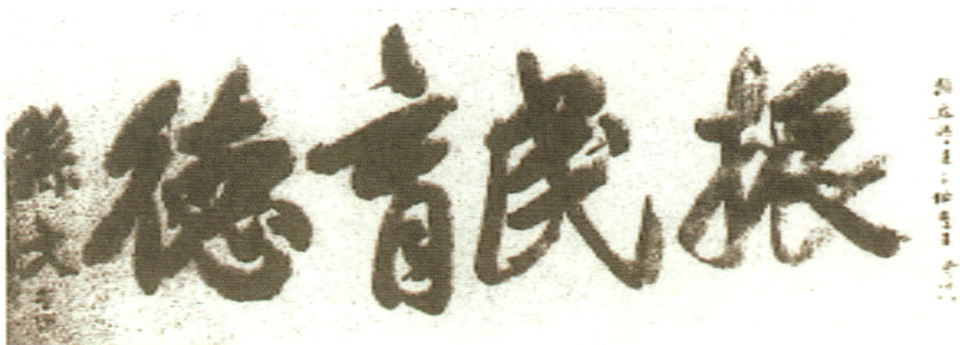

据影印件，载全国政协文史资料研究委员会、中国革命博物馆合编：《孙中山先生画册》，北京，中国文史出版社一九八六年九月出版

---

① 另说系孙文为叶见元题匾额。

为浦在廷食品罐头公司题词①

（一九二三年）

饮和食德

浦在廷兄弟食品罐头公司

孙文（印）

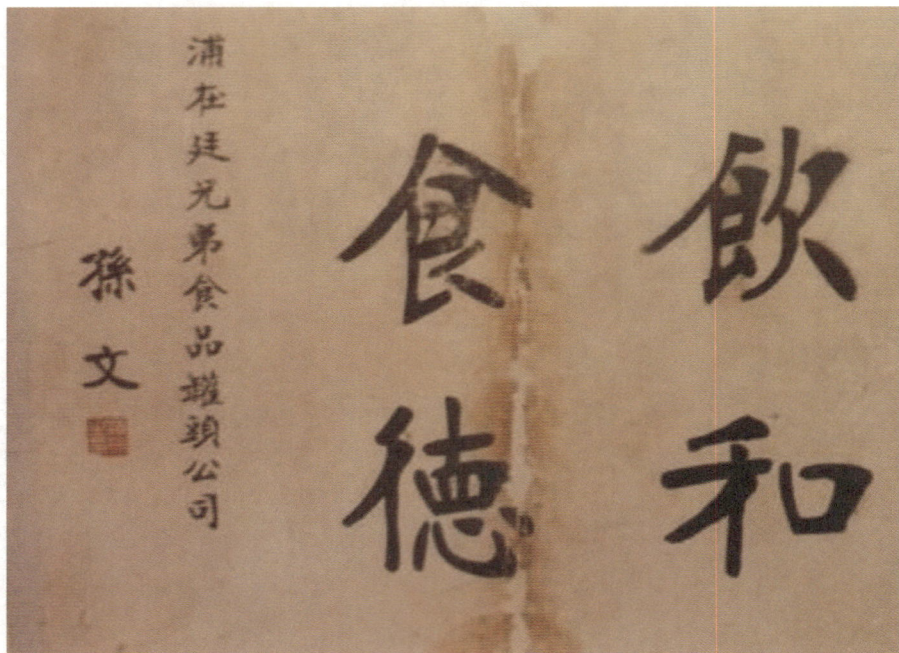

据原件，云南省宣威市文物管理所藏

---

①　一九二三年，浦在廷食品罐头公司所产宣威火腿，荣获广州名特产品赛会优美奖章，孙文为此题词褒奖。浦在廷，云南宣威人，一八七一年生。中国近现代杰出的民族工商业家，宣威火腿百年品牌的奠基者，支持孙文领导的革命事业。

为刘殿生寿诞题词①

（一九二三年）

百年长乐

集校官碑字　敬祝

殿生同志兄六秩晋一荣寿

孙文（印）

据原件照片，中山、孙中山故居纪念馆藏

---

① 刘殿生，名有佳，字冠珍，美国旧金山华侨，祖籍广东香山县（今中山市）。一八六三年生。同盟会会员。辛亥革命后在上海创办"香亚香水有限公司"，一九二三年被孙文委任为国民党上海第一分部党务科主任。该题词系孙文请林直勉代笔，原件于一九五七年由刘氏长子刘汉南捐赠中山市孙中山故居纪念馆。

为佐佐木到一题词①

（一九二三年）

孔子曰大道之行也天下为公

佐佐木到一先生属

孙文（印）

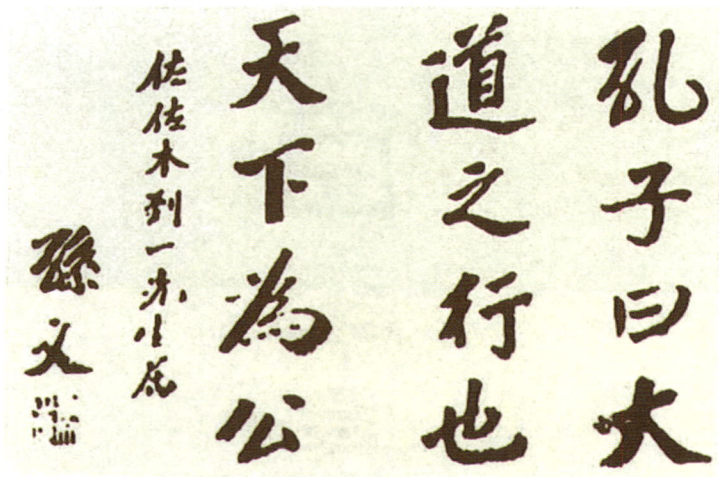

据影印件，载《中山墨宝》编委会编：《中山墨宝》
第十卷《题词》，北京，北京出版社一九九六年一月出版

---

① 佐佐木到一，日本福井县人。一八八六年生。一九〇五年毕业于日本陆军士官学校，一九一七年毕业于日本陆军大学。一九一八年随军来华，任青岛日军守备队陆军部部附。一九二一年调参谋本部工作，一九二〇年代初曾在广东从事谍报活动。

为双轮牙刷公司题词①

（一九二三年）

振兴国货

　　　　　双轮牙刷公司三周之祝

　　　　　孙文题

据影印件，台北、中国国民党
中央委员会党史委员会党史馆藏

---

①　双轮牙刷公司，由川籍留日学生赵铁桥、黄恢权、常必诚等于一九二〇年合资创办于上海，"最初只以数千元，略为小试，逐渐扩充，至三四万元。每日产量，由数十支起，递增到数万支。除植毛削骨用人工外，概以机器制造。出口精良……"据《双轮牙刷公司之发展》，载一九二二年十月十日《申报》第十三版。

为彭泽民题词①

（一九二三年）

博　爱

泽民先生属

孙文（印）

据原件，北京、中国国家博物馆藏

---

①　彭泽民，原名泽文，字锦泉，号镛希，广东四会人。一八七七年生。一九〇二年侨居马来西亚，组建中和堂分会。一九〇六年任吉隆坡同盟会支部长。一九一一年参加广州起义。一九一五年任中华革命党雪峨兰副支部长，组织华侨讨逆军。一九一九年创办《群益日报》。一九二三年受国民党芙蓉总支部之托回国见孙文，受赠该题词。

为金诵盘题词①

（一九二三年）

诵盘先生

是医国手

孙文（印）

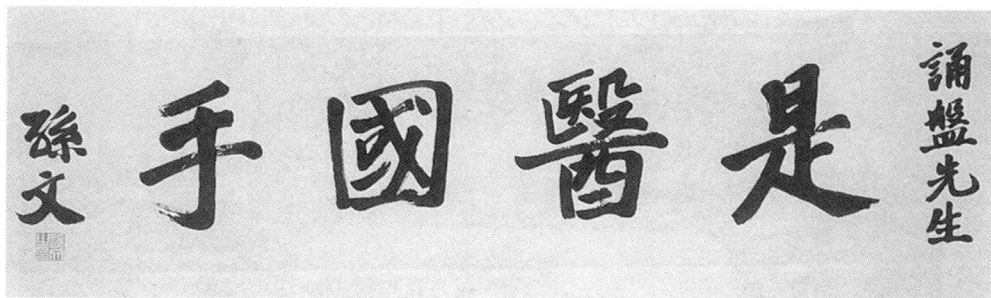

据原件，南京、南京博物院藏

---

① 金诵盘，江苏吴江人。一八九四年生，兼擅中西医。随孙文南下护法，一九二三年，在广州治愈孙文所患疾病，孙文书写本题词赠送，以示感谢。黄埔军校成立后，金被委任为该校军医处处长。

为陈永惠故里题签①

（一九二三年前后）

竹园里

孙文

据碑刻照片，载梅伟强、李文强：《五邑华侨与辛亥革命》，北京，中国华侨出版社二〇一二年二月出版

---

① 陈永惠，美洲华侨，祖籍广东新会，同盟会会员。早年捐资支援革命，结识孙文。一九二二年回国任新会县县长。陈氏故里俗称崩口村，名不甚雅，孙文更名为"竹园里"，题书刻石，制成牌坊立于村口。该牌坊在"文化大革命"时遭破坏，一九九九年修复。

为庚恩荣题颂①

（一九二三年前后）

造福地方

据《大元帅指令第二〇四八号》附件《庚
恩荣呈》,载广州《陆海军大元帅大本营
公报》第三十号,一九二四年十月三十日

---

①　庚恩荣,字臣尧,云南墨江人。一八七八年生。陆军上将庚恩旸胞兄,因捐资创办地
方公益事业而蒙褒扬。

为《广州市市政公报》题词①

（一九二四年一月一日刊载）

民国建设

发轫于斯

孙文题

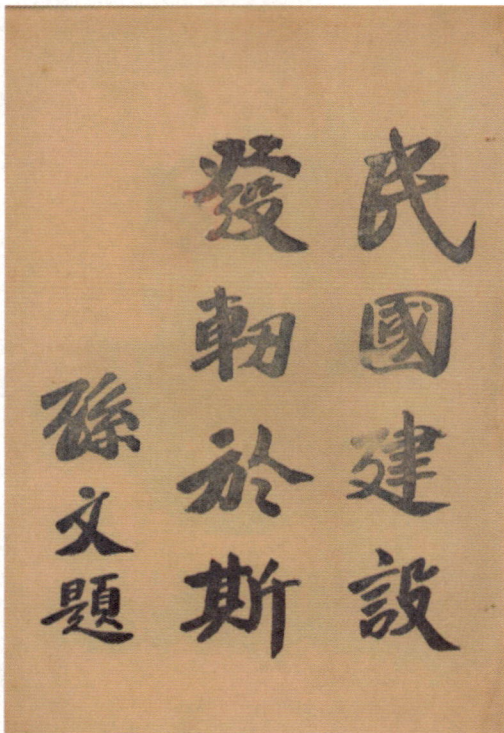

据影印件，载《广州市市政公报》一九
二四年一月一日第一○九期（新年号）

---

① 《广州市市政公报》是广州市政府的机关报，创刊于一九二一年二月二十八日，每周出
版一号（后改为每十天一期）。

为寿妇黄赵氏题颁①

（一九二四年一月十九日）

懿行可风

据《大元帅指令第七十三号》，载广州《陆海军大元帅大本营公报》第三号，一九二四年一月三十日

---

① 此题词还曾颁发贤妇徐李氏（一九二四年七月十二日）、刘王氏（一九二四年八月十三日）二人。

悼杭辛斋挽词①

（一九二四年一月二十六日）

忠贞谅直

据《留沪议员电请褒扬杭辛斋》，载一九二四年一月二十七日上海《民国日报》第十一版

---

① 杭辛斋，名慎修，字一苇。一八六九年生，浙江海宁人。同盟会会员。一九〇四年参与主办《京话日报》，因抨击朝政，报馆遭查封。旋任浙江农工研究会会长，主编《农工杂志》，复主办《浙江白话报》。一九一一年策动旗营反正，光复杭州。次年当选众议院议员。一九二一年出席非常国会。一九二三年被选为国民党"一大"浙江代表，因病未出席。一九二四年一月二十四日在上海逝世，孙文致送花圈、挽联。

悼列宁祭幛①

（一九二四年二月二十四日）

列宁同志千古

国友人师

孙文敬挽

据影印件，广州、广东省社会科学院图书馆藏

---

① 列宁于一九二四年一月二十一日在莫斯科病逝。时国民党"一大"在广州召开，孙文向大会提出哀悼议案，宣布休会三日。二月二十四日，举行追悼大会，孙文亲自主祭，发表祭文，致送祭幛。

为节妇杨朱氏题颁^①

（一九二四年二月二十九日）

节媲松筠

据《大元帅指令第一八八号》，载广州《陆海军
大元帅大本营公报》第七号，一九二四年三月十日

---

① 杨朱氏，大本营内政部次长、禁烟督办杨西岩之母，时届八旬，经伍朝枢等呈请，以
蒙颁题。此题还于一九二四年五月十四日颁发给李吴氏。

为寿民彭才德夫妇题颂①

（一九二四年三月一日）

寿域同登

据《大元帅指令第一九一号》，载广州《陆海军
大元帅大本营公报》第七号，一九二四年三月十日

---

① 彭才德及妻韦氏，广东琼山（今属海南）人，时双双年登百岁而蒙题颂。

悼邓铿遇害两周年挽词^①

（一九二四年三月二十三日）

虽死犹生

据《邓铿两周纪念祭》，载一九二四年
三月二十五日上海《民国日报》第二版

---

①　邓铿，名士元，字仲元，广东嘉应（今梅州）人。一八八六年生。幼年随父往惠阳生活。同盟会会员。曾参加一九一○年广州新军起义和一九一一年黄花岗起义。广东光复后任广东军政府参谋长。一九一三年出任琼崖镇守使。一九一四年任中华革命党军务部副部长。护法运动时期任粤军参谋长兼第一师师长。一九二一年冬，孙文驻跸桂林，奉命留守广州。次年三月遭枪击身亡，追赠陆军上将。是日，广州各界祭奠邓氏遇害两周年，孙文以此四字相挽。

为《孤星》杂志题签[①]

（一九二四年三月二十五日）

孤　星

孙文题

据影印件，台北、中国国民党
中央委员会党史委员会党史馆藏

---

　　① 《孤星》杂志，中国孤星社于一九二四年二月五日创办，旬刊，上海大学社会学系学生安剑平任主编。办刊宗旨为"研究学术，讨论问题，彻底了解人生，根本改造社会"。因经费困难，只出了几期，便与《无锡评论》合并。孙文为一九二四年三月二十五日出版的该刊第五期题签。

为节妇陈钱氏题颁[①]

（一九二四年四月二十一日）

懿德贞型

据《大元帅指令第三七六号》，载广州《陆海军大元帅大本营公报》第十二号，一九二四年四月三十日

---

① 邓苏氏，广东南海人。此题颁还于同年九月一日颁发给陈符氏。

为《民族主义》题签①

（一九二四年四月）

民族主义

孙文题著

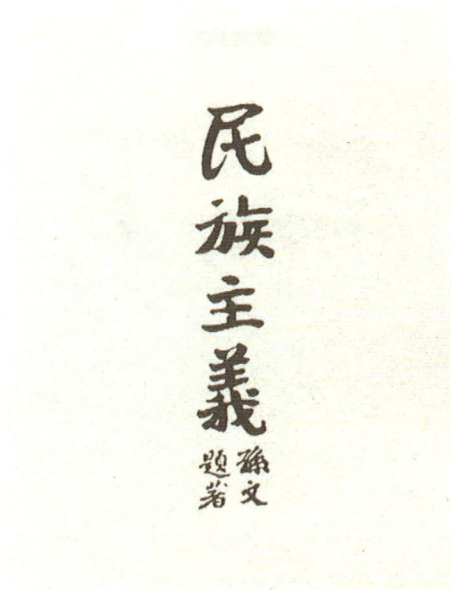

据《民族主义》封面题签，广州，
民智书局一九二四年四月出版

---

① 《民族主义》，书名。中国国民党中央执行委员会根据孙文演讲记录稿汇编出版，单行本。一九二四年一月二十七日，孙文在国立广东高等师范学校开始演讲三民主义，每周一次，历时七个月讲完。按民族主义、民权主义、民生主义三大部分整理，陆续出版，孙文亲自题写书名。所标时间系出版日期。

为张学良题词①

（一九二四年四月）

汉卿世兄属

天下为公

孙文（印）

据原件，辽宁省沈阳市张学良故居陈列馆藏

---

① 张学良，字汉卿，奉天（今辽宁）海城人，张作霖长子。一九〇一年生。一九一九年入东三省陆军讲武堂学习，毕业后一直在军队服务，历任奉军营长、团长、旅长、航空处长、东三省陆军整理处参谋长等职。一九二二年与孙文、段祺瑞缔结"反直同盟"。一九二四年任奉军第三军军长。一九二八年，张作霖被日本谋杀后，出掌奉军和东三省军政大权，旋归附南京国民政府。一九三〇年任全国陆海军副司令。一九三六年十二月十二日，与杨虎城发动"西安事变"，逼蒋介石停止内战，联共抗日。后遭蒋扣压。

悼伍廷芳逝世二周年挽联

（一九二四年六月二十三日）

革命未成功　扶植邦基思硕德
善邻应有道　绸缪国际赖贤郎

据《伍博士殉义二周年纪念》，载广州《国民党周刊》一九二四年六月二十九日第二十七期

题黄埔陆军军官学校校训

（一九二四年六月）

亲爱精诚

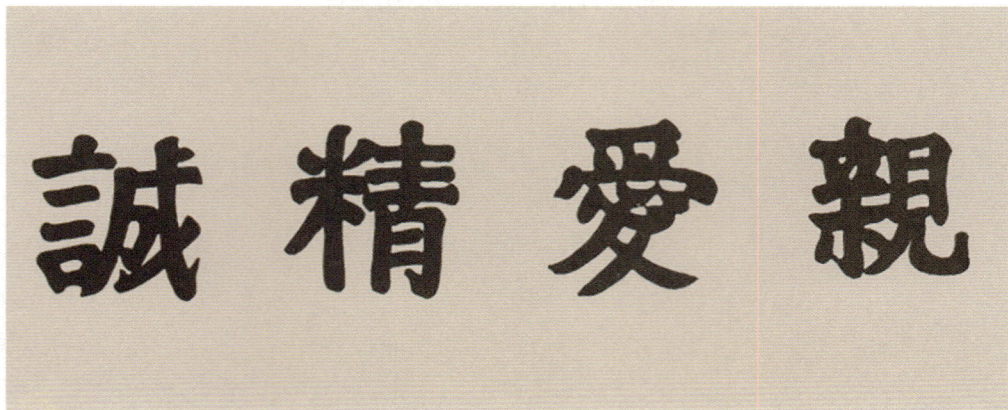

据影印件，载《中山墨宝》编委会编：《中山墨宝》第十卷《题词》，北京，北京出版社一九九六年一月出版

题邓铿墓碣①

（一九二四年六月）

民国十三年六月

邓仲元先生墓

孙文敬题

据墓碑石刻照片

---

① 邓铿墓，位于广州黄花岗七十二烈士陵园内。

为节妇李沈氏题颂①

（一九二四年七月二十四日）

节励松筠

据《大元帅指令第七九九号》，载广州《陆海军大元帅大本营公报》第二十一号，一九二四年七月三十日

---

① 李沈氏，滇军第二师团长李春华之母，经该师师长廖行超呈请而获褒扬。

为广州《路政丛报》题词[①]

（一九二四年七月刊载）

路政革新

孙文题

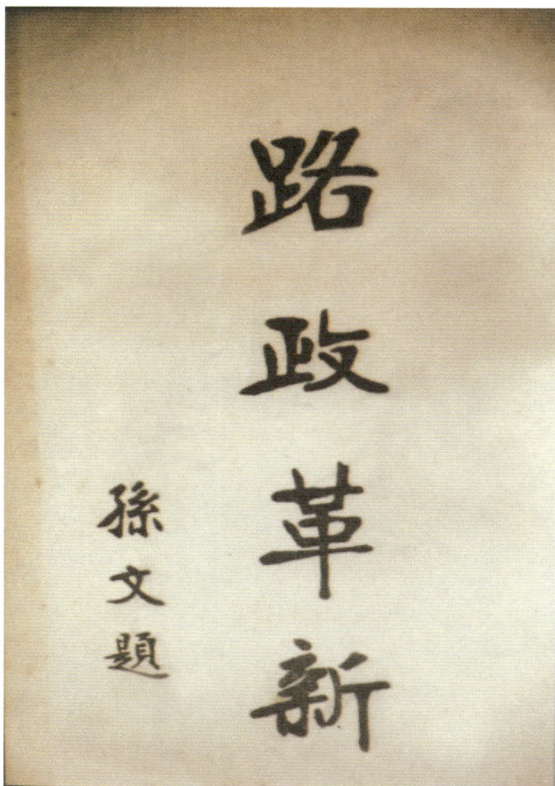

据影印件，载广州《路政丛报》
一九二四年七月第十三卷第七期

---

① 《路政丛报》，由广州黄沙粤路总公司于一九一一年创刊，月刊。

题　词

（一九二四年七月）

协力救国

据原件，台北、中国国民党中
央委员会党史委员会党史馆藏

赠广州石牌乡团匾额①

（一九二四年七月）

为国杀贼

　　　　石牌乡乡团

　　　　孙文题（印）

　　　　中华民国十三年七月

　　　　据原件照片，台北、中国国民党
中央委员会党史委员会党史馆藏

---

　　①　一九二三年，广州东郊石牌乡、龙眼洞二乡为参与讨伐陈炯明叛军而组成乡团，孙文于一九二四年七月分别题词予以嘉勉。据八月七日《广州民国日报》（三）《大元帅奖励义民》载，是日，大元帅府将这两幅题词制成红底金字匾额颁发，同时各奖励花红银百元及美酒、金猪等食品。本件系颁给石牌乡乡团者。

悼巴富罗夫挽额①

（一九二四年八月四日）

急邻之难

据《补述军校追悼会详情》，载一九二
四年八月七日《广州民国日报》第三版

---

① 巴富罗夫，苏联第十三集团军司令，将军。一九二四年五月派遣来华，任广州大元帅
府高等军事顾问。七月赴前线视察，不幸落水遇难。八月四日，黄埔军校举行追悼大会，孙文
亲往致祭并致送挽额。

题吴秉礼毛宜挽额①

（一九二四年八月四日）

遗恨如何

据《补述军校追悼会详情》，载一九二四年八月七日《广州民国日报》第三版

---

① 是日，黄埔军校追悼巴富罗夫，同时追悼军校病故学员吴秉礼、毛宜二人，孙文亦题词相挽。

题赠广州龙眼洞乡局匾额

（一九二四年八月六日）

保卫桑梓

据《大元帅奖励义民》，载一九二四年八月七日《广州民国日报》第三版

为《民权主义》题签①

（一九二四年八月）

民权主义

孙文题著

据《民权主义》封面题签，中国国民党中央执行委员会编辑，中国国民党中央执行委员会宣传部发行，广州，一九二四年八月出版

---

① 《民权主义》，书名，中国国民党中央执行委员会汇编孙文演讲稿而成，共六讲。题书时间据出版日期标定。

为李曜蓉题颁①

（一九二四年九月一日）

硕德纯行

据《大元帅指令第九八〇号》，载
广州《陆海军大元帅大本营公报》
第二十五号，一九二四年九月十日

---

① 李曜蓉，广东新会耆绅，因捐资修筑家乡堤堰而蒙褒扬。

挽彭素民联[①]

（一九二四年九月十四日）

吾党惜斯人　应有注海倾江泪
廿年共患难　未遂乘风破浪心

据《故常务委员彭素民追悼大会
纪》，载广州《国民党周刊》一九
二四年九月二十一日第三十九期

---

① 彭素民，原名自珍，江西清江人。一八八五年生。早年留学日本，先后参加共进会、
中华革命党。一九一二年任南京临时政府秘书，后返南昌主编《晨钟报》。一九二四年任国民
党中央常务委员、中央农民部部长。同年八月病逝。原件未署时间，据追悼大会日期标定。

题贺杨亚然寿诞①

（一九二四年九月二十五日）

寿

据王延琬：《杨仙逸协助孙中山为航空事业奠
基》，载中国人民政治协商会议广州市委员会文
史资料委员会编：《广州文史资料》第四十辑，
广州，广东人民出版社一九八九年十一月出版

① 杨亚然，字著昆，号镜堂，檀香山华侨，祖籍广东香山（今中山市）。杨仙逸之父，孙
文同乡挚友，一八九四年加入兴中会，对革命多所资助。一九一五年筹建"中华飞船公司"。
一九二二年倾家资捐献四架飞机，支持孙文组建飞机队。是日，杨氏七十一华诞，孙文题书
"寿"字中堂，颁发奖章奖牌。

为修改《演说集》题注①

（一九二四年秋）

演说

待修改

据黄昌谷编辑：《孙中山先生演说集》，
上海，民智书局一九二六年二月初版

---

① 一九二四年秋，黄昌谷汇集个人笔记之孙文演讲三十七篇、谈话三篇，提请孙文编次付梓。孙谕示"有错误，须修改"，并在书稿纸包上题书"演说，待修改"五字，留待修订。冬，孙文北上，携稿同行，不料一病不起，未及修改而逝。一九二六年经黄氏整理出版，将此遗墨影印于《孙中山先生演说集》篇首。

为《大陆报双十节纪念》题词①

（一九二四年十月十日刊载）

民治新元

孙文题（印）

民治新元

孙文题

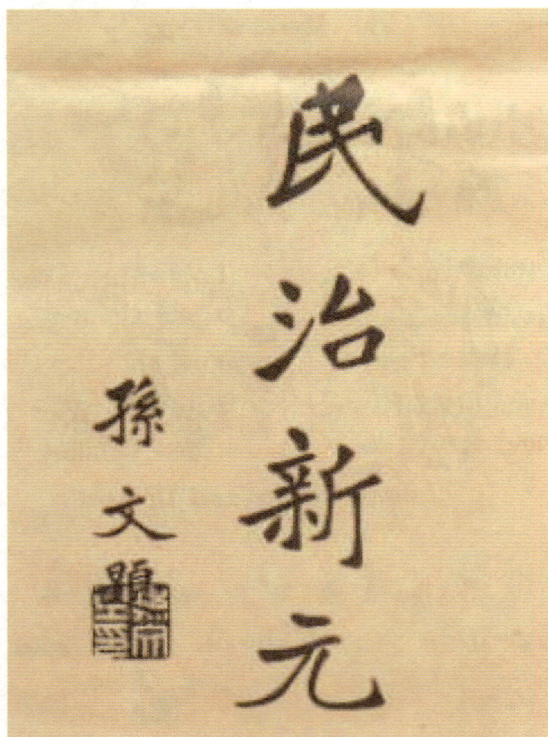

据影印件，载《大陆报双十年节纪念》，一九二四年十月十日出版

---

① 《大陆报》（*China press*），由孙文授权美国人密勒（Thomas F. Millard）一九一一年八月二十九日以集股方式创办于上海。

为烈妇庾常氏题颂[①]

（一九二四年十月二十五日）

芬烈长存

据《大元帅指令第二〇四八号》，载广州《陆海军大
元帅大本营公报》第三十号，一九二四年十月三十日

---

① 庾常氏，陆军上将庾恩旸的祖母，以"青年丧夫，仰药殉节"而蒙追颂。

为加拿大温尼辟分部题词①

（一九二四年秋冬间）

国民党五周庆祝

进行不怠

孙文题（印）

据影印件，载《中国国民党在海外一百年》，
台北，海外出版社一九九四年八月出版

---

① 温尼辟（Winnipeg），今译温尼伯，加拿大南部一城市。原件未标署时间。按中国国民党在海内外统一名号的时间为一九一九年十月，题词内称"五周庆祝"，据此推算当题于一九二四年秋冬间。

题广东大学成立训词①

（一九二四年十一月十一日）

国立广东大学成立训词

博　　学
审　　问
慎　　思
明　　辨
笃　　行

中华民国十三年十一月

孙文

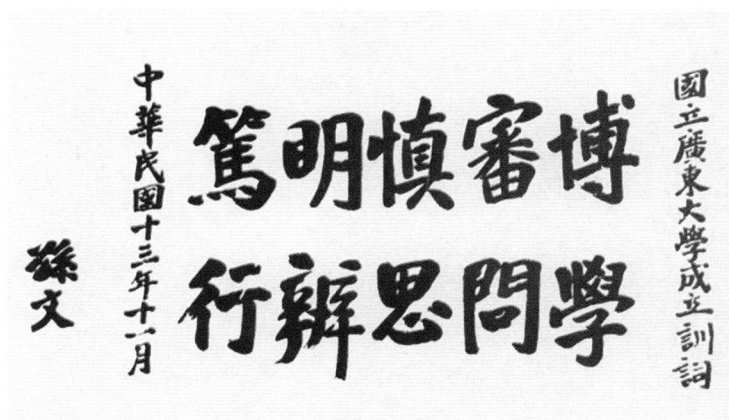

据原件，广州、中山大学孙中山纪念馆藏

---

① 广东大学，今中山大学前身，孙文亲自创办，由国立高等师范、广东法政大学、广东农业专门学校合并而成。是日，该校正式成立，举行庆典，孙文亲书训词并派胡汉民代为致辞。

为节妇张俞淑华题颁

（一九二四年十一月十五日）

节孝仁慈

据《大元帅指令第二一一〇号》，载广州《陆海军大元帅大本营公报》第三十二号，一九二四年十一月二十日

为马伯援题词①

（一九二四年十一月十七日）

天下为公

伯援兄嘱

孙文（印）

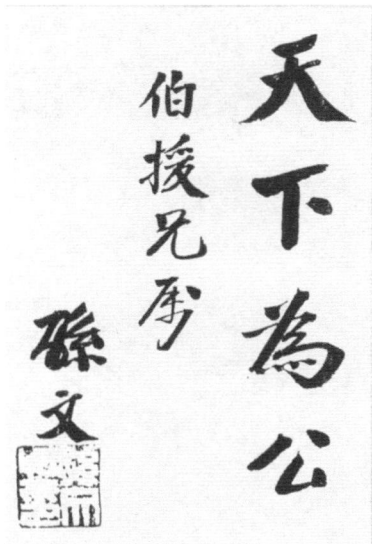

据影印件，载《中山墨宝》编委会编：《中山墨宝》第十卷《题词》，北京，北京出版社一九九六年一月出版

---

① 马伯援，字吉楷，湖北枣阳人。一八八四年生。一九〇五年留学日本，加入同盟会。武昌起义时，由上海护送黄兴、宋教仁去武汉。旋充湖北代表，出席各省都督府代表联合会议。一九一二年任南京临时政府内务司会计主任兼马警总队队长。一九一五年任中华留日基督教学生青年会干事。一九二二年受孙文委派，潜赴陕西策动冯玉祥起兵倒直。一九二四年冯玉祥发动北京政变，旋派马伯援赴广州迎孙北上，共商国是。此件系当日孙到达上海后应马之请而题。

为万益公司题颁^①

（一九二四年十一月十八日）

急公好义

据《帅令嘉奖万益公司》，载一九二四年
十一月十八日《广州民国日报》第六版

---

① 该公司投效军费三万七千元，孙文题颁匾额并传谕嘉奖。

为中岛荣一郎题词^①

（一九二四年十一月二十三日）

世界大同

孙文题

世界大同
题
磔
文

据原件，日本长崎、中岛荣一郎之外甥大束敬藏

① 一九二四年十一月二十三日，孙文为取道日本北上，是日自沪乘"上海丸"抵长崎港，在船上接见当地访员时，题词赠予《东洋日の出新闻》编辑中岛荣一郎。题词影印件被收入横山宏章、陈东华编《写真志：孙文ち长崎》（长崎文献社二○○三年发行）。

为神户女子高等学校题词[①]

（一九二四年十一月二十八日）

神户第一高等女学校

天下为公

孙文

据原件，日本神户兵库县立大学藏

---

①　孙文于一九二四年十一月二十二日离沪，假道日本北上。二十八日下午，神户商业会议所、神户新闻社等团体在神户女校隆重举行欢迎大会，孙文在会上作了"大亚洲主义"的重要演讲，并应请为该校题本词。第二次世界大战后，神户华侨组织的中华青年会，将该题词刻石立于吴锦堂别墅"移情阁"庭院内。一九六六年，"移情阁"辟为"神户孙文记念馆"。

为亚细亚复兴会题签①

（一九二四年十一月三十日）

亚细亚复兴会

孙文

据影印件，台北、中国国民党
中央委员会党史委员会党史馆藏

---

① 一九二四年十一月，孙文在神户演讲大亚洲主义，日本友人山田纯三郎等趁机发起组织"亚细亚复兴会"，并于是月三十日请孙文题写会名。次年三月，山田专程赴北京探视孙文病情，孙逝后曾以"孙文氏の绝笔"为题在《北京周报》上刊载该题词。后来，山田将所藏孙文部分原始材料赠予国民党当局。

为《民生主义》题签①

（一九二四年十二月）

民生主义

孙文题著

民生主义
孙文
题著

据《民生主义》封面题签，广州，中国国民党
中央执行委员会编辑，中国国民党中央执行
委员会宣传部发行，一九二四年十二月出版

---

① 《民生主义》，书名，中国国民党中央执行委员会据孙文在广东大学演讲民生主义的记
录稿整理出版。原定七讲，至第四讲中辍。题书时间据出版年月标署。

为森广题词①

（一九二四年十一月三十日至十二月四日间）

森先生属

天下为公

孙文

据影印件，载《中山墨宝》编委会：《中山墨宝》第十
卷《题词》，北京，北京出版社一九九六年一月出版

---

① 森广，日本"北岭丸"船长。十一月三十日，孙文从神户乘该轮赴天津，十二月四日抵达。此件系孙文应森广之请而题，书于旅次途中。

题赠陈荆诗①

（一九二四年）

史臣重朱家　　君乃厄于酒

时事尚纵横　　雄心宁复有

据《陈荆》，载黄季陆主编：《革命人物志》第四集，台北，中国国民党中央委员会党史史料编纂委员会一九七〇年六月出版

---

① 陈荆，字树人，湖南湘乡人。一八七〇年生。同盟会会员。亲历萍浏醴、镇南关诸役和讨袁护法运动。平日嗜酒，有"陈癫"、"狂士"之称。此件系孙文集曹全碑嘱胡汉民代书贻赠陈氏。"君乃厄于酒"一说"君乃隐于酒"。

为《三民主义》《五权宪法》题签

（一九二四年）

三民主义

民权主义　　　　　　民族主义

三五

建国方略　　　　　　民生主义

五权宪法

据影印件，台北、中国国民党
中央委员会党史委员会党史馆藏

题杨仙逸墓碣①

（一九二四年）

民国十三年

杨仙逸先生墓

孙文敬题

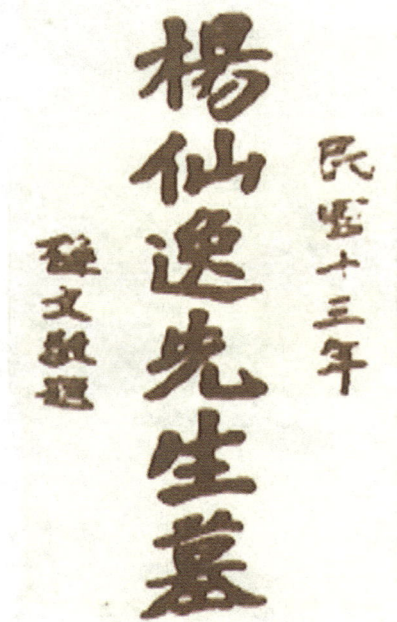

据墓碑石刻

---

① 杨仙逸墓茔在广州三望岗，位于黄花岗七十二烈士墓东侧。二十世纪三十年代时，杨家将该墓迁葬故乡中山县紫马岭（现辟为紫马岭公园），三望岗陵墓仍保存，改作衣冠冢。

为马厚庶题墓碣①

（一九二四年）

民国十三年

马厚庶先生之墓

孙文题

据碑刻照片，载梅伟强、李文强：
《五邑华侨与辛亥革命》，北京，中
国华侨出版社二○一二年二月出版

---

① 马厚庶为孙文的侍卫马湘之父，为加拿大华侨领袖、洪门首领。

为朱卓文母寿庆题贺①

（一九二四年）

朱陈太夫人鉴

教子有方

孙文（印）

据原件照片，中山、孙中山故居纪念馆藏

----

① 朱卓文，原名仕超，又名式武，字卓文，檀香山华侨，祖籍广东香山县（今中山市）。一八七五年生。一九一○年参加同盟会。武昌起义后随孙文回国，历任南京临时大总统府庶务司司长、广东全权筹饷委员、航空局局长、香山县长等职。题词制成大匾额，刻字镂边，悬挂厅堂。一九五七年由朱腾云（卓文子）捐赠给中山市孙中山故居纪念馆。

题梁国一墓碑①

（一九二四年）

民国十三年

梁国一先生墓

孙文敬题

据碑刻照片

---

① 梁国一，字翰卿，号高者，海南文昌人。一八九二年生于安南（今越南）金边。早年入广东陆军速成学校。一九一五年任中华革命军琼崖总指挥，此后历任护国第二军营副、广东讨贼军第一支队队长、营长、团长等职。一九二三年返粤讨陈，任东路讨贼军前敌指挥，十一月在增城阵亡。一九二四年一月二日，孙文下令追赠梁国一为陆军少将。梁墓位于广州黄花岗公园内。

题陈式垣墓碑①

（一九二四年）

为革命战争阵亡上校陈式垣之墓

孙文

据碑刻照片

---

①　陈式垣，广东遂溪人。一八九一年生。保定陆军军官学校毕业。一九二〇年代初担负孙文的警卫工作，一九二三年十月下旬，在阻击陈炯明粤军林虎部的激战中身负重伤，因失血过多在广州去世。

为黄玉田书《礼运·大同篇》①

（一九二四年）

　　大道之行也　　天下为公　　选贤与能　　讲信修睦　　故人不独亲其亲　　不独子其子　　使老有所终　　壮有所用　　幼有所长　　矜寡孤独废疾者皆有所养　　男有分　　女有归　　货恶其弃于地也不必藏于己　　力恶其不出于身也不必为己　　是故谋闭而不兴　　盗窃乱贼而不作　　故外户而不闭　　是谓大同

为玉田参议书

孙文（印）

据影印件，广州、广东省博物馆藏

---

　　①　黄玉田，云南人，早年追随孙文革命，一九二四年二月十日孙文任命其为大本营参议，题词日期据此而定。

为丁甘仁题词[①]

（一九二四年）

博施济众

孙文

中华民国十三年

据《孙中山先生的西医生涯与中医题词》，
载二〇一六年一月十日北京《健康报》

---

① 丁甘仁，字泽周，江苏省武进人。一八六六年生。早期习医，后创办上海中医专门学校，培养中医人才，成绩卓著。主张伤害、温病学说统一，于临床打破常规，经方、时方并用于治疗急症热病，开中医学术界伤寒、温病统一论之先河。

为廖行超题词①

（一九二四年）

博　爱

品卓先生

孙文

据原件，北京、北京匡时二〇一一年春季拍卖会

---

①　廖行超，字品卓，云南华宁人。一八九〇年生。一九一一年，昆明初级师范学校毕业，弃文从武，投身辛亥革命，参加学生北伐队，后任职于驻粤滇军。一九二三年七月，被孙文任命为中央直辖滇军第二师师长，后又任滇军参谋长。因讨伐陈炯明有功，受到孙文的嘉奖。次年一月任大元帅府禁烟帮办，八月参与镇压广州商团叛乱，后参与北伐。

为日本《改造》杂志题词①

（一九二五年一月刊载）

天下为公

孙文题

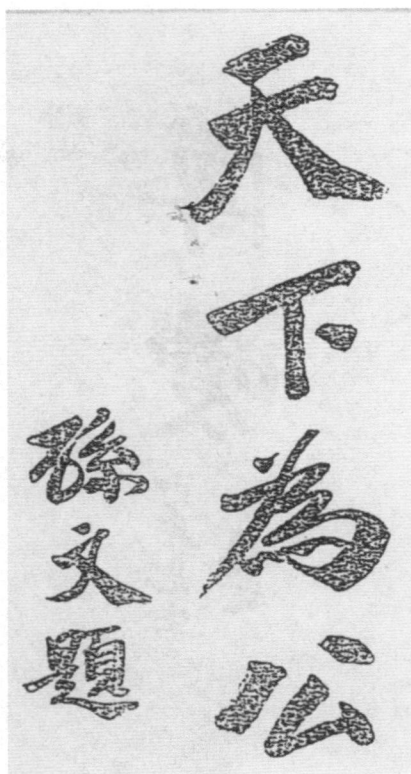

据影印件，载日本《改造》杂志一九二五年一月号

---

①　此件系《改造》杂志发刊孙文《大亚细主义の意义さ日支亲善の唯一策》时，随文插登作者提供的墨迹。

为长沙湘雅医科大学毕业同学题词①

（一九二五年一二月间）

湘雅医科大学第五届毕业纪念

学成致用

孙文题（印）

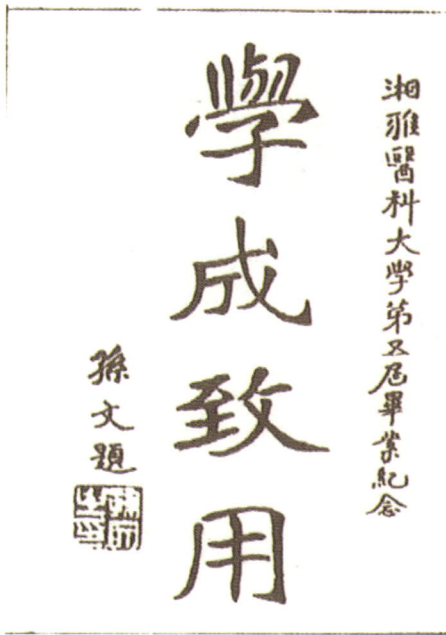

据影印件，载长沙《湘雅》第二期，李振翩总编
辑，湘雅医科大学学生出版部一九二五年六月出版

---

①　湘雅医科大学，今湖南医科大学。一九一四年由湖南育群会和美国雅礼协会联合创办，原名湘雅医科专门学校，一九二四年改名湘雅医科大学。此件系孙文在北京协和医院住院期间，应在该院临床实习的湘雅医科大学毕业生之请而题。孙文于一月二十六日住院，二月十八日出院，题词书于期间的某一天，由秘书代笔。原件已散佚。一九九二年湖南医科大学附属第一医院复名湘雅医院时，在门诊大楼前面也挂出了这幅题词的影印件。

为陈伯陶题词①

（时间不详）

伯陶先生属

天下为公

孙文（印）

据原件，上海、孙中山故居纪念馆藏

---

① 陈伯陶，号象华，一字子砺，晚年更名永焘，又号九龙真逸，广东东莞人。一八五四年生。清光绪十八年（一八九二）中壬辰科进士，殿试获一甲探花，授翰林院编修、文渊阁校理、武英殿协修，任国史馆协修、总纂，后分别在云南、贵州、山东、江苏等地任职。一九一一年回乡任广东省教育总会长。广东和平光复后，赴香港九龙，潜心著述。

为陈模题碑①

（时间不详）

舍身成群

据《陈模传》，载中国国民党中央党史
史料编纂委员会编：《革命先烈先进
传》，台北，"中华民国各界纪念国父百年
诞辰筹备委员会"一九六五年十一月出版

---

① 陈模，字勒生，一字子范，福建侯官人，生年不详。早年入福建船政学堂，一九〇五
年加入同盟会。武昌起义后赴汉策动海军反正。"二次革命"失败，为诛除袁世凯党羽，受陈
其美命制造炸弹，不慎弹爆而牺牲。葬于杭州孤山。

为邓铿题词

（时间不详）

博　爱

仲元同志属

孙文（印）

据陈旭麓、郝盛潮主编，王耿雄等编：《孙中山集外集》，上海，上海人民出版社一九九〇年七月出版

为杜景祺题词①

（时间不详）

博　爱

景祺先生属

孙文（印）

据影印件，新加坡孙中山南洋纪念馆藏

---

① 杜景祺，生于清末，年轻时在汕头的西方传教士开办的医学院受教育，对孙文非常景仰。黄埔军校成立之初，担任该校军医院院长。一九二六年后移居新加坡。

为高明德题词①

（时间不详）

博　爱

又明先生属

孙文（印）

据照片，台北、中国国民党中央委员会党史委员会党史馆藏

---

① 高明德，字又明，晚年号师佛子，陕西泾阳人。一八八六年生。一九〇三年与陕西革命党人井勿幕交往。一九〇五年冬加入同盟会。一九一〇年春，为准备武装起义到上海学习无烟炸药制造技术，与于右任、宋教仁、陈其美、谭人凤等多有交往。西安辛亥革命起义时，任军政府掌械官，负责制造地雷、炸弹，奔走于战场，被誉为陕西革命军中制造军火的首倡者。为嘉勉其功绩，孙文亲书"博爱"二字相赠。

悼龚自沅挽额①

（时间不详）

义烈可风

> 汇〔雁〕初同志千古
> 孙文题（印）

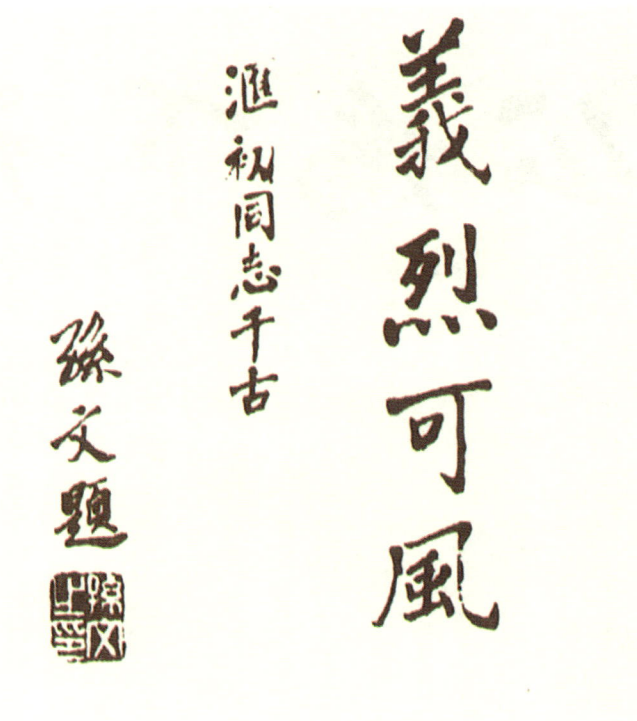

据原件照片，台北、中国国民党
中央委员会党史委员会党史馆藏

---

① 龚自沅，字雁初，一字钝伯，江西进贤人。一八七九年生。一九一一年任江西军政府参谋，一九一三年在江西讨袁，转战南北各县，旋被逮，被张敬尧枪杀于南昌。孙文题词时将雁初写为汇初。

为毂孙题词

（时间不详）

毂孙先生属

天下为公

孙文（印）

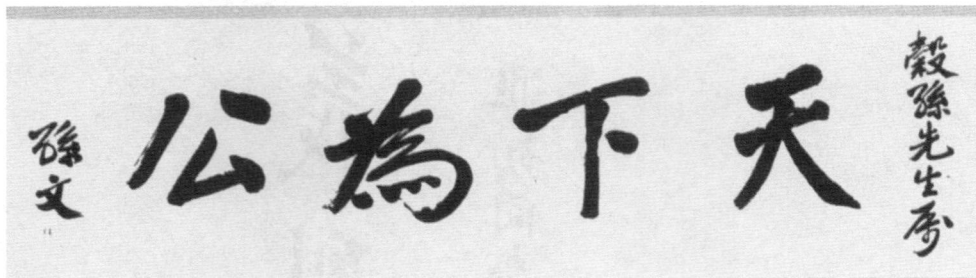

据影印件，台北、中国国民党
中央委员会党史委员会党史馆藏

为郭伦题词①

（时间不详）

博　爱

郭伦先生属

孙文

据影印件，广州、广东省社会科学院图书馆藏

---

① 郭伦，曾任孙文的侍从卫士，鼎力支持孙文的民主革命事业。

为郭泰祯题词①

（时间不详）

博　爱

葆东先生属

孙文（印）

据原件，北京、匡时国际拍卖有限
公司（二〇〇八春季拍卖会）藏

---

①　郭泰祯，字葆东，湖北广济（今武穴）人。一八八九年生。早年就读于上海南洋公学
预科。后留学美国，获宾夕法尼亚大学沃顿商学院学士、纽约大学商业管理科硕士学位。一九
二一年，任出席华盛顿会议中国国民党代表秘书。一九二六年八月归国。

为梅母何太夫人七十七荣庆题贺

（时间不详）

梅母何太夫人七十七秩荣庆

寿

孙文敬祝

据原件照片，台北、中国国民党
中央委员会党史委员会党史馆藏

为黄德源题词①

（时间不详）

博　爱

德源先生

孙文（印）

据照片，台北、中国国民党中
央委员会党史委员会党史馆藏

---

① 黄德源，缅甸仰光华侨，祖籍广东台山。一八六三年生。一九〇六年加入同盟会，设
法筹饷资助革命。一九一二年组织国民党仰光支部，任支部长，与人创办《觉民日报》。一九
一六年任中华革命党仰光副支部长。一九二三年任支部长，同年回国经营银行事业。一九二四
年参加中国国民党第一次代表大会。一九三八年返缅甸。三年后逝世。

为黄壬戌题词①

（时间不详）

博　爱

壬戌〔戌〕先生

孙文（印）

据原件照片，台北、中国国民党
中央委员会党史委员会党史馆藏

---

① 黄壬戌，缅甸仰光华侨，一九一五年被孙文任命为中华革命党仰光支部总务科副主任、仰光筹饷局董事。

为简照南题词

（时间不详）

博　爱

据黄绮文:《华侨名人录》，上海，上
海人民出版社一九八九年十二月出版

为建侯题词

（时间不详）

天下为公

建侯先生属

孙文（印）

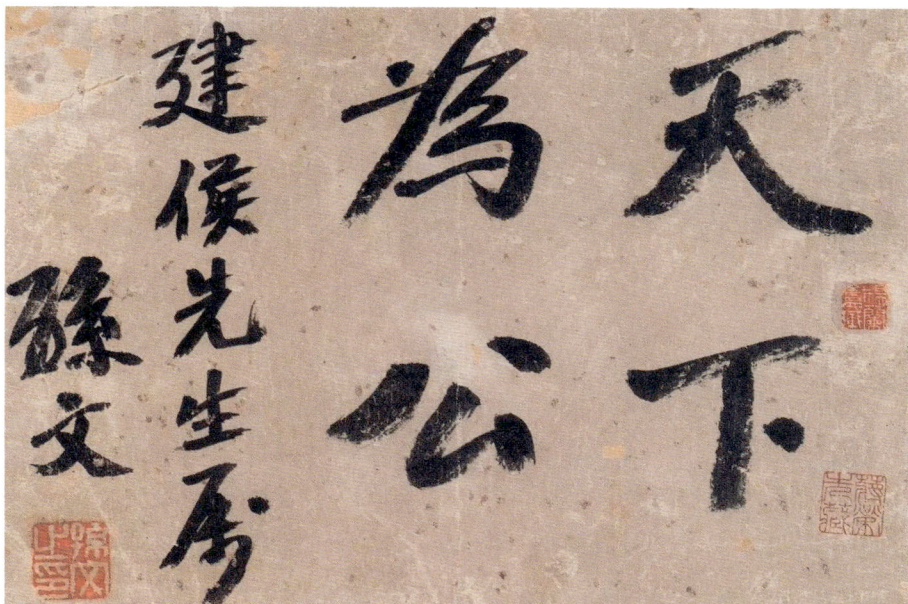

据影印件，广州、广东省社会科学院图书馆藏

为晋明题词①

（时间不详）

晋明先生属

博　爱

知之惟艰　行之非艰

天下为公

孙文（印）

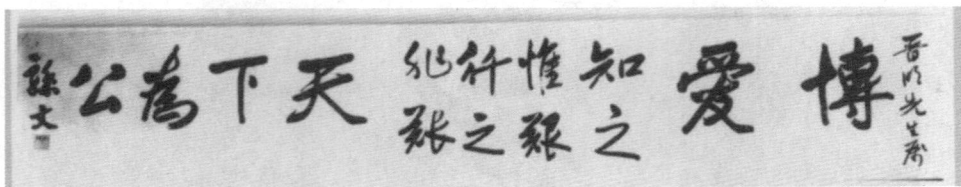

据照片，台北、中国国民党中央委员会党史委员会党史馆藏

---

① 此件由他人代笔。

为雷铁崖题词①

（时间不详）

博　爱

眘皆兄属

孙文（印）

据原件，成都、新都杨升庵博物馆藏

---

① 雷铁崖，原名昭性，字泽皆，后改眘皆，四川自贡人。一八七二年生。一九○四年赴日留学，次年加入同盟会，先后创办《鹃声》、《四川》等革命刊物。一九○八年回上海参与创办新中国公学。次年加入南社。一九一○年年底奉孙文之命赴马来亚创办《光华日报》。一九一二年任临时大总统孙文的秘书。一九二一年在家乡逝世。该题词原由当地文物鉴定家乔德光收藏，后乔氏生前捐给四川省成都市新都杨升庵博物馆。

为黎民伟题词①

（时间不详）

民伟先生属

天下为公

孙文（印）

据原件，台北、故宫博物院藏

---

① 黎民伟，日本华侨，后移居香港，祖籍广东新会。一八九三年生。中国早期电影工作者，同盟会会员。一九一三年，在香港与人合办华美影片公司。一九二二年独资开设民新影画制片公司，任总经理，主张电影救国。次年随革命军奔赴前线，拍摄战地纪录片，此后相继摄制《中国国民党（第一次）全国代表大会》《孙大元帅北伐》《孙中山先生北上》等短片上映，并汇编成历史文献《勋业千秋》。此件系黎民伟女婿沈昌焕捐献。

为黎仲实题词

（时间不详）

博　爱

仲实兄属

孙文（印）

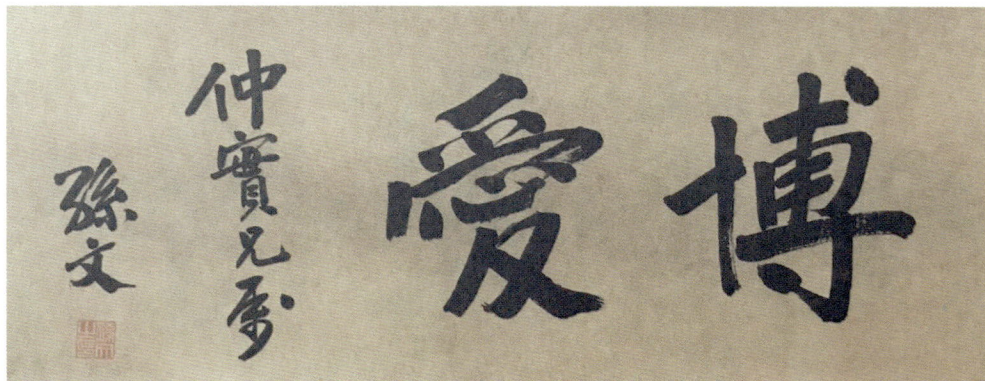

据原件，上海、孙中山故居纪念馆藏

为李宝祥题词[①]

（时间不详）

博　爱

叔琼先生

孙文（印）

据影印件，广州、广东省社会科学院图书馆藏

为李宝祥寿庆题贺

（时间不详）

叔琼先生

福　寿

孙文（印）

据影印件，佛山市南海区博物馆藏

为李怀宽题词

（时间不详）

博 爱

怀宽先生属
孙文（印）

据影印件，载《广肇公学二周年纪念刊》，泰国曼谷，一九三四年六月印行

题李烈士碑

（时间不详）

李烈士碑

孙文题

据影印件，台北、中国国民党
中央委员会党史委员会党史馆藏

为李太夫人七秩荣庆题贺

（时间不详）

李太夫人七秩荣庆

寿

孙文敬祝

据原件照片，台北、中国国民党
中央委员会党史委员会党史馆藏

为李仙根题词（一）^①

（时间不详）

知难行易

仙根先生

孙文

据原件，北京、中国国家博物馆藏

---

①　李仙根，名蟠，字仙根，广东香山县（今中山市）人。一八九三年生。曾入读广东陆军小学堂，同盟会会员。一九一二年留学日本，一九一七年任孙文侍从秘书、机要秘书。一九二三年任大元帅行营秘书，次年任香山县县长。一九二五年年底任中山县长。此后历任西南政务委员会委员、粤汉铁路局南段管理局局长、国民参政会参政等职。精通诗文书法。

为李仙根题词（二）

（时间不详）

大道之行也　天下为公

孙文（印）

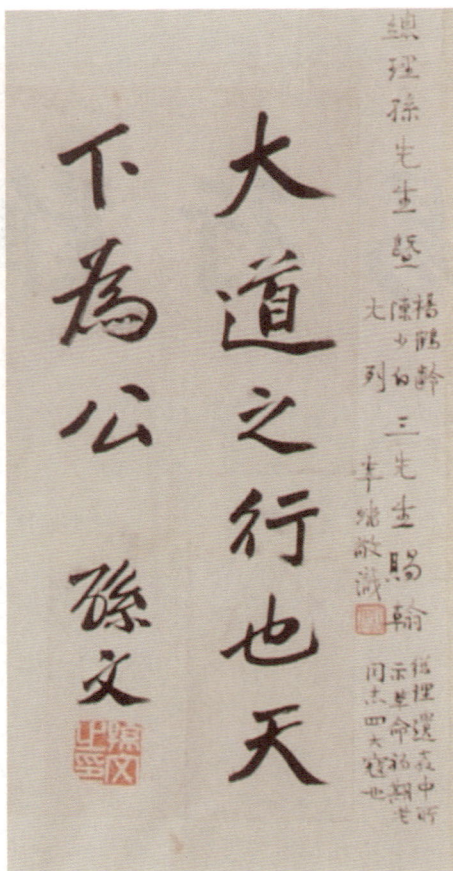

据原件，中山、孙中山故居纪念馆藏

为梁仲汉题词①

（时间不详）

博　爱

瑞堂先生属

孙文（印）

据原件，北京、中国国家博物馆藏

---

① 梁钟汉，字瑞堂，湖北汉川人。一八七八年生。一九〇六年留学日本，加入中国同盟会。后受孙中山之命，回鄂发起革命运动，被捕入狱。武昌起义后出狱，历任襄河游击总司令、黎元洪顾问、湖北省议会议员，一九一三年参加二次革命。一九一五年在东京加入中华革命党。后任中华革命军湖北宜昌司令、鄂西靖国军梯团长兼前敌总指挥、广东军政府大元帅参军、参议等。

为林白水题词①

（时间不详）

博　爱

少泉先生正

孙文

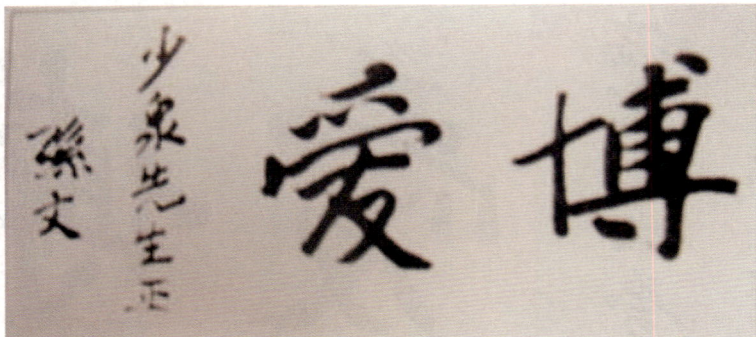

据影印件，广州、广东省社会科学院图书馆藏

---

① 林白水，名獬，号少泉，笔名白话道人，福建闽侯人。一八七四年生。一九〇一年任《杭州白话报》主笔，后在上海参与爱国女学校、中国教育会等活动。一九〇三年赴日本，参加拒俄义勇队和军国民教育会。后返国，参加华兴会，主编《中国白话报》。一九〇四年再度赴日，就读早稻田大学，次年加入同盟会。民元后任大总统府秘书、众议院议员、福建军务帮办。后在北洋政府任职，一九二六年遭当局杀害。著有《林白水先生遗集》等。

为林业明题词①

（时间不详）

博　爱

焕廷先生属

孙文（印）

据原件照片，武汉、辛亥革命武昌起义纪念馆藏

---

①　林业明，字焕廷，广东顺德人。一八八〇年生。一九〇五年加入同盟会，任越南海防支部主盟人。一九〇七年，参与钦廉防城起义和镇南关起义，主要参与筹饷工作。次年，河口起义失败后，逃亡南洋。一九一一年返回海防，为广州"三二九"起义购运饷械。一九一四年，因创办《真理》和《黄花三日刊》被香港政府逮捕入狱，数月后获释。一九一七年，任护法军政府秘书。后赴上海，先后创办华强和民智书局。一九二三年任中国国民党本部财务部部长。一九三三年秋病逝。

为林义顺题词①

（时间不详）

博　爱

义顺先生属

孙文（印）

据原件照片，台北、中国国民党
中央委员会党史委员会党史馆藏

---

① 林义顺，字发初，号蔚华、其华，新加坡华侨，著名侨领，祖籍广东澄海。一八七九年生。一九〇六年加入同盟会，任新加坡分会交际股主任。次年任《中兴日报》司理。一九一一年创办垦殖农场"林义顺公司"。一九一七年任广东军政府参议。历任新加坡中华总商会会长、潮州八邑会馆总理等职。为革命踊跃输将，孙文曾为之颁发"旌义状"。

为刘纪文题词①

（时间不详）

纪文先生属

知难行易

孙文

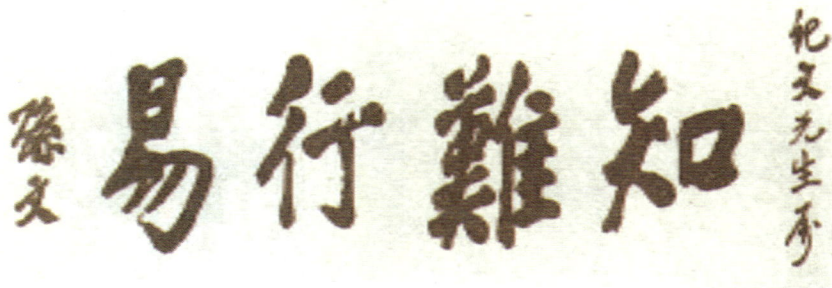

据原件照片，台北、中国国民党
中央委员会党史委员会党史馆藏

---

① 刘纪文，字兆铭，广东东莞人。一八九○年生。一九一○年加入同盟会，一九一二年留学日本。一九一四年加入中华革命党，任总务部干事。一九一七年回国，参加护法运动。一九二三年任广州大元帅府审计局局长兼金库长。孙文逝世后，历任南京特别市市长、中国国民党中央执行委员、广州市市长、国民政府审计部次长等职。

为刘岐山题词①

（时间不详）

博　爱

岐山先生属

孙文（印）

据原件，台北、中国国民党中
央委员会党史委员会党史馆藏

---

① 刘岐山，亦名凤山，广东新宁（今台山）人。一九〇二年加入兴中会海防分会。一九
〇六年与杨寿彭等开设日新茶楼，从事革命活动。次年，同盟会海海防分会成立，任会长。一
九〇八年被法国殖民当局勒令离境。一九一一年十一月九日与李海云等光复家乡，旋遭杀害。

为龙璋题词①

（时间不详）

博　爱

研仙先生属

孙文（印）

据原件照片，武汉、辛亥革命武昌起义纪念馆藏

---

① 龙璋，字研仙，号特甫，别号癵勤，晚号潜叟，湖南攸县人，一八五四年生。清末历任江苏沭阳、如皋、泰兴、江宁等县知县，思想开明，与黄兴等革命党人多有往还。辛亥革命后，曾任湖南军政府交通司司长、西路巡按史等。后辞官回乡，致力于教育事业和创办实业。

为马逢伯题词①

（时间不详）

逢伯先生属

天下为公

孙文（印）

据原件，浙江省嵊州市马逢伯之子马千里藏

---

① 马逢伯，字志援，号天骥，浙江嵊县（今嵊州）人。一八八九年生。先后加入光复会、同盟会。一九一一年参加光复杭州之役。民国后，就读浙江法政学堂，加入国民党。曾作为学生代表上书陈述国事，受到孙文接见与嘉勉。"二次革命"爆发后，由沪赴杭，密谋反袁。一九一四年年参加中华革命党。一九一七年，因反对军阀杨善德为浙督，遭到通缉，后至广州任护法军政府咨议。

为马湘题词①

（时间不详）

吉堂先生属

共　和

孙文（印）

据原件，北京、中国国家博物馆藏

---

① 马湘，又名吉堂，号修铟，加拿大华侨，祖籍广东新宁（今台山）。一八八九年生。一九○九年加入同盟会，一九一五年参加华侨讨袁敢死先锋队，回山东讨袁。一九二三年任广州大元帅府卫士队副队长，旋任大本营参军处副官。

为鸣岐题词

（时间不详）

鸣岐先生属

天下为公

孙文（印）

据原件，南京、南京博物院藏

为秦毓鎏题词

（时间不详）

效鲁兄正

愿乘风破万里浪

甘面壁读十年书

孙文（印）

据影印件，广州、广东省社会科学院图书馆藏

为尚天德题词

（时间不详）

博　爱

天德同志

孙文（印）

据原件，北京、匡时国际拍卖有限公司（二〇〇八春季拍卖会）藏

为沈定一题词①

（时间不详）

剑侯先生属

天下为公

孙文（印）

据原件，广州、广东省博物馆藏

---

① 沈定一，字剑侯，号玄庐，浙江萧山人。一八八三年生。早年任云南知县、知州、巡警总办等职，暗中支持河口起义，旋亡命日本，加入同盟会。一九一一年参加光复上海的战斗，旋组织中华民国学生军团，任总长。翌年当选浙江省议员，一九一六年任省议会议长。一九一九年参与主编《星期评论》，次年加入上海共产主义小组。一九二三年受孙文委派与蒋介石赴苏联考察。次年出席中国国民党第一次全国代表大会。

为沈联题词[①]

（时间不详）

博　爱

步洲先生属

孙文（印）

据影印件，台北、中国国民党
中央委员会党史委员会党史馆藏

---

① 　沈联，字步洲，江苏武进（今常州）人。《苏报》主编陈范之甥。原为爱国学社骨干成员，一九〇三年加入兴中会。一九一七年任教育部专门教育司长。一九二三年代次长。

为盛九昌题词①

（时间不详）

卫生之一道

孙文题赠（印）

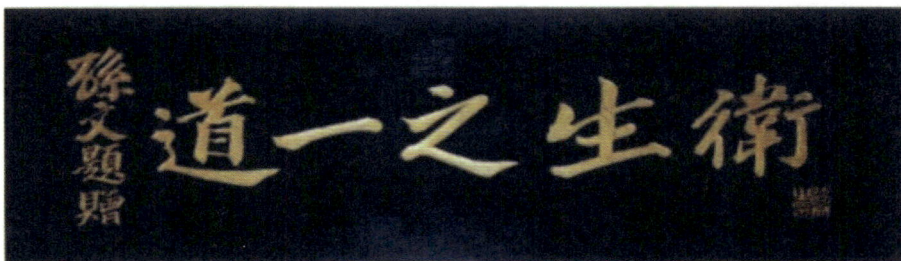

据影印件，载泉州市卫生志编纂委员会编：《泉州市卫生志》，福州，福建人民出版社二〇〇〇年四月出版

---

① 盛九昌，福建南安人。十四岁时南渡新加坡，师从德国牙科医生，后加入同盟会，参加革命活动。回国后在泉州开美升牙科，医术精湛，医德高尚，受人赞扬。民国成立后，盛九昌将该题词摹刻制为木匾，因其时泉州尚不安靖，故未刻原匾文上款"盛九昌同志"五字。一九二六年，他用水泥塑凸字"卫生之一道"于诊所二楼临街外墙上，但该水泥匾额于"文化大革命"时被破坏。盛九昌逝世后，其子盛保罗将摹刻木匾捐赠给福建省博物馆。一九九八年，子承父业的盛保罗又按原样重新制了两块匾额，一块置于诊所内，一块仍悬于二楼临街外墙上。

为司徒氏题词

（时间不详）

博　爱

孙文

据影印件，载有邻堂株式会议、北京大学图书馆编:《孙文与横滨展》，横滨,一九八九年十一月一日发行

为苏曼殊遗墨题签①

（时间不详）

曼殊遗墨

孙文题（印）

据影印件，载柳亚子编：《曼殊遗墨》，上
海，北新书局一九二九年六月十五日出版

---

① 苏曼殊，原名戬，字子谷，法号曼殊。一八八四年生，广东香山县沥溪乡（今属珠海市）人。留日期间参加爱国团体青年会、拒俄义勇队，回国后先后在上海《国民日日报》、香港《中国日报》、长沙实业学堂和明德学堂任职，一九〇七年在日本参与组织"亚洲和亲会"，一九〇九年加入"南社"。

为孙鹤皋题词①

（时间不详）

鹤皋先生属

行易知难

孙文（印）

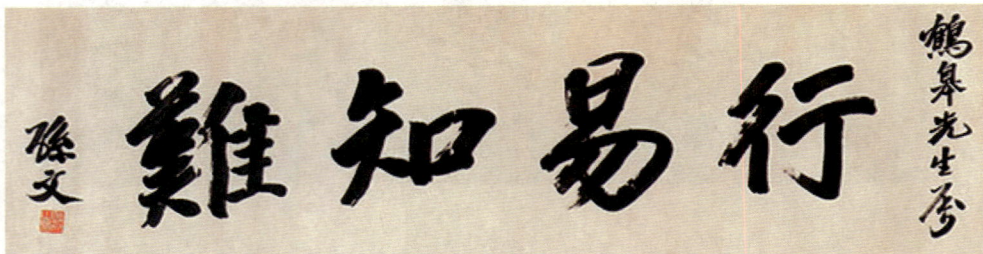

据原件，北京、中国国家博物馆藏

① 孙鹤皋，原名天孙，字其明，浙江奉化人。一八八八年生。早年留学日本，追随孙文致力于辛亥革命事业。先在清政府财政部库藏司任职，后曾任上海沪军都督府参事、广东中国银行协理、中华革命党东北军副司令、东北新军司令等职。

为孙镜题词①

（时间不详）

铁人先生属

天下为公

孙文（印）

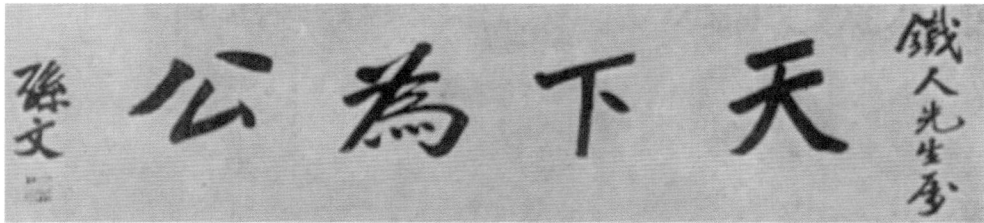

据影印件，台北、中国国民党
中央委员会党史委员会党史馆藏

---

① 孙镜，字铁人，湖北京山人。一八八三年生。一九○六年加入同盟会。一九一一年十月起兵京山，响应武昌起义。旋供职湖北军政府监察处。一九一三年，起兵讨袁。次年参加中华革命党。一九一七年任广州军政府内政部佥事。一九二三年任国民党党务部副部长。次年出席国民党"一大"，一度代理国民党中央宣传部部长。

为童杭时题词（一）①

（时间不详）

萱甫先生属

天下为公

孙文

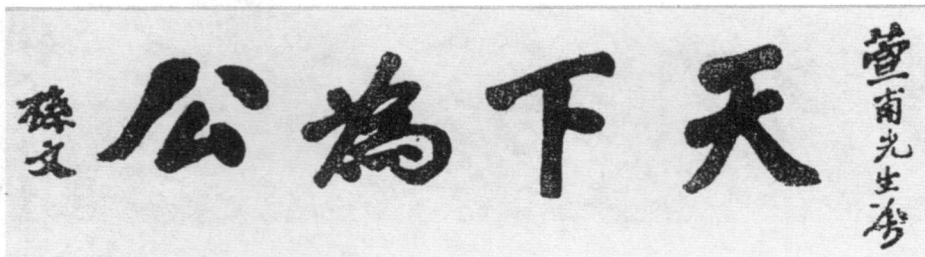

据影印件，王耿雄提供

---

① 童杭时，字沆溪，号萱甫，童洁泉长子，浙江嵊县（今嵊州）人。一八七七年生。早年师从徐锡麟，后留学日本，入法政大学。辛亥革命时参与组织北伐队，创办共和法校，任校长。旋当选省议会议员、参议院议员，参加护国讨袁斗争，失败后出走日本。孙文在广州组织护法军政府时，任参议。

为童杭时题词（二）

（时间不详）

博　爱

萱甫先生属

孙文（印）

为桐轩题词

（时间不详）

博　爱

桐轩先生属

孙文（印）

据原件，广州、广东省博物馆藏

为汪禹丞题词①

（时间不详）

禹丞先生属

天下为公

孙文（印）

据影印件，广州、广东省社会科学院图书馆藏

---

① 汪禹丞，安徽婺源（今属江西）人。生卒年不详。曾参加辛亥革命，任孙中山临时大总统府卫队长。后在淞沪警察厅供职，曾入《申报》馆工作。

为萧桂荣题词①

（时间不详）

博　爱

桂荣先生属

孙文

据影印件，萧桂荣后人藏

---

① 萧桂荣，别字铁士，加拿大华侨，祖籍广东香山县（今中山市）。一八七八年生。辛亥前夕，孙文赴美、加宣传革命，萧桂荣发动华侨鼎力支持。一九一二年加入同盟会。一九一六年六月，参加中华革命军东北华侨义勇团飞机队，回国参加讨袁斗争。晚年回国定居，积极支持家乡建设事业。一九四九年逝世。

为萧萱题词①

（时间不详）

纫秋先生属

致虚守静

孙文（印）

据影印件，北京、中国国家博物馆藏

---

① 萧萱，字纫秋，湖北均县（今丹江口市）人。一八八六年生。早年加入同盟会。一九一二年当选第一届国会众议院议员，次年任孙文私人秘书，一九一四年任中华革命党党务部第二局局长，一九一七年任护法军政府秘书，一九二三年任大元帅府秘书兼监印官。

为晓翠楼主人题词①

（时间不详）

天下为公

晓翠楼主人属

孙文（印）

据原件，北京、中国嘉德国际拍卖有限公司（二○○六四季第四期拍卖会）藏

---

① 孙文、黄兴、胡汉民、戴季陶四条屏题词纸本一起拍卖。四条屏在同一时间为同一对象书写，其中三幅上款人均为"晓翠楼主人"，黄兴则作"宫永先生"。据此，日本姓氏"宫永"者可能即是题赠对象。

为谢心准题词①

（时间不详）

博 爱

心准先生

孙文（印）

据影印件，载《广州市市立博物院成立概况》，
广州，天成印务局一九二九年三月十五日印行

---

① 谢心准，字展平，广东南海人。一八八六年生。早年加入同盟会，历任新加坡同盟会
书记、香港《中国日报》总编辑等。民元后，历任孙文秘书、大元帅府参议、大总统府咨议、
大本营秘书兼特务委员。孙文逝世后，继任国民政府秘书、广州南路各属行政视察专员、行政
院参事、国民党中央党部党史史料编纂委员会名誉编纂等。抗战时期，任史料编纂委员会纂修
等。一九五二年病卒。

为星五题词

（时间不详）

星五先生属

天下为公

孙文

据影印件，广州艺博院藏

为熊希龄题词①

（时间不详）

希龄先生属

热诚毅力

孙文

据黄健敏：《孙中山题词遗墨研究三题》，台北
《"国立国父纪念馆"馆刊》二〇〇二年第九期

---

① 熊希龄，号秉三，湖南凤凰人。一八七〇年生，一八九四年中进士。一八九七年，在长沙任时务学堂总理，与人创办《湘办》，宣传维新主张。一九〇五年，随五大臣出洋考察，任参赞。一九〇九年任东三省财政监理，次年任奉天盐运使。民元任唐绍仪内阁财政总长。一九一三年任国务总理。一九一八年，创办北京香山慈幼院，掌管院务近二十年。熊氏还积极从事各类社会公益事业，担任中华教育改进社董事长及民办红十字会中华总会会长等职。

为徐忍茹题词①

（时间不详）

博 爱

忍茹先生

孙文（印）

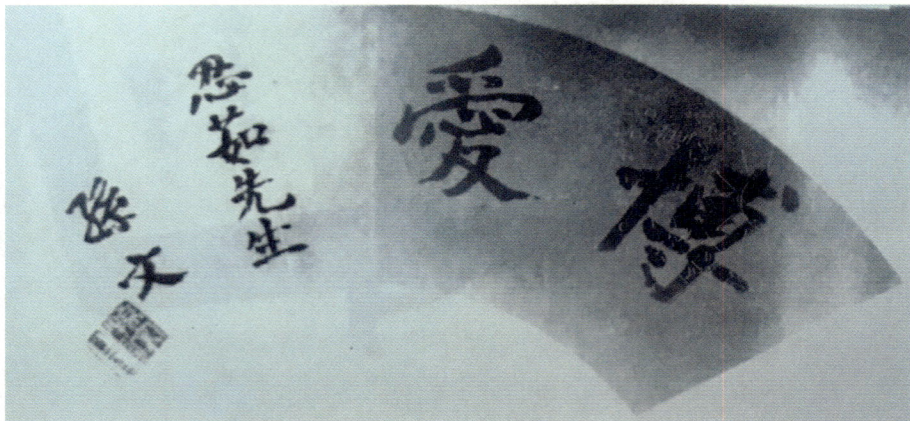

照片，台北、中国国民党中央
委员会党史委员会党史馆藏

---

① 徐忍茹，原名沛德，号小髯，浙江嘉兴人。一八八四年生。一九〇四年参加光复会，次年留学日本，加入同盟会。一九一〇年奉派赴爪哇宣传革命与筹款。一九一一年浙江光复后任军政府咨议兼沪军政府参谋。一九一四年参加中华革命党。二十世纪三十年代后一直担任中国国民党党史委员会编纂。一九四九年赴台，一九六五年去世。此件题于扇面上。

为徐绍桢题词（一）①

（时间不详）

固卿兄

天下为公

孙文

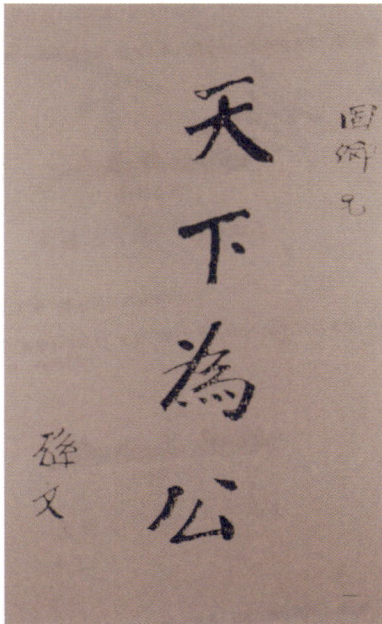

据影印件，载《中山墨宝》编委会编：《中山墨宝》第
十卷《题词》，北京，北京出版社一九九六年一月出版

---

① 徐绍桢，字固卿，广东番禺（今广州）人。一八六一年生。举人出身。一九〇四年任
两江总督府兵备处总办，负责编练新军。次年充新军第九镇统制。一九一一年率军响应武昌起
义，任江浙联军总司令、北伐联军总司令。一九一二年任南京临时政府卫戍总督。一九一四年
任参政院参政。护法运动期间，追随孙文，历任卫戍总司令（代）、练兵处督办、参军长等职。
一九二三年任广东省省长，旋任陆海军大元帅大本营内政部长。

为徐绍桢题词（二）①

（时间不详）

固卿先生属

天下为公

孙文（印）

据原件，北京、保利国际拍卖有限
公司（二〇一七春季拍卖会）藏

---

①　题词边跋为："上海贫儿院创立三十有六载，教养贫儿，栽培国本，成绩丕著，世有定评。迩因院舍倾圮，急待修葺，庶多数待哺贫儿不致流离失所。徐几亭先生有鉴于此，因以国父赐赠其先君固公之墨宝慨助乃院，指定诸大善士捐资最巨者移赠之，以资纪念。固公于开国之初总司江浙联军，卫戍南京，勋劳极懋，乃从不自伐。至今日，众几忘其姓氏，不知当日相从缔造，云龙水石，非比泛常，此手迹特其一证耳。国父不以书名，而浑劲朴茂，一时无两。凡曾侍挥毫者，类能言之。此又言书道者所宜知也。民国三十三年七月，叶恭绰谨志。"

为徐天深题词①

（时间不详）

天深先生属

天下为公

孙文（印）

据影印件，台北、中国国民党
中央委员会党史委员会党史馆藏

---

① 徐天深，字穆如，海南文昌人。一八八五年生。早年留学日本。一九一〇年返国，加
入同盟会，追随孙文参加革命。一九二二年，陈炯明部叛变后，被孙文委为讨贼军团长。一九
二四年任国民党参军处副官。

为许崇智题词（一）^①

（时间不详）

汝为同志

大道之行

天下为公

孙文

据影印件，载孙中山大元帅府纪念馆编：
《广州许氏六昆仲与近代中国民主革命》，
广州，广州出版社二〇一五年二月出版

---

① 许崇智，字汝为，一八八七年生于广东番禺（今广州），一八九九年入读福建船政学堂，后至日本士官学校步兵科深造。一九〇五年加入同盟会。"二次革命"时任福建讨袁军总司令，旋赴日本任中华革命党军务部部长。一九一七年参加护法运动，任中华民国军政府海陆军大元帅府参军长，署理中华民国军政府陆军总长。次年任粤军第二支队司令。一九二一年任粤军第二军军长。次年任北伐军第二军司令、东路讨贼军司令。一九二四年任建国粤军总司令、陆海军大本营军政部部长、军事部部长等职。一九二五年二月参加第一次东征。孙文逝世后，与当局决裂，后避居香港，一九六五年病逝。题词时间不详，后散佚。一九四六年，许崇智六十大寿时，许旧部属龙思鹤辗转将该幅题词从他人手中购回，赠给许崇智做寿礼。

为许崇智题词（二）

（时间不详）

　　夫天下之事　其不如人意者固十常八九　总在能坚忍耐烦　劳怨不避　乃能期于有成

　　　　　　　　　　　　汝为同志属

　　　　　　　　　　　　孙文（印）

据原件，北京、中国国家博物馆藏

为许崇智题词（三）^①

（时间不详）

汝为我兄属

博　爱

孙文（印）

据原件，广州、广东省博物馆藏

---

① 原件上题有"孙大元帅麾下文书差遣罗绍镱购置"等文字。罗绍镱即罗贤。

题许崇仪夫妇墓碣①

（时间不详）

许君端伯
　　　　合墓
章氏夫人

孙文题（印）

据墓碑石刻照片

———————

① 许崇仪，字端伯，许崇智胞兄。一八七九年生。早年留学日本，后追随孙文，一九一一年十月十三日去世。该碑位于广州中华永久墓园新塘华侨公墓。始建于一九二四年，原位于先烈路，一九五七年迁往银河公墓旁宝鸭岗时只剩墓碑，二〇〇一年再迁现址。

为阎崇阶题词①

（时间不详）

崇阶先生属

天下为公

孙文

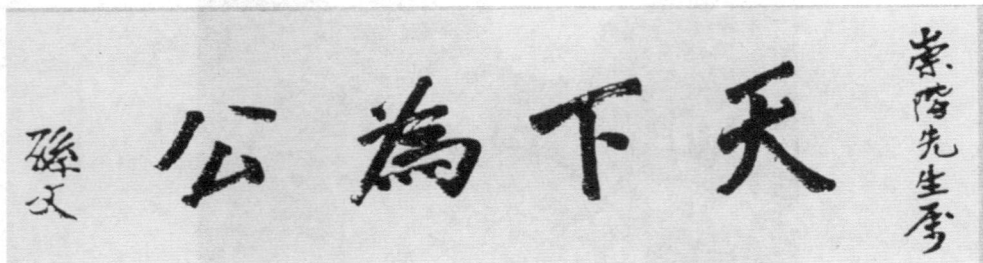

据影印件，台北、中国国民党
中央委员会党史委员会党史馆藏

---

① 阎崇阶，贵州修文人。一八八九年生。早年加入同盟会，参与反清革命组织。一九一一年参与武昌起义。民元参与黔军返黔斗争。"二次革命"爆发后，因参与反袁，前往日本避难。在日期间，加入中华革命党。随后，受孙文委派回国参与讨袁活动。一九一七年，受孙文命到四川戡乱靖国。

为杨广达题词①

（时间不详）

博　爱

广达先生属

孙文（印）

据原件，中山、孙中山故居纪念馆藏

---

①　杨广达，名邦，檀香山华侨，祖籍广东香山县（今中山市）。一八八三年出洋，创办永昌隆、广昌隆公司，曾任檀香山华美银行董事、"和安会馆"（洪门机关）主席。一九〇五年参加同盟会。历任国民党、中华革命党、中国国民党檀香山支部长。一九二二年回国，任香山县实业局局长，旋任县长。原件由杨添霭（杨仙逸之子）收藏，一九五七年捐赠中山、孙中山故居纪念馆。

为杨天骥题词①

（时间不详）

博　爱

天骥先生属

孙文（印）

据原件，北京、中国嘉德国际拍卖有限
公司（二〇〇六四季第三期拍卖会）藏

---

①　该件系拍卖方自一位日本藏家手里征集得来。杨天骥，字千里，江苏吴江人。一八九
九年入读上海南洋公学。后参与编辑《民呼》《民吁》《民立》等报。民初曾任教育、司法、外
交等部参事。一九一七年南下，追随孙文护法。

为杨杏佛题词①

（时间不详）

杏佛兄正

同舟共济

孙文（印）

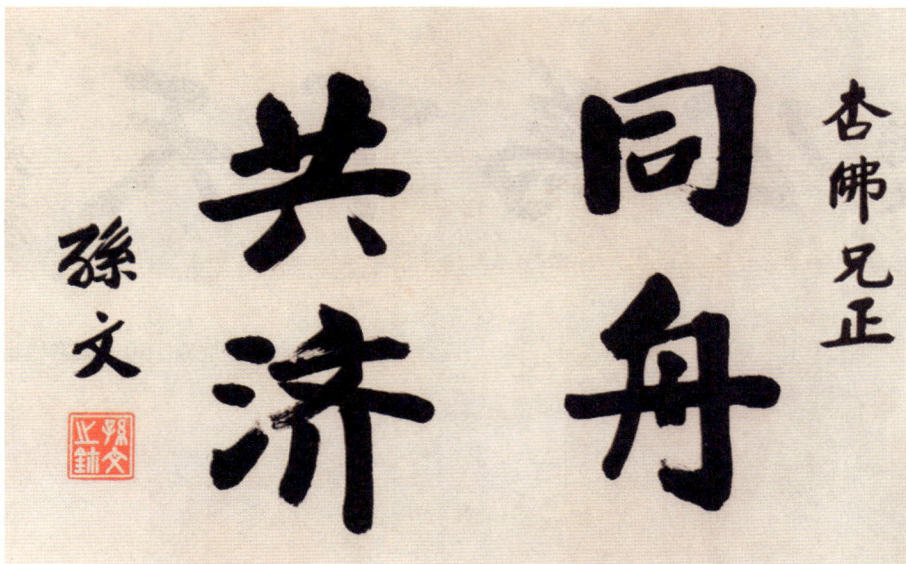

据原件，南京、中国第二历史档案馆藏

---

① 杨杏佛，原名铨，江西清江（今樟树）人。一八九三年生。早年入上海中国公学求学。后参加同盟会。一九一二年任南京临时政府总统府秘书，同年十二月赴美留学。先后在康乃尔大学、哈佛大学学习。一九一八年回国。一九二四年十一月随孙文北上，任秘书职。

为杨宇霆题词①

（时间不详）

邻葛先生属

天下为公

孙文（印）

据原件，北京、中国国家博物馆藏

---

① 杨宇霆，字麟葛，后改为邻葛，奉天法库（今辽宁省）人。一八八六年生。早年留学日本士官学校。民元后历任奉天军械局局长，奉军司令部参谋长，东北陆军训练总监，奉军第三、第四方面军团长和东北兵工厂总办等职，参与两次直奉战争。

为易楚昌题词①

（时间不详）

博爱同仁

孙文（印）

据原件，南京、艺兰斋美术馆藏

---

① 该题词是孙文为国民党元老易楚昌所题，勉励革命同志，共同达成救国救民的革命理想。二〇〇一年，北京嘉德拍卖公司从易楚昌后人手中征集到这幅题词，艺兰斋方面经过多轮竞价，最终成功拍下将其带回南京。

为异醒题词①

（时间不详）

博　爱

异醒先生

孙文（印）

据原件，上海、孙中山故居纪念馆藏

---

①　该件受赠人生平不详。由凌鸿勋后人捐赠上海孙中山故居纪念馆。凌鸿勋，字竹铭，广东番禺（今广州人），一八九四年生。铁路工程学家、教育家。早年就读于上海高等实业学堂（复改名南洋大学、交通大学）。一九一七年在美国参与发起中国工程师学会，任理事。次年返国，任职北京政府交通部。一九二〇年代理南洋大学校长，次年任京汉铁路工务处桥梁工程师。一九二四年任南洋大学校长。一九二五年任中山陵陵墓图案选审顾问。此后，主持陇海铁路、粤汉铁路、湘桂铁路、宝天铁路等工程。

为张钫题词①

（时间不详）

博　爱

伯英先生属

孙文（印）

据原件，北京、中国国家博物馆藏

---

① 张钫，字伯英，号友石，河南新安人。一八八六年生。早年加入同盟会，陕西辛亥起义任秦陇复汉军东征大都督。后参加二次革命、护国运动。陕西靖国军兴时，任副总司令。

为张母武太夫人题词

（时间不详）

张母武太夫人七旬大庆

艰贞永年

孙文

据原件照片，台北、中国国民党
中央委员会党史委员会党史馆藏

为张兆基题词①

（时间不详）

兆基同志

博　爱

孙文（印）

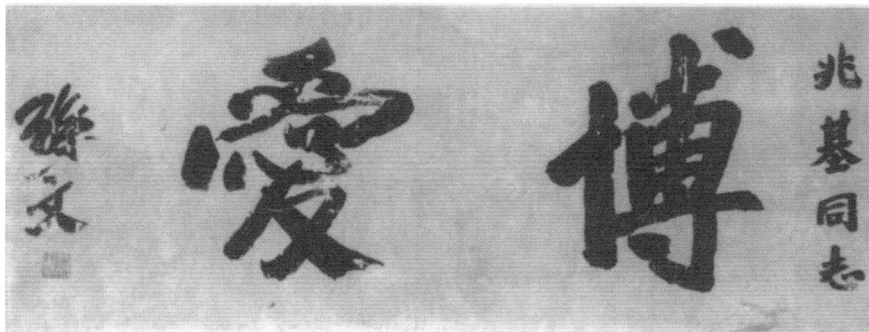

据原件，广州、广东省博物馆藏

---

① 张兆基，字初轩，陕西礼泉县人。一八九四年生。成都讲武学堂毕业后赴广州，后奉命去福建，因成绩卓著，深受孙文嘉许。作为陕西省代表，出席一九二四年一月召开的中国国民党第一次代表大会。会后，受孙文指派，任西北党务特派员，前往新疆开展工作。

为赵成梁题词①

（时间不详）

博 爱

成梁同志
孙文（印）

据原件，广州、广东省博物馆藏

---

① 赵成梁，驻粤滇军第一师师长，曾驻兵韶关。一九二五年二月，滇军叛变，赵成梁被东征军击毙于广州石牌。

为赵仕北题词①

（时间不详）

大道之行　天下为公

据珠海市地方志办公室编：《珠海人物志》，
广州，广东人民出版社一九九三年八月出版

①　赵仕北，广东新会人。一八七一年生。美国哥伦比亚大学法学博士。早年在美国时与孙文结识，后加入同盟会，民初曾任各省都督府代表联合会议长，旋任粤汉铁路管理局局长。孙文到广东建立军政府期间，先后担任过司法部司长、大理院院长等职。

为赵士觐题词①

（时间不详）

士觐同志

安天下　仓满粮

孙文（印）

据原件，北京、中国嘉德国际拍卖有限公司（二〇一六秋季拍卖会）藏

---

① 赵士觐，又名公璧，自号"哀崖狂士"，广东新会人。一八八〇年生。一九〇九年十一月，孙文由伦敦抵纽约，即与赵公璧等筹建同盟会纽约支部，赵负责财务。一九一〇年广州新军起义之后，赵公璧致力于宣传和筹集军饷。在民元同盟会改组为国民党、中华革命党的时期，赵公璧负责纽约支部工作。一九一七年春回国，后被委任为大元帅府军务处处长。一九二四年一月任大本营财政委员会委员兼两广盐运使，四月辞职，在家参禅拜佛。

为郑东梦题词

（时间不详）

博　爱

东梦兄

孙文（印）

据影印件，载郑东梦总编：《檀山华侨》，檀香山一九二九年九月印行

题周淡游余建光追悼大会纪念信片①

（时间不详）

追悼大会纪念

孙文题

据铜版印件，台北、中国国民党
中央委员会党史委员会党史馆藏

---

①　周淡游，名日宣，浙江奉化人。一八八一年生。一九〇四年留学日本，次年加入同盟
会。中部同盟会成立后，负责浙江联络指挥事务。一九一一年佐陈其美光复上海，历任浙江都
督府顾问、金华知事。一九一四年参加中华革命党，一九一八年佐理四川事务。余建光，不详。

为周寿山题词[①]

（时间不详）

博　爱

寿山先生属

孙文（印）

据原件，武汉、辛亥革命武昌起义纪念馆藏

---

① 周寿山，又名周平珍，祖籍浙江，生年不详。曾捐广西候补道台，与两广总督岑春煊有交谊，曾受岑之命赴新加坡与孙文晤面。原件于一九八六年十一月由周寿山后人捐赠辛亥革命武昌起义纪念馆。

为朱卓文题词

（时间不详）

博　爱

卓文属

孙文（印）

据影印件，广州、广东省社会科学院图书馆藏

为卓庆标题词①

（时间不详）

博　爱

庆标先生存

孙文（印）

据原件照片，台北、中国国民党
中央委员会党史委员会党史馆藏

---

① 卓庆标，厦门鼓浪屿人。曾旅居新加坡开药房，支持孙文的革命活动。

为安川题词①

（时间不详）

安川先生

世界平和

孙文（印）

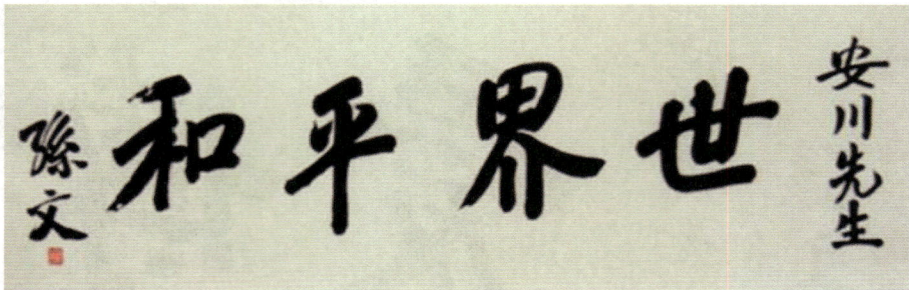

据原件，日本福冈、安川电机株式会社藏

---

① 日本安川电机创立于一九一五年，现今是全球一流的传动产品制造商，在伺服电机、变频器及工业机器人等领域掌握了领先世界的先进技术。在上海设有中国总公司，管理六个子公司。日本安川电机创办初期，孙文曾到该企业创始人安川家拜访，并题词相赠。原件现存福冈安川电机总部，而上海的中国总公司办公室也悬挂着该题词复制品。

为白木题词

（时间不详）

白木先生属

行之非艰知之惟艰

孙文（印）

为长尾题词①

（时间不详）

长尾君

和　平

孙文（印）

据原件，上海、中国共产党第一
次全国代表大会会址纪念馆藏

---

①　中共一大会址是中国共产党的诞生地。该址原是与会代表李汉俊之兄李书城的住所。旧址系中共一大十三位代表开会时的原址，即兴业路七十六号。中共一大会址纪念馆建成于一九五二年，初名上海革命历史纪念馆第一馆，一九六八年改今名，一九九六年扩建馆址。

为次楣题词

（时间不详）

次楣先生

　　同种同文

　　　　　　孙文（印）

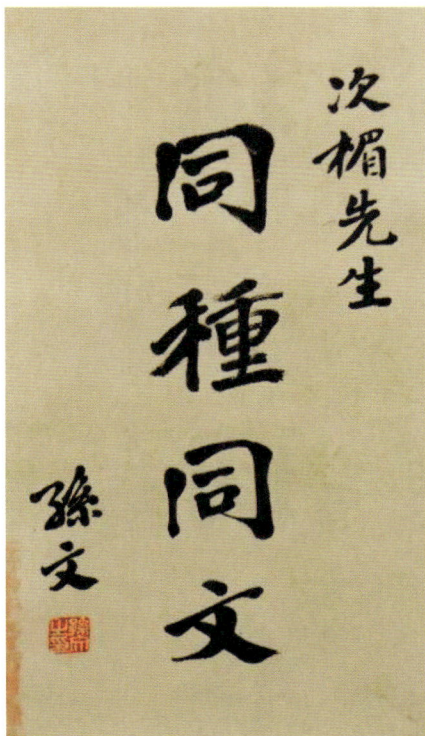

为二西田耕一题词（一）

（时间不详）

养稼先生正

博爱同仁

孙文（印）

据原件照片，广州、广东省社会科学院图书馆藏

为二西田耕一题词（二）

（时间不详）

养稼先生正

辅车相依

孙文（印）

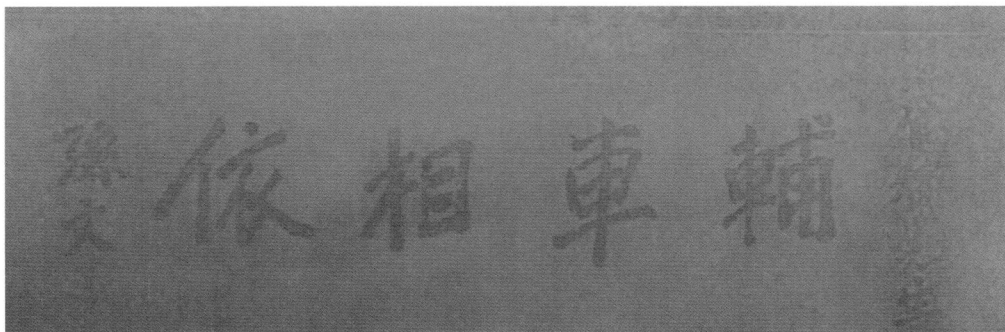

据原件照片，日本狭间直树提供

为副岛义一题词①

（时间不详）

图　南

副岛兄

孙文

据原件，日本神户孙文记念馆，私人藏

---

① 副岛义一，号图南，日本佐贺县人。一八七五年生。一八九七年秋经陈少白介绍与孙文相识。

为冈安题词

（时间不详）

博　爱

冈安先生

孙文（印）

据影印件，广州、广东省社会科学院图书馆藏

为高桥题词

（时间不详）

博　爱

高桥先生

孙文（印）

据原件，杭州、西泠印社拍卖有限公司（二〇一三秋季拍卖会）藏

为高田卓也题词①

（时间不详）

博　爱

高田先生属

孙文（印）

据原件，日本东京、高田卓也曾外孙冈田克也藏

---

①　高田卓也是日本富商，支持孙文革命。在辛亥革命和反袁护国战争期间，曾提供资金襄助以孙文为首的中国革命党人。为此，孙文曾到高田家登门致谢，宴会后宿于高田家中，留下了这幅墨宝。

为宫崎寅藏题联

（时间不详）

白虹贯日

紫气滔天

据梁石、梁栋主编：《中国对联宝典》下卷，
北京，中国文联出版公司一九九四年五月出版

为进藤题词

（时间不详）

明　道

进藤先生

孙文（印）

据影印件，广州、广东省社会科学院图书馆藏

为井上题词

（时间不详）

天下为公

井上船长属

据孙文研究会编：《孙中山纪念馆展示准备资料·文献目录》，一九八四年十一月十二日发行

为菊池良一题词①

（时间不详）

义侠千秋

菊池先生

孙文（印）

据原件，日本大阪关西美术竞卖株式
会社（二〇一三年秋季拍卖会）藏

---

① 菊池良一是资助孙文革命的日本实业家。孙文题该词以表达对其谢意。此品得自九州
岛菊池家族，并附菊池良一常用翡翠印两方、玛瑙印一方。

为堀川辰吉郎题词①

（时间不详）

天下为公

孙文（印）

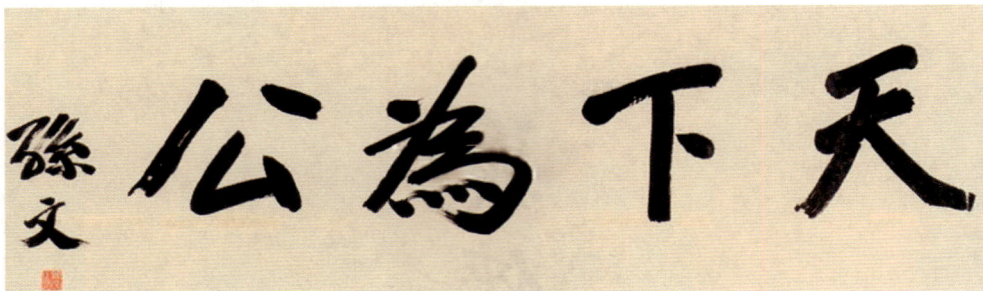

据原件，北京、匡时国际拍卖有
限公司（二〇〇九秋季拍卖会）藏

---

① 此件系孙文为明治天皇庶子堀川辰吉郎所书，并见诸堀川传记中。另见于《この世の
闇を開》（日本文艺社一九九九年发行）插图四。堀川辰吉郎为明治天皇与女官千种任子一八
八四所生。生后不久送到福冈的堀川家，在著名政治家头山满、井上馨的庇护下长大。一八九
九年，头山满将堀川托付给孙文带回中国，直到辛亥革命成功，一直跟随孙文左右。

为堀井题词①

（时间不详）

博　爱

堀井先生

孙文（印）

据原件，北京、荣宝拍卖有限公
司（二〇〇六年新春拍卖会）藏

---

① 该件系拍卖方自一位日本藏家手里征集得来。

为立野题词

（时间不详）

博　爱

立野先生

孙文（印）

据原件，杭州、西泠印社拍卖有限
公司（二〇一三秋季拍卖会）藏

为铃木题词

（时间不详）

铃木先生

天下为公

孙文（印）

据影印件，广州、广东省社会科学院图书馆藏

为末永题词

（时间不详）

风月宜人

末永先生

孙文（印）

据影印件，载上村希美雄著《宫崎兄弟传》アジア
篇下，载日本福冈，苇书房一九九九年三月发行

为内田徒志题词

（时间不详）

内田徒正先生英鉴

扶桑国手

孙文题（印）

据原件，南京、中国第二历史档案馆藏

为秋山定辅题词（一）

（时间不详）

博　爱

秋山先生

孙文（印）

据照片，台北、中国国民党中央委员会党史委员会党史馆藏

为秋山定辅题词（二）

（时间不详）

允执厥中

孙文

允执厥中

孙文

为山井题词

（时间不详）

天下为公

山井先生属

孙文（印）

据原件照片，中山、孙中山故居纪念馆藏

为三上丰夷题词

（时间不详）

博　爱

孙文（印）

据原件，日本神户三上丰夷后人藏

为上野题词

（时间不详）

博　爱

上野先生

孙文（印）

据影印件，广州、广东省社会科学院图书馆藏

为山田纯三郎题词（一）

（时间不详）

博　爱

山田先生属

孙文（印）

据原件，南京·经典拍卖有限
公司（二〇一〇年拍卖会）藏

为山田纯三郎题词（二）

（时间不详）

天下为公

山田先生属

孙文（印）

据影印件，载罗家伦、波多博等监修：《孙文先生ち日本关系写真集》，日本东京，大日本印刷株式会社一九六五年印行

为山下题词

（时间不详）

山下先生

天下为公

孙文（印）

据影印件，广州、广东省社会科学院图书馆藏

为市川题词

（时间不详）

博　爱

市川先生

孙文（印）

据影印件，广州、广东省社会科学院图书馆藏

为辻武雄题词^①

（时间不详）

博　爱

辻先生属

孙文（印）

据原件，杭州、西泠印社拍卖有限
公司（二〇一三春季拍卖会）藏

---

①　辻武雄，号剑堂，日本熊本县人。一八六八年生。“听花”系其笔名，主要用于剧评署名，并以此知名于世。曾任北京《顺天时报》主笔。有戏曲研究专著《中国剧》问世。该题词右侧有梁津题跋谓：“此为先总理题赠日友听花先生（前北京顺天时报馆主笔，能诗，工戏曲）之遗墨。听花逝世后，辗转归津。忆津于民国元年在大阪文新会，汤文聪学兄同组商学联合会欢迎总理时，曾伴戴天仇、高君述数公侍总理，摄有合影。津时司书记，并手录有总理口述演辞，几经变乱，都归散佚。今幸得此于劫灰之后，盖愧如曩日之亲承声音颜色矣。民国廿四年重九日仁寿木子梁津谨志。”

为寺冈题词

（时间不详）

博　爱

寺冈先生
孙文（印）

据影印件，日本神户华侨历史博物馆藏

为藤田谦一题词①

(时间不详)

见义勇为

谦一先生

孙文(印)

据原件,杭州、西泠印社拍卖有限
公司(二〇一〇春季拍卖会)藏

---

① 藤田谦一,日本实业家、日本商工会议所初任会长,曾当选为贵族院议员。

为藤原题词

（时间不详）

藤原先生

博　爱

孙文（印）

据影印件，广州、广东省社会科学院图书馆藏

为田中题词（一）

（时间不详）

成　功

田中先生属

孙文

成功
田中先生属
孙文

据复印件，台北、中国国民党
中央委员会党史委员会党史馆藏

为田中题词（二）

（时间不详）

大道之行也　天下为公

田中先生

孙文

据影印件，载有邻堂株式会社、北京大学图书馆编：
《孙文与横滨展》，横滨，一九八九年十一月一日发行

为土井彩亩题词①

（时间不详）

彩亩女史正

江上清风

孙文（印）

据原件，杭州、西泠印社拍卖有限
公司（二〇一二春季拍卖会）藏

---

① 土井彩亩，日本大分县人。后居东京，师从荒木宽亩学习绘画，作品曾入朝鲜美术展。大分地区有不少女性随其学画。曾任杵筑市高等女子学校教师。

为伊东真经题词①

（时间不详）

博 爱

伊东先生属

孙文（印）

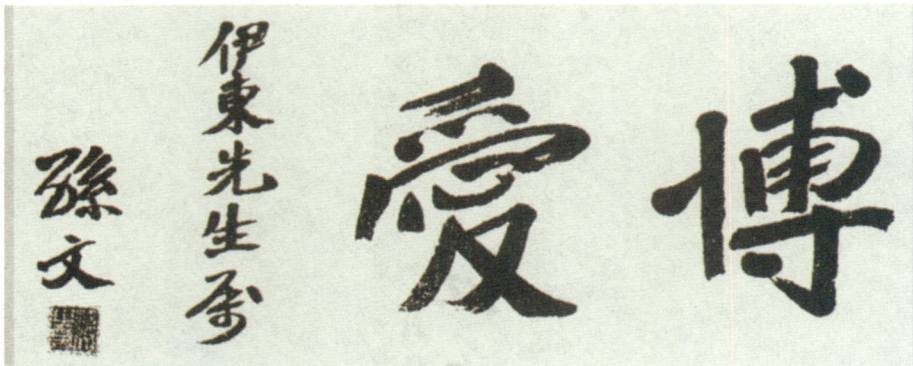

据影印件，载有邻堂株式会社、北
京大学图书馆编：《孙文与横滨展》，
横滨，一九八九年十一月一日发行

---

① 原件由伊东真经后人收藏。

为祐田题词

（时间不详）

祐田先生属

天下为公

孙文

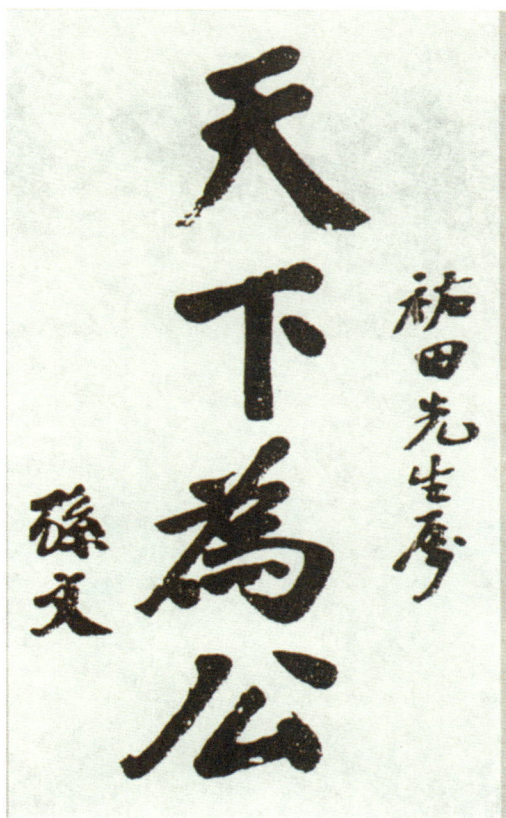

据影印件，载罗家伦、波多博等监修：《孙文先生ち日本关系写真集》，日本东京，大日本印刷株式会社，一九六五年印行

为云右卫门题词①

（时间不详）

桃中轩

云右卫门君

孙文（印）

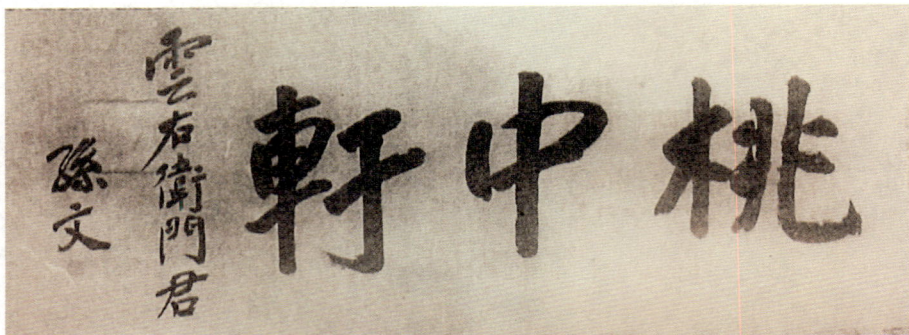

据原件，东京、日本浪曲协会藏

---

① 日本熊本县荒尾市宫崎兄弟资料馆另藏有原件照片。

为佐顿题词

（时间不详）

博　爱

佐顿先生属

孙文（印）

据照片，台北、中国国民党中
央委员会党史委员会党史馆藏

为佐佐题词

（时间不详）

明德亲民

佐佐先生

孙文（印）

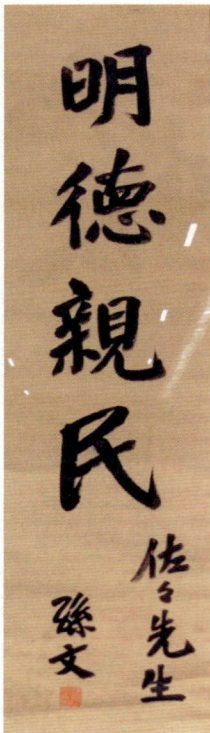

据影印件，北京、中国国家博物馆藏

为《澳门晨报》题词

（时间不详）

澳门晨报

天下为公

孙文（印）

据原件，北京、中国嘉德国际拍卖有限公司（二○一七春季拍卖会）藏

为《大西北日报》发刊题词

（时间不详）

自强不息

孙文题（印）

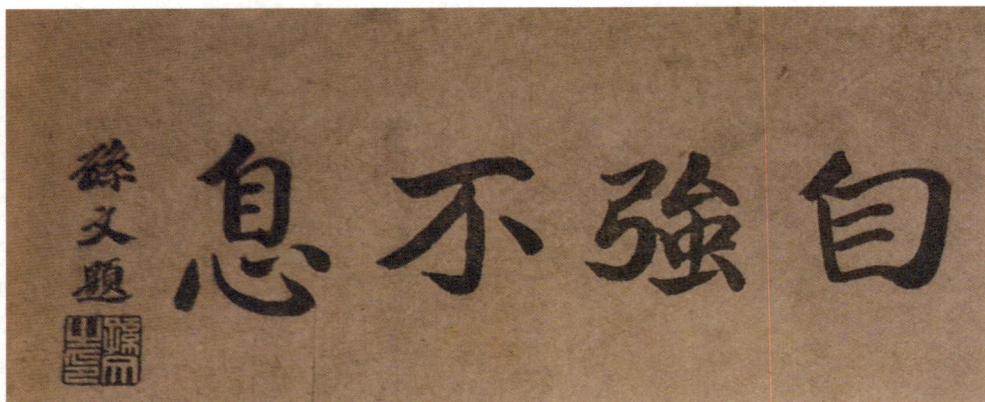

据《大西北日报发刊辞》，载宋蕴璞：
《南洋英属海峡殖民地志略》第一部，北
平，大兴县蕴兴商行一九三〇年一月出版

为《革命军》杂志题签①

（时间不详）

革命军

孙文题

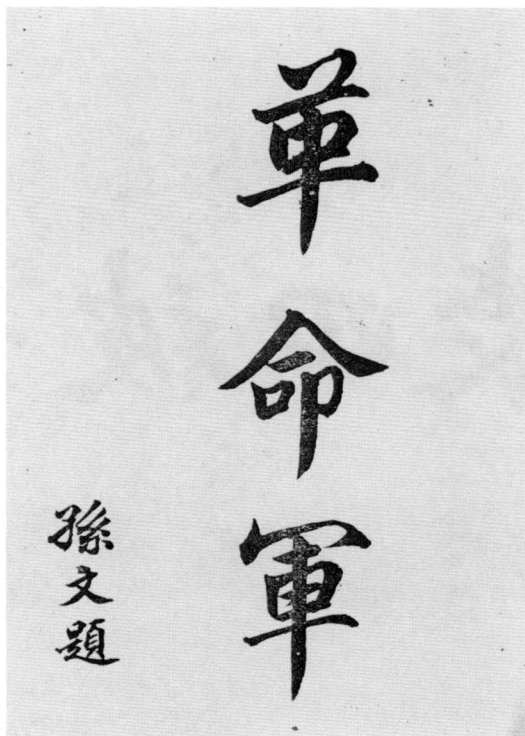

据影印件，《革命军》一九二五年十月第九期

---

① 《革命军》，半月刊。前身为一九二五年二月一日创刊的《青年军人》，第六期后改名为《革命军》，它是黄埔军校创办较早的期刊之一。由于国内各地机构对各期收藏不全，故所见题签始自第九期，迄于第十五期（最后一期，一九二七年三月出版）。

为《光华日报》题词①

（时间不详）

光被四表

光华报鉴

孙文祝

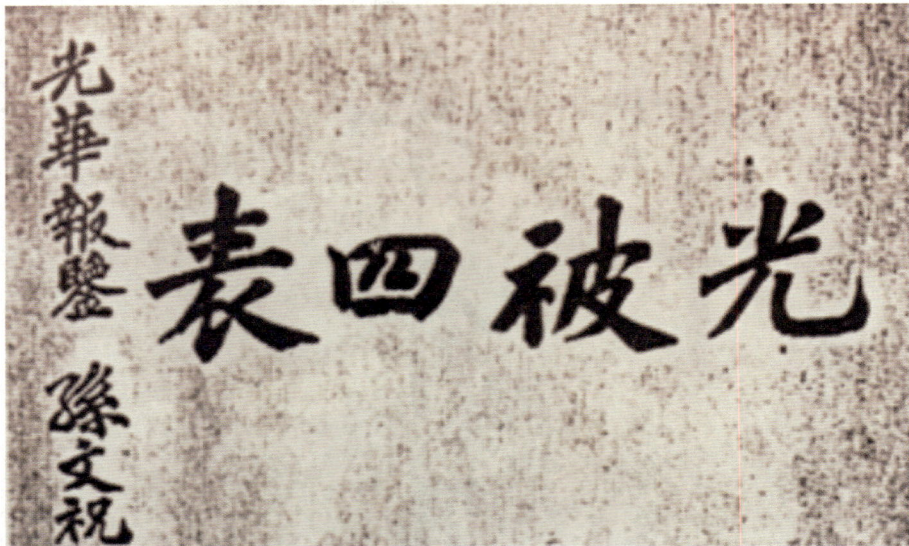

据影印件，台北、中国国民党中
央委员会党史委员会会党史馆藏

---

① 《光华日报》，同盟会南洋支部槟榔屿分会机关报，一九一〇年十二月二十日在马来亚
创刊，黄金庆等主办。

为国民党坎城分部题词

（时间不详）

坎城分部

协力图强

孙文（印）

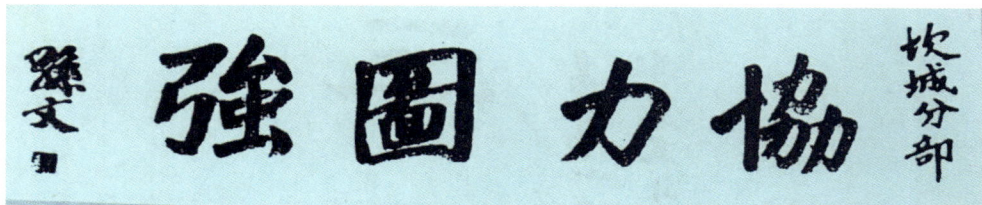

据原件照片，台北、中国国民党
中央委员会党史委员会党史馆藏

为国民党驻墨支部成立题词

（时间不详）

三民主义

集华山碑字题驻墨支部成立记

孙文

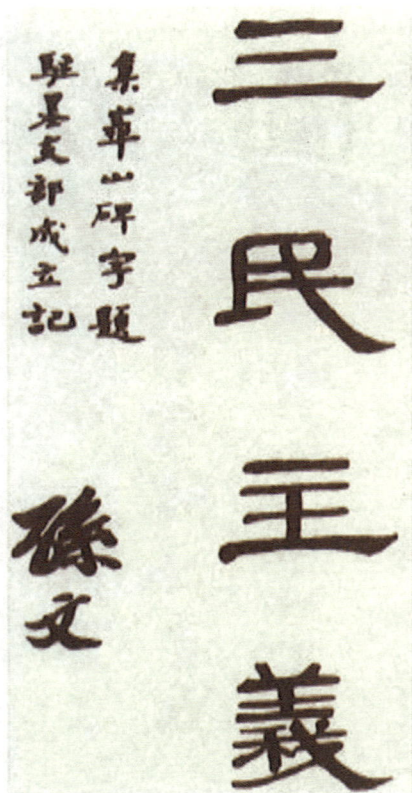

为华侨五烈士墓碑题签①

（时间不详）

五烈士墓碑记

孙文题

五烈士墓碑记题孙文

据原件照片，台北、中国国民党
中央委员会党史委员会党史馆藏

---

① 华侨五烈士墓位于先烈中路。一九二二年六月十六日，陈炯明部兵变，派兵围攻观音山粤秀楼和总统府。华侨革命党人谢八尧、邓伯曜、谭振雄、郑行果和范运等，立誓谋刺陈炯明，为民除害，不幸事败，七月十六日五人先后被捕遇害，华侨革命党人秘密将其殡葬，立石纪念，恐被株连，乃托名"河南公民立石为志"。陈炯明部被逐后，革命政府于一九二四年十月十日将其迁葬于此，重新立碑。"文化大革命"期间，墓园内部分建筑被毁，用地被占。一九八一年，广州市政府收回部分被占用地，对园内建筑进行了修复。

书《礼运·大同篇》（一）

（时间不详）

　　大道之行也　天下为公　选贤与能　讲信修睦　故人不独亲其亲　不独子其子　使老有所终　壮有所用　幼有所长　矜寡孤独废疾者皆有所养　男有分　女有归　货恶其弃于地也不必藏于己　力恶其不出于身也不必为己　是谋闭而不兴　盗窃乱贼而不作　故外户而不闭　是谓大同

孙文（印）

据原件，北京、中国国家博物馆藏

书《礼运·大同篇》（二）

（时间不详）

大道之行也　天下为公　选贤与能　讲信修睦　故人不独亲其亲　不独子其子　使老有所终　壮有所用　幼有所长　矜寡孤独废疾者皆有所养　男有分　女有归　货恶其弃于地也不必藏于己　力恶其不出于身也不必为己　是谋闭而不兴盗窃乱贼而不作　故外户而不闭　是谓大同

孙文（印）

据原件，北京、中国国家博物馆藏

书《礼运·大同篇》（三）

（时间不详）

　　大道之行也　天下为公　选贤与能　讲信修睦　故人不独亲其亲　不独子其子　使老有所终　壮有所用　幼有所长　矜寡孤独废疾者皆有所养　男有分　女有归　货恶其弃于地也不必藏于己　力恶其不出于身也不必为己　是谋闭而不兴盗窃乱贼而不作　故外户而不闭　是谓大同

孙文（印）

据影印件，台北、中国国民党
中央委员会党史委员会党史馆藏

为南非总支部题词

（时间不详）

博　爱

华侨联卫会所

孙文（印）

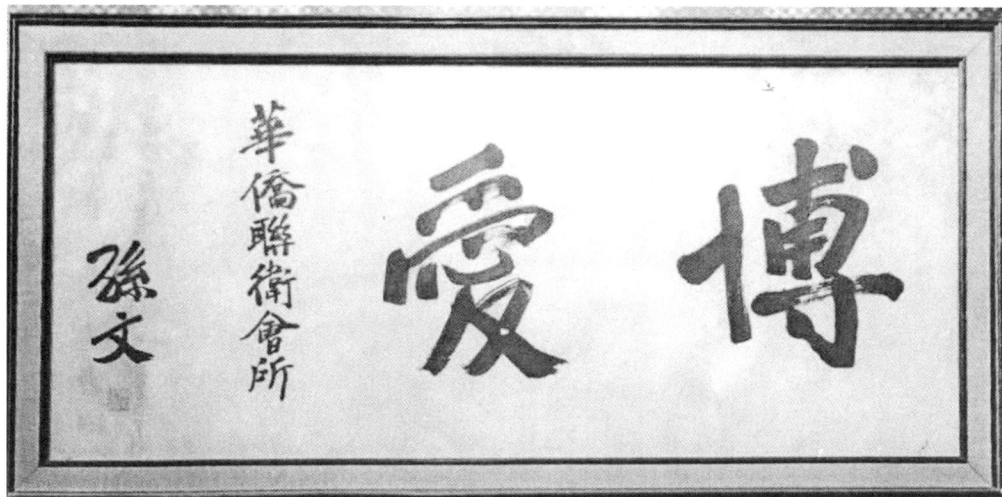

据影印件，载《中国国民党在海外一百年》，台北，海外出版社一九九四年八月二十四日出版

为启贤学校题词

（时间不详）

继往开来

孙文（印）

继往开来

孙文书

据影印件，台北、中国国民党
中央委员会党史委员会党史馆藏

为日本成女学园高等学校题词①

（时间不详）

坤道神女

据［日］《中国语》杂志，一九九〇第三期（总第三六三期），大修馆书店出版

---

① 成女学园，在今日本东京新宿区富久町七番三十号。二十世纪初为培养中国留日女学生而设，宋教仁曾担任该校教席。

为日本总持寺题词①

（时间不详）

大 观

孙文（印）

据影印件，载有邻堂株式会社、北京大学图书馆编：《孙文与横滨展》，横滨，一九八九年十一月一日发行

---

① 总持寺，旅店名，在日本横滨鹤见，孙文常在此住宿。原件由总持寺藏。

为太阳社题词①

（时间不详）

太阳社鉴

博　爱

孙文（印）

据影印件，台北、中国国民党
中央委员会党史委员会党史馆藏

---

①　日本太阳通讯社社长为波多野春房。

为香山团益公会题词①

（时间不详）

苦口婆心

孙文

据杨悦生：《孙中山的医德与医术》，载
中山市孙中山研究会编：《中山市孙中山
研究会会讯》一九九九年七月第四十二期

---

① 香山团益公会，为香山县的慈善医疗机构。孙文为鼓励其推广西医接生，特予题赠。

题　联

（时间不详）

莫嫌老圃秋容淡

最爱黄花晚节香

据梁石、梁栋主编：《中国对联宝典》下卷，

北京，中国文联出版公司一九九四年五月出版

题　词

（时间不详）

博　爱

孙文（印）

据原件，日本东京、江崎铁磨藏

题　词①

（时间不详）

博　爱

孙文（印）

据原件，日本爱媛县西条市小儿国博物馆藏

---

① 西条是日本一山区小城市，位于四国岛境内。"小儿国"类似于中国的少年宫，并带有博物馆属性。该小儿国为二层建筑，孙文题词被悬置于二楼贴墙的大展柜内。据悉，这幅题词是一位曾任职满铁株式会社高管的后人所赠。

题　词①

（时间不详）

博　爱

孙文（印）

据原件，杭州、西泠印社拍卖有限
公司（二〇一二秋季拍卖会）藏

---

① 该件系王闻善旧藏，其家属委托拍卖。王闻善，广东中山人，一九三二年生。父王商
一是一九五〇年代香港知名画家。王闻善自幼学画于黄君璧先生，学书于溥心畬先生，以收藏
丰厚著称。

题　词①

（时间不详）

博　爱

孙文（印）

据原件，北京、匡时国际拍卖有限公司（二〇一五秋季拍卖会）藏

---

① 本件经名家多人题跋（赵超、陈荆鸿、康侯、赵少昂、杨善深、欧豪年、黄君寔、方召麟等），附于孙文题词之后，第一跋赵超（曾任帅府参军）云："楚林世兄携其先翁鉴泉老兄所藏三十余年前国父遗墨'博爱'二字来，予恭阅后，确系真迹，谨志之。民国四十五年首次丙申乞巧。"

题 词

（时间不详）

爱

文

据原件，日本东京、宫崎寅藏孙女宫崎蕗苳藏

题　词

（时间不详）

慰劳会奖品

天下为公

孙文（印）

慰劳会奖品

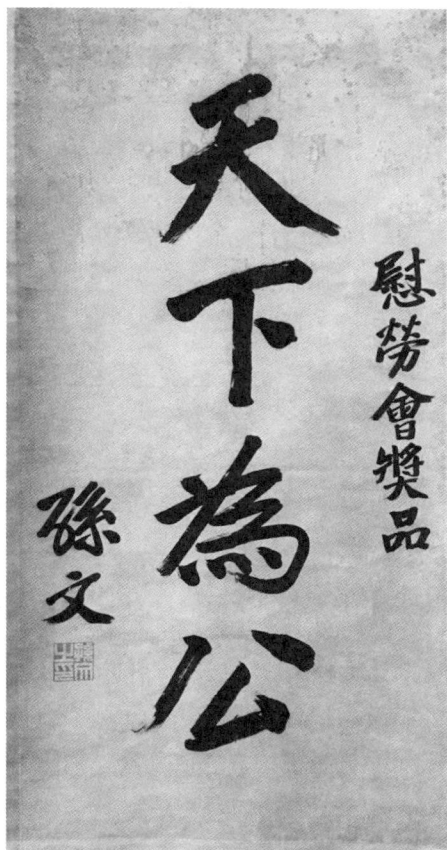

据原件，广州、广州艺术博物院藏

题　词

（时间不详）

天下为公

孙文

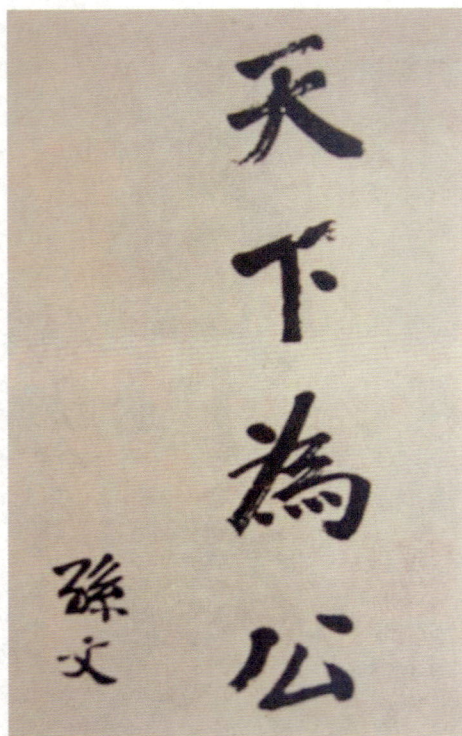

据原件，南京、南京博物院藏

题　词

（时间不详）

天下为公大道行

孙文（印）

行道大公為下天 孙文

据原件，北京、中国国家博物馆藏

题　词①

（时间不详）

大道之行也天下为公

孙文

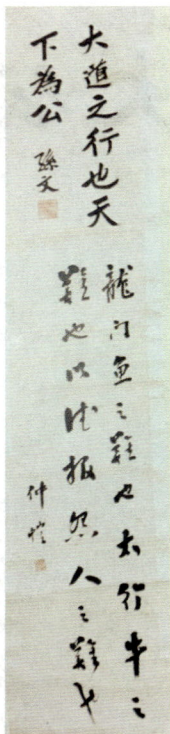

据原件，北京、中国国家博物馆藏

---

① 原件上还有廖仲恺题词，文曰："龙门，鱼之难也；太行，牛之难也；以德报怨，人之难也。仲恺（印）。"

题　词

（时间不详）

道

孙文（印）

据原件，上海、孙中山故居纪念馆藏

题　词

（时间不详）

大　道

孙文

据影印件，载罗家伦、波多博等监修：
《孙文先生ち日本关系写真集》，日本东京，
大日本印刷株式会社，一九六五年印行

题 词

（时间不详）

明 道

孙文（印）

据原件，日本东京、宫崎寅藏孙女宫崎蕗苳藏

题 词

（时间不详）

有志竟成

孙文（印）

据原件，南京、南京博物院藏

题 词

（时间不详）

舆论之源

孙文

据原件，北京、翰海拍卖有限
公司（一九九四首届拍卖会）藏

题　词

（时间不详）

百志惟熙

孙文

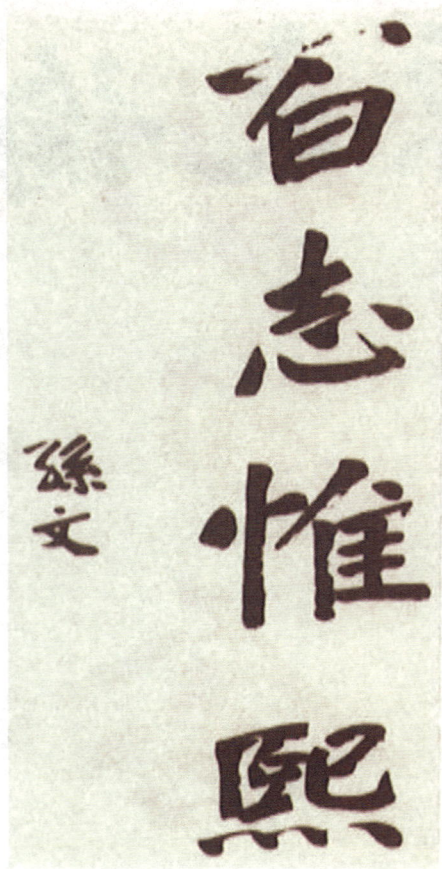

据原件照片，台北、中国国民党
中央委员会党史委员会党史馆藏

题　词

（时间不详）

入智之门

孙文题

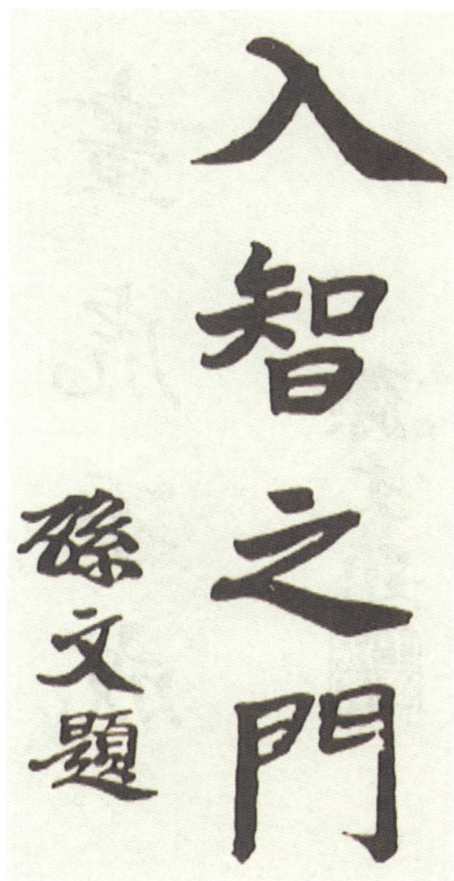

题　词

（时间不详）

画虎不成

孙文题（印）

畫虎不成

孙文题

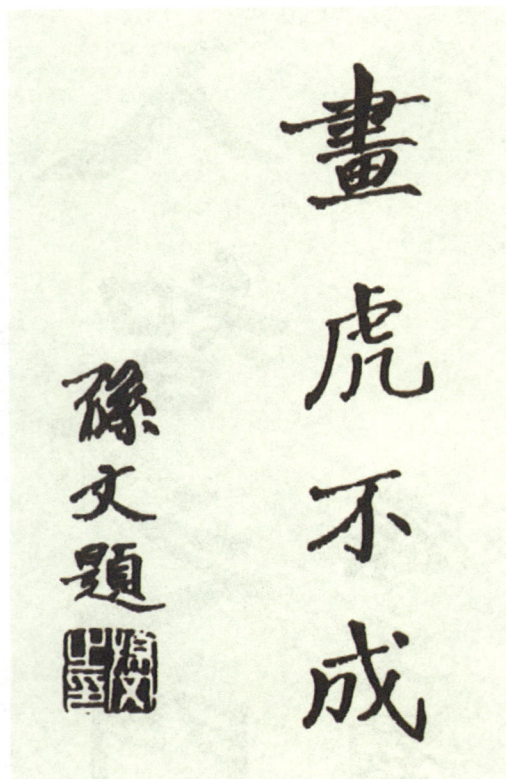

据影印件，载佚名编：《总理遗墨》，十开线装本，出版时间不详，广州、广东省社会科学院图书馆藏

题　词

（时间不详）

功德念

孙文（印）

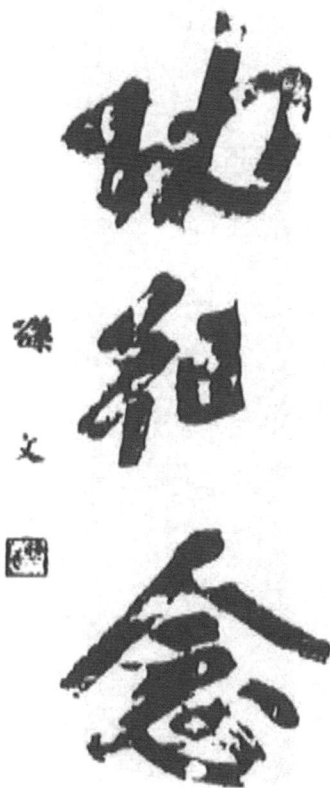

据原件照片，台北、中国国民党
中央委员会党史委员会党史馆藏

题　词

（时间不详）

老年长乐有童心

孙文

据影印件，载广东文物展览会编：《广东文物》，
香港，中国文化协进会一九四〇年一月出版

题　词

（时间不详）

公天下

据大束敬：《孙文的题字》，载［日］孙文研究
会会刊《孙文研究》一九九〇年五月第十一期